U0509336

中国法制史考证续编

第十三册

杨一凡 主编

法律史料考释

张国福 冯卓慧 王沛 著

社会科学文献出版社

SOCIAL SCIENCES ACADEMIC PRESS (CHINA)

图书在版编目（CIP）数据

法律史料考释／张国福，冯卓慧，王沛著. －北京：社
会科学文献出版社，2009.8
　（中国法制史考证续编；第十三册）
　ISBN 978-7-5097-0821-7

　Ⅰ. 法…　Ⅱ.①张…②冯…③王…　Ⅲ. 法制史－史料－
研究－中国　Ⅳ. D929

　中国版本图书馆 CIP 数据核字（2009）第 104916 号

目　录

下编　裘卫三器集释

琱生裘卫诸器铭文集释

王沛 著

上　编

琱生三器集释

　　"琱生三器"指五年琱生簋、五年琱生尊、以及六年琱生簋。两件琱生簋流传已久，五年簋现藏于美国耶鲁大学博物馆，六年簋现藏于国家博物馆。二簋铭文相关，历来考释者甚众，但就其要旨，分歧很大。2006 年 11 月 8 日，陕西省扶风县五郡西村又出土了琱生大口尊两只，铭文内容介于前述二簋之间，三者相连，共叙一事，遂使其义渐趋明朗，一起完整的西周案例呈现在今人面前。目前学界对三篇铭文的理解仍有争论，笔者认为其内容关乎西周晚期的族产析分，就西周法律制度、宗法制度、土地制度研究而言具有重要意义。琱生二簋旧称"召伯虎簋"或"召伯虎敦"，铭文集释中均改用今名。

一 五年琱生簋

（一）铭文拓片

五年琱生簋铭文拓片

图片来源：《殷周金文集成》。

（二）释文

隹五年正月己丑琱生有

事召来合事余献妇氏以

壶告曰以君氏令曰余老

止公仆庸土田多諌弋白

氏从諆公宕其参女则宕

其贰公宕其贰女则宕其

一余<unk>于君氏大章报妇

氏帛束璜召伯虎曰余既

<unk>戻我考我母令余弗敢

<unk>余或至我考我母令琱

生则堇圭

（三）铭文集释

1. 隹五年正月己丑

郭沫若：六年琱生簋所记之事与《诗·大雅·江汉》同时，《江汉》之诗，序以为"尹吉甫美宣王也"，故琱生二簋当铸于宣王时，此为周宣王五年。

陈梦家：《诗序》于大小雅，不是美宣王，就是刺幽、厉，不能据此为金文断代。《世本》云召穆公是康公之十六世孙，《史记·燕世家》："自召公（奭）已下九世至惠侯"，当共和时，则召康公（奭）之十六世孙应已入春秋，与召虎世辈不合。今可知者，《世本》召穆公不是召虎；《江汉》之"王"不一定是宣王。师餸簋中有"宰琱生"，① 即本铭中的琱生。师餸簋为孝王时，本器当为孝王初。从形制来看，本器亦当较早。

谭戒甫：师餸簋为宣王十一年器，本铭当作于宣王时。

林沄：本铭中召伯虎之父母尚在世，则召伯虎年龄可能还不是很大，铭中所记载的五年、六年，最有可能是厉王五年、六年。

《铭文选》：孝王五年为公元前 920 年，正月辛卯朔，已丑先天二日。传世琱生簋尚有六年器，铭四月甲子，合于孝王六年四月十三日，此两器内容有直接联系，故此器之五年应是孝王纪年。琱生为居住在琱的召公后裔，召伯虎非宣王时的召虎，因为孝王至宣王历四世五朝，有百年之期。

李学勤：1993 年洛阳东郊西周墓 M1906 出土有召伯虎盨，铭文为"召伯虎用作朕文考"，为西周晚期作风。② 新出土琱生尊亦如是，故而琱生诸器应定在西周晚期前段。从铭文中召伯虎祖母尚存来看，召伯虎、琱生年纪还很轻，故置于厉王早年是合理的。

王辉：召伯虎在宣王时曾远征淮夷。若此铭为厉王时写就，假定其时召伯虎 30 岁，据《史记·周本记》厉王在位 37 年，即使不计入共和 14 年，至宣王初召伯虎也已六七十岁了，远征淮夷，恐不可能。故三器均断在宣王时。

沛按：本器纪年，有孝王、厉王、宣王三说，相距百年。从铭文内容来看，王辉之说较合理，暂从。陈梦家认为据《世

---

① 铭文参见中国社会科学院考古研究所：《殷周金文集成》（第 4 册）04324，中华书局，2007，第 2704～2707 页。
② 铭文参见洛阳市文物工作队：《洛阳东郊 C5M906 号西周墓》，载《考古》1995 年第 9 期。

本》，召穆公非召伯虎，但《竹书纪年》、《国语》、《史记》中的记载相互关联，且和厉王奔彘、辅立宣王、诛伐淮夷等大事件相联，文献价值不能忽视，召伯虎簋的出土也证明了这一点。①与琱生相关的师嫠簋之断代，学界亦有不同意见，有孝王、夷王、宣王诸说。夏商周断代工程将师嫠簋断为厉王时器。李学勤认为妇氏为召伯虎祖母，并以此作为铭文镌于厉王时的证据之一。然而从铭文的人物关系来看，妇氏应为召伯虎的母亲。召伯虎排行为伯，为君氏、妇氏的长子，若宣王初年值壮年，其父母在世，当合情理。召伯虎和琱生虽为兄弟行，但这是以宗族关系来说的，实际的血缘关系可能已远，亦无法判断年龄先后，故将时代断在宣王时期比较合适。琱生家族人物关系图示如下：

```
召公（祖）——…｜…——君氏（幽伯，夫，宗君）——召伯虎
              ｜        妇氏（幽姜，妻，宗妇）
              ｜
              ｜…——冘仲（夫）②——琱生
        琱娟（妻）③
```

这句话的意思是：周宣王五年正月己丑这天。

2. 琱生有事，召来合事

孙诒让：此文连同下句断作"琱生有事召，来合事"。琱生，臣名，召伯之兄弟子姓，别封为附庸。"有事召"，谓有事

---

① 《世本》召穆公世系辑自《诗·江汉》疏，曰："召穆公，康公十六世孙"，学者们亦有疑问。如魏源在《诗古微》中说："穆公当为康公十世孙，《世本》衍'六'字耳"。参见魏源：《诗古微》，岳麓书社，1989，第675页。

② 冘仲见于琱生鬲，文曰："琱生作文考冘仲尊鬲"，参见中国社会科学院考古研究所：《殷周金文集成》（第4册）00744，中华书局，2007，第686页。

③ 琱娟见于函皇父鼎，文曰："函皇父作琱娟尊"，参见中国社会科学院考古研究所：《殷周金文集成》（第2册）02548，中华书局，2007，第1284页。

于召都也。合当读为"会"，《说文·会部》："会，古文作給"，此盖从古文省。会事，谓岁时以政事来会也。又，疑合读为袷，谓殷祭也。《仪礼·士虞礼》："始虞曰：哀荐袷事"，郑注云："今文曰'合事'"，前"又事"或谓有殷祭之事。珘生盖以支庶来助祭，亦可备一义。

郭沫若：此文连同下句断作："珘生又使召来合事余献"。珘生，即师嫠簋之宰珘生，宣王时太宰也。"又使"和后文"或至我考我母命"的"或至"相呼应。献者，《曲礼》郑注云，岁终致贡于王曰献。召伯于四年年终已献其岁要，因有未禘，于翌年岁首复受太宰之命前来合勘也。

于省吾：《后汉书·郡国志》："雍，召穆公采邑"。《水经注》："雍水东经劭亭南，故召公采邑。"《括地志》："劭亭故城在岐州岐山县西南十里，今凤翔县是也。"

谭戒甫：此文连同下句断作："珘生又使召来合事余献"。珘生即周生，周生为周公旦的后裔，时为宣王朝的太宰，"生"为其名。《今本竹书纪年》载："宣王元年正月，王即位，周定公、召穆公辅政"，召穆公即召伯虎，周定公即周生。《春秋经》僖公九年和三十年皆有"宰周公"的官氏，必是一脉相承的。召为召都，合读作"会"，事通"使"，使召，谓使人往召都。周初封召公奭于岐山南，成王时改封到郫邵，即今河南省垣曲县东的邵源镇，①距郫地约一百公里。时宣王在郫，珘生又使人往召都请召伯虎来会，言"又"必稍前已有使召的事，言"来"必是来到郫地。《说文》："会，合也。給：古文会如此。"合会二字同声通用，此合或是洽的省文。合事，犹今言会议事情。

---

① 按，垣曲县属山西省，邵源镇属河南省济源市，位于济源市西120里处，道通垣曲县。

陈梦家：此句断作"琱生又吏召，来合吏"，"吏"即"事"。指琱生到召邑来合事。

林沄：第二器的结尾是："琱生对扬朕宗君休，用作朕烈祖召公尝簋"，首尾相应，器主显然是琱生。金文人名中"某生"之"生"，均当读如典籍所见人名中"某甥"之"甥"，函皇父簋铭中有"琱𡡉"，又另有"周棘生𡡉媵簋"，① 均可证琱（周）氏为𡡉姓。"事"，据下文为土田狱讼之事。

张亚初：琱生为召公后人，与召伯虎同宗，所以琱生才称召公为烈祖。琱生是姬姓的召氏的人。琱生之琱是𡡉姓族氏。琱显然也并不是琱生本人的族名。

朱凤瀚：琱生应即见于师𡘇簋的宰琱生，师𡘇簋可能与琱生簋属同一王世，纪年为"佳十又一年"，时间略晚。琱生在五年、六年铸簋时是否已为宰，则不得而知。王室之宰职，见于《诗经·小雅·十月之交》："皇父卿士，番维司徒，家伯维宰，仲允膳夫"，知其位在司徒下、膳夫上。金文中所见王室之宰职，有学者认为皆是太宰，本为王之家务总管。② 琱生能官至宰，应是与王室关系密切之显贵。铭文中的召氏，是指留居于周原一带，世为王官的召公奭次子之宗室。文中之"召"为召伯虎的简称，史称召穆公，穆公是谥号。《国语·周语》称"召公"，则是尊称。琱生有事，从全铭内容观之，是指其土田附庸之讼事；合，义同协。《周礼·春官·大史》郑注曰："协，合也。合谓习录所当共之事也。"本铭"合事"，即"协事"。召来合事，即是讲召伯虎来协同处理此事。由下文有妇氏出现，可以

---

① 铭文参见中国社会科学院考古研究所：《殷周金文集成》（第7册）02548，中华书局，2007，第5432页。

② 杨宽：《西周王朝公卿的官爵制度》，载《西周史研究》，《人文杂志丛刊》第2辑。

推知琱生与召伯虎会事之处，当是妇氏居所。

斯维至：琱为周之繁体，周生为宰，见于师嫠簋。宰或太宰，本属宫廷内官，为王与后准备膳食衣服等事，本是贱役，而由王、王后及太子亲近，终于居于要职。王、后之兄弟及贵族亦有居此职者，如周公曾摄政称王，兼任冢宰，固有"百官总己听于冢宰"之说。① 它尝传达王命，参与典册之礼。此铭首言周生又使（或读有事，亦通）。召伯虎前来"合事"，当指征伐淮夷（包括徐楚）有关之事。合事即商议大事。此铭宣王始终没有出面，而由宰周生传达命令，盖宣王即位于"共和行政"之后，尚未亲自临政。

刘桓："合事"为祭祀合事，合事的地点应在琱生所奉周氏的宗庙。"召"，因为召伯虎是召氏的代表，故以氏代名。《国语·晋语四》："重之以周、邵、毕、荣"，韦昭注："邵，邵康公。"与此铭所指人名不同，然以氏代名则相同。

徐义华：琱生，召氏分族之长，与召伯虎为兄弟行。琱生是本器的作器者，琱生三器中第一人称出现的"余"，皆是琱生自称。"有事"，指祭祀。先秦文献中的"有事"，主要指祭祀和战争，更多用指祭祀。"召"，指召氏之人。从后文来看，当是指妇氏与召伯虎。"合事"，即议事。《国语·鲁语下》："天子及诸侯，合民事于外朝。"韦昭注："言与百官考合民事于外朝也。"《列女传·鲁季敬姜》："自卿大夫以下，合官职于外朝，合家事于内朝。"此句谓琱生举行祭祀，召氏来参与，并与琱生议事。

李学勤：琱生为姬姓召氏人，"合"当读作迨，即"会"字。琱生有事，指作为召氏支子的琱生祭祀其父宫仲，即召伯虎

---

① 语出自《论语·宪问》。

的叔父，故召伯虎作为宗子也来参加。

王占奎：此句断作："琱生又（有）事召，来合事"。

沛按：正如张亚初先生所云，琱生为姬姓，是召氏支族，琱氏之甥，而非周公之后。后段铭文中琱生称召公为烈祖，也证明了这一点。据函皇父器之"琱"可知，琱之舅氏为嬼姓。琱生所以名之为"琱生"，或许和西周的婚姻制度有关。琱生为姬姓，而姬姓主要和姜姓通婚，故姬姓贵族，多为"姜甥（生）"，"姜甥"甚众（如召伯虎之母也是姜氏），故不以为个人之私名。姬姓通婚于其他姓的较少，若通婚于他姓而生子，便称"某生"，以示其独特。又据师虘簋可知，琱生为王室之宰。召，即召伯虎，也就是《诗经·大雅·江汉》中的召虎、《竹书纪年》中辅政宣王的召穆公，亦为西周后期之重臣。"有事"，原铭作"又事"，又、有相通。所谓琱生有事，不必拘为祭祀之事。且召伯虎为大宗，琱生祭祀，大宗来合事，亦于礼不通，正如《礼记·丧服小记》所云："庶子不祭祖者，明其宗也"。从后文来看，此事当指仆庸土田之事。召来合事，指召公来协同处理此事。而其地点，如朱凤瀚先生所说，是在妇氏之处。早期诸家断句各异，而近年来则统一为于省吾先生所断之"琱生有事，召来合事"，当从。这句话的意思是：琱生有（关于仆庸土田之）事，召氏大宗来协同处理此事。

3. 余献妇氏以壶

孙诒让：此文连同下句断作"余献，妇氏以壶告"。余献，召伯自言琱生于己有献。六年琱生簋铭文中"今余既一名典献"，事似略同；"一名"，义未详。妇氏，盖内官世妇之属。《周礼·春官·世妇职》："凡王后有拜事于妇人，则诏相。凡内事有达于外官者，世妇掌之。"是世妇掌传达后夫人之命令。

郭沫若：此文连同下句断作"妇氏以壶告曰"，孙说之解妇氏近是。"妇氏以壶告"者，壶盖假为"符"。盖妇氏所传者为君氏之命，不能无所符凭。或者古人之符，即以壶为之。壶者，插筹之具也。壶又称中，𥬱字从又持中者，即持壶也。秦之"阳陵兵符"、"新郪兵符"作虎形，当即虎中之转变。其称为符者，则犹存壶之遗音也。或读作"余献妇氏以壶"为句，语法虽现成，而于前后文意不可通。

谭戒甫：此妇氏承君氏命代告琱生，特先以壶将其厚意，且表示敬信。

陈梦家：余，为琱生；妇氏，宜为召伯虎之妻。"余献妇氏以壶"者，疑置君氏（召伯虎之母）令于壶中而致于妇氏。《周礼·王府》云："古者致物于人，尊之曰献"。

林沄：余，为琱生；妇氏，为宗妇幽姜。

朱凤瀚：余，为琱生；妇氏，为召伯虎之母，此时尚存，而六年簋铭所述之时已逝，故六年簋铭中召伯虎乃以谥号称之为"幽姜"。从考古资料来看，西周晚期出青铜器的墓葬中，最习见的基本酒器即是壶，由此可知壶在当时贵族礼制活动中的重要地位。琱生因狱讼之事求助于宗妇，故献以当时盛行的礼器以示其敬意。

斯维至：孙诒让释"妇氏"，甚确。郭沫若假壶为符，虽近推想，却甚合情理。"余"指召伯虎。

刘桓：此句断作"余献。妇氏以壶告曰"。"余"是琱生自称，琱生既为祭祀主持人，他与召伯虎实处在一主一宾的位置，故"献"指对宾的飨礼。《国语·晋语》："文公如楚，楚成王以周礼享之九献，庭实旅百"，韦昭注："九献，上公之享礼。"

享、飨通，即飨礼。《诗·小雅·楚茨》："献酬交错"，郑笺："始主人酌宾为献"，此"献"亦为古义。所以，"献"是当祭祀后进行飨燕中以酒食献宾。妇氏，为琱氏宗君（周公）之妇，此时亦以礼相见。壶读为符，不确。壶当读如字，上应铸有铭文，《周礼·秋官·司约》说："凡大约剂书于宗彝"，疑壶上有关于约剂的铭文，可以为凭据者。

徐义华：妇氏指召伯虎之母召姜。

李学勤：妇氏为召伯虎夫人（召姜），召氏的命令由召伯虎夫人传达。

王占奎：妇氏为召伯虎之母幽姜。

沛按：余，指琱生。妇氏，当指召伯虎之母幽姜（召姜）。认为妇氏为召伯虎之妻者，多和后文之"君氏"有关。若以君氏为召伯虎之母，则妇氏可能为召伯虎之妻。然君氏当为召伯虎之父（详见后文），召伯虎在，却由其妻传达父命，则此非世妇所应执掌了。认为妇氏是琱生之妻，和误以为琱生为周公之后有关。琱生为召氏支族，前文已述，兹不赘言。献，为敬献，礼也。壶为礼器，而不是符。此铭文中琱生报妇氏以壶，琱生尊铭文中妇氏送给琱生两只壶，都是往来之礼。妇氏地位高于琱生，故琱生曰献；壶为礼尚往来之器，此处并非是琱生有求于妇氏而贿之器。这句话的意思是：我（琱生）献给妇氏一只壶。

4. 告曰，以君氏令曰

孙诒让：君氏似召伯之母，犹《春秋》"隐三年"经"君氏卒"，《左传》以为隐公母声子，此义与《春秋》左氏合。盖世妇以壶遗琱生，又以君氏之命告召伯及琱生也。

郭沫若：君氏乃宣王之后。"余考（老）止公"以下33字即君氏之命，盖书于筹，插于壶，为妇氏所将出者也。

谭戒甫：君氏为宣王之后。疑其即是荣夷公之女。《国语·周语上》谓："荣夷公好专利……厉王学专利"；《墨子·所染篇》谓："厉王染于荣夷公"；《国语·周语下》谓："厉始革典"，实则厉王变法维新，荣夷公佐成其事，致遭旧臣的反对，加以诋毁。而君臣契合，专利自肥，势亦难免。后文中君氏自认："余考止公仆庸土田多"，即其证据。宣王初年，荣夷公必已衰老，不理国事，固由君氏代宣其意。

陈梦家：此句的主语是琱生，含义是琱生以君氏的命令告于妇氏。

林沄：此句的主语是琱生，"告曰"以下为琱生的请辞。"君氏"为召氏宗君，以《左传》理解"君氏"并不可靠。因为君氏在《春秋》经中仅出现了一次（隐公三年），《左传》解释为隐公之母，而《公羊》、《谷梁》两家经文中，"君氏"均作"尹氏"，为"天子之大夫也"。此处的"君氏"、"妇氏"和后文屡次出现的"我考我母"相对应，故当为召伯虎之父。"以君氏命曰"为琱生通过宗妇幽姜而请求由宗君幽伯出面说话。"命曰"以下，是琱生为幽伯所预拟的命辞内容。

《铭文选》：君氏，女君，即王后。《诗·墉风·鹑之奔奔》："人之无良，以我为君。"毛亨《传》："君，国小君。"郑玄《笺》："小君，谓宣姜。"又《礼记·玉藻》："君命屈狄"，郑玄《注》："君，女君也。"铭辞记妇氏为君氏传达命令，此君氏自当为王后。

朱凤瀚：此句的主语是妇氏。这是省略了主语的一种句式，联上句读，实即"余献妇氏以壶，妇氏告曰"类似的省略句式。在这种句式中，主语虽然省略，但一般仍不难从上下文叙事中判断主语为何。这大概是当时的文法习惯。"以君氏令曰"，是妇氏向召伯虎传达君氏之遗命，以下言语应是君氏原话的口吻。

斯维至：此句的主语是召伯虎，君氏应为召伯虎之父母，非宣王后。

徐义华：君氏，是宗君的变称，召氏的族长，为召伯虎之父。这里是传达君氏的命令，后面是君氏之语。

李学勤：妇氏为召伯虎夫人，君氏为召伯虎、琱生的祖母。下文为召伯虎夫人转告其祖母的命令。

王占奎：此句为召伯虎的母亲转达其丈夫（君氏）的旨意。

沛按："告曰"的主语应为妇氏，也即召氏族长之妻、召伯虎之母。"君氏"即六年琱生簋中的"宗君"，而不当为宣王之后，林沄之说是。认为君氏为荣夷公女更属臆断，荣为周之同姓畿内诸侯，西周之制，同姓不婚，故荣伯之女不会成为宣王之后。这段话的意思是：召伯虎之母（妇氏、召姜、幽姜）传达的召伯虎之父（君氏、宗君）的旨意说。

5. 余老止

孙诒让：此为召伯虎所传君氏之命。"老"隶作"考"，"止"和下文"公"连读，"止公"盖召伯虎之父。

郭沫若：余者，君氏自谓。"止"和下文"公"连读，"止公"，乃君氏之父。

陈梦家："止"和下文"公"连读，"止公"是召伯虎之父。

谭戒甫："老"隶作"考"，"止"和下文"公"连读，"止公"为荣夷公，乃君氏之父。

林沄："余"在金文中只能是主语成份，而不能作定语成份，即不能释为"我的"。故下文的"老"不能隶作"考"，将"余考"解释为"我的父亲"。"余老"的意思就是"我已年老"。1979 年河北元氏出土的叔釐父卣铭云："余考（老），不克御事"，与本铭可互相参证。①

《铭文选》：老，久、旧。止，杀减。《周礼·地官司徒·仓人》："若谷不足则止于余法用"，郑注："止，犹杀也"。此句连同下文的含义是，珊生以往曾杀减附庸土田应纳贡的田赋，而犯税律。

朱凤瀚："余"指君氏。"止"为句末语气词，其例多见于《诗经》之小雅、周颂诸篇。如《诗经》之《采薇》："薇亦作止"、"岁亦莫止"；《杕杜》："日月阳止，女心伤止，征夫惶止"；《楚茨》："神具醉止"；《闵予小子》："夙夜敬止"；《良耜》："茶蓼朽止，黍稷茂止"等。说明在西周时期的王畿地区，今陕西关中一带的语言中的确曾流传过以"止"为句末语气词的习惯用语，亦体现出本铭口语较强。

斯维至：此文连同下句断作"余老，止公仆庸土田"。"余"为召伯虎，老，应读为年老之老，告老退休也。止公非人名，"止"与"致"通，致公，即告老，致还附庸土田于公家也，假父母之命，表示孝敬之意。《左传·昭公十年》："桓子尽致诸公，而请老于莒"，事与此同。

刘桓：此文连同下句断作"余老，止公仆庸土田多諫"。余，君氏（宗君之母）自称。余老，谓自己年迈。止，副词，义为"仅"或"只"。

徐义华：此文断作"余老，止"。《左传·隐公三年》："桓

---

① 林沄本将此句断为"余老，止公……"（《珊生簋新释》），但 2008 年初于复旦大学讲座时，已修正观点，指出并无"止公"一人，"止"为语气词。参见其讲稿：《珊生三器新释》。叔釐父卣铭文参见中国社会科学院考古研究所：《殷周金文集成》（第 4 册）05429，中华书局，2007，第 3407～3408 页。

公立，乃老"，杜预注："老，致仕也"；止，停止，即君氏要告老不复视事之意。

李学勤："余"，指君氏，即召伯虎、瑚生的祖母，"止"为语尾虚词，意思同"矣"。此为君氏叹息自己年老。

沛按："余"指君氏，即召伯虎之父。金文中，"余"不作定语，故"老"不能隶作"考"以表示"我的父亲"，林说是。朱凤瀚承林说，进而指出"止"非人名，而是语气词，并以《诗经》为证，很有说服力。新出土的六年瑚生尊铭文再次出现了"余老止"之语，且其后无"公"字，而是以主语"我"为始另起一句，更见朱氏之卓识。这句话的意思是君氏感叹道："我老了"。

6. 公仆庸土田多谏

孙诒让：此句同上下文断作：曰余考止公仆庸土田，多**耤**弋。① "庸（）"，旧释为"享"。金文享字常见，皆不作此形，且与义亦难通，此当"庸"字。《说文·㬮部》云：㿝，用也。读若庸同，此即㿝之省。下从㠯者，即自之省。又，《说文·土部》：埔，重文。云古文墉（原注：此与㿝字略同，唯下从口小异。依《说文》，则墉古文与㿝篆画无异，于字例难通。疑误以㿝为墉也）。"仆"古与"附"通，仆墉者，即附庸。仆墉土田，犹《诗·鲁颂·閟宫》云"土田附庸"。《左传》定公四年说成王封伯禽云"土田陪敦"，陪敦即附庸之假借。因古文庸作**㿝**，故或作敦。②《左传》本多古文也。《说文》土部作"培"，

---

① **耤**为孙氏摹本。为了更明了孙氏的论证，此处用其摹本。原铭拓本为。
② 敦，又写作"敳"，与"㿝"相似，故云。

并声近假借，与此簋借仆为附例同（原注：《诗·大雅·景命》有"仆"，《毛传》：仆，附也），祝鮀语即本《鲁颂》。云"多𧮫弋"者，多下𧮫字从言，与六年琱生簋"用狱𫟃"同。其左偏旁为"朿"之异文。《说文·朿部》：朿，木芒也，象形，读若刺。此簋当即"諫"字。《说文·言部》：諫，数谏也，从言朿声。六年琱生簋云"用狱諫"，此云"多諫"，似皆借为《周礼·秋官·司刺》之刺。司刺执掌三宥三刺之法，以赞司寇听讼。壹刺曰讯群臣，再刺曰讯群吏，三刺曰讯万民。郑注云：刺，杀也。盖刺本训"杀"，因之治狱讯鞫之事通谓之刺。

郭沫若：此句同上文断作：余考止公仆庸土田，多諫。仆庸即附庸，指臣仆。由罗马制度推之，则"仆庸土田"当是附塘垣于土田周围，或周围附有塘垣之土田，故能成为熟语。①

陈梦家：此句同上下文断作：曰余考止公仆庸土田多諫弋。关于"仆庸土田"，孙诒让之说似不可据。《诗·大雅·瞻卬》曰："人有土田，女反有之，人有民人，女覆夺之"，土田与民人并举，犹克盨②铭文曰："典善夫克田、人"，民人或人是附于土田的。《鲁颂·閟宫》曰："锡之山川、土田、附庸"，《诗·大雅·常武》："锡山土田"，《释文》曰"本或作锡之山川、土田、附庸"，则附庸与山川、土田并列，乃是赏赐的仆庸。"多"下二字，不详其义。

谭戒甫：此句同上下文断作：余考止公仆庸土田多，諫弋伯氏从誻。关于"仆庸土田"，塘、城二字属定拗纽，声固通转，

---

① 对"仆庸土田"的解释，参见郭沫若：《中国古代社会研究》，人民出版社，1954，第257页。

② 即善夫克盨，铭文参见中国社会科学院考古研究所：《殷周金文集成》（第4册）04465，中华书局，2007，第2866～2869页。

而城郭亦常同用，《史记·苏秦传》谓："洛阳负郭田二顷"，负、仆、陪同属并钮可通，则仆庸土田即附庸土田，也即负郭田，并指近城土田了。此为第一说。《孟子·万章下》："不达于天子，附于诸侯，曰附庸"，《礼记·王制》也有此文，郑注曰："小城曰附庸，附庸者以国事附于大国，未能以其名通也"，此申论孟子之言，为第二说。《汉书·王莽传》："于是封者高为侯伯，次为子男，当赐爵关内侯者更名曰附城"；"州从《禹贡》为九，爵从周氏有五，诸侯之员千有八百，附城之数亦如之，以俟有功"，王莽好法古，此处推广孟子的话，为第三说。《礼记·王制》又有"附庸闲田"一词，《正义》："谓置二百一十国外之余地为附庸闲田。若封人，附于大国，谓之附庸；若未封人，谓之闲田。"此为第四说。周厉王时期引用荣夷公等人改变旧有成法，夺取井田八家私耕的百亩垄断为王的私田，因而助耕奴隶转变为王的私产，这就名为"仆佣土田"，这为谭氏补充之第五说。"諫"，《说文》："餔旋促也"，可假作速，[①] 为催促的意思。

林沄：据《诗·崧高》："因是谢人，以作尔庸"来看，仆庸指人，土田则当指耕地，均为周王分赐给诸侯或大贵族。孙诒让读"諫"为"刺"是对的，但郑注《周礼》曰："刺，杀也，讯而有罪则杀之"则是错误的。《周礼》司刺之刺应当是侦查之意。

《铭文选》：▨，释为"諫"，读为"积"。諫、积，声旁相通。指实物贡赋。

朱凤瀚："公"指琱生。仆庸，指附隶于西周贵族属地上的

___

被劳役之人。《说文》："庸，用也"，《尔雅·释诂》："庸，劳也"。"諫"，从言束声，本铭中读作《说文》中的讀字。讀字从言賣声，賣从贝束声，故諫、讀读同。讀是嘖字或体，《说文》："嘖（嘖），大呼也，从口賣声。嘖，或从言"，《左传》定公四年："嘖有烦言。"《荀子·正名》："嘖然而不类"，杨倞注："嘖，争言也"。"争言"之义同于讼。《经典释文·周易音义》："讼，责也。"《说文》："讼，争也，言之于公也。"是讼亦系以言相争，讼、嘖（諫）义可通。六年琱生簋中的"狱諫"，近同于《周礼·秋官·大司寇》所言的"狱讼"。

连劭名：仆庸，即附庸。諫释作责。《广雅·释诂》："讼，责也"。《周礼·秋官·大司寇》：郑玄注："争罪曰狱，争财曰讼"。

斯维至：此句同上下文断作：止公仆庸土田，多諫弋伯氏从諎。仆庸即附庸，参照《论语·季氏》中的"颛臾"、以及《诗经》之"崧高"、"韩奕"可知，附庸是附属于城郭的土地和劳动人民，附庸人民依旧保持井田制，及其氏族宗族组织，以奉祀其祖先。就等级而言，附庸大概是低于庶人（平民），而高于皂隶（奴隶）的阶级。諫释刺或讼，为刺取的意思，和弋同义。

沈长云：琱生簋铭文中的"仆墉"之"墉"不通"庸"，"墉"当读如本字，作城垣解。"仆墉土田"实际上就是靠近城垣的土田。文献中有"附郭田"一语，"附郭田"亦称"郭外田"，《史记·货殖列传》中说："带郭千亩，亩钟之田"，言其产量之高，故琱生所拥有之"仆墉土田"，亦是膏腴良田。《说文》章字下云："度也，民所度居也，从回，象城章之形，两亭相对也"，段注："按城章字，今作郭，郭行而章废矣"，在郭字（篆作𩫏）下云："齐之郭氏虚……从邑，章声。"在墉字下云：

"城垣也，从土、庸声，臺，古文墉。"段注云："臺字音古博切，此云古文墉者，盖古读如庸，秦以后读如郭。"可见墉、郭二字不仅字义相联，而且郭字很早就读如墉，甚或臺字就是郭字的古作。"仆墉土田"当与古代聚落有关。古代城外有"郊"，郊外为"野"，城邑及其近郊之地属于"国"的范畴，其居民称为"国人"，以和"野人"相对。四郊近郭皆有田地，《管子·大匡》云："耕者近门"，就是为了方便国人出入耕种这些土地。四郊之所以附于城邑而统归于国者，是因为城邑内的居民是与郊内这些附郭田联系在一起的。

刘桓："仆墉土田"即"附庸土田"。附庸是指城邑而言，故"附庸土田"乃就周（琱）氏的封邑与土田并言之，然此处偏重指土田。諫即刺字。《广雅·释诂》："諫，书也。"王念孙疏证："諫，通作刺。《释名》：书称刺书，以笔刺纸简上也。"可证諫、刺古通用。刺，意为刺探，諫从言，表示通过言谈了解。铭文中的"多刺"与《周礼》的"三刺"意思相近，大致是说琱公采邑的土田多次遭到讯问调查。

徐义华：仆庸土田之解可从郭沫若，指附属于土田上的农民。"諫"通刺，指文书，这里当为记在土地、人口的文书，如地契、户册之类。諫也可以作动词使用，指登记土地、人口，如此原文应作"公多諫仆庸土田"，即详细登记土地、人口，为分家做准备。

李学勤：此句话释作：公仆庸土田多諌。"公"指召氏公室；"仆庸土田"孙诒让已解释；"諌"当读为"扰"，意思是乱。仆庸土田之乱，多有疏于管理，酿成狱讼的情事。

沛按：关于"公"，有"止公"、"召氏公室"、"君氏"、"琱生"等几种说法。自朱凤瀚将"止"解是为句末语气词以后，学界通常认为并没有"止公"这个人。五年琱生尊出土后，此种观点更得到了证明。铭文中所提及的纠纷并非发生于召氏内部各支，但召氏内部各支土田管理存在混乱却为导火线。本句话由大宗宗君（君氏）讲出，且牵涉到小宗琱生，故"公"当泛指召氏公族。从典籍来看，公是用来称呼地位较高之人的。君氏在发布命令时，将作为晚辈、小宗的琱生称之为"公"，是不妥当的。"仆庸土田"为何，众说纷纭，其焦点主要在"仆庸"上。上古无轻唇音，故"仆庸"即"附庸"。有学者将仆庸土田解释为小国，因为韋字是城墙的形状，郑注亦云："小城曰附庸"；也有学者认为，韋即郭，[①] 仆庸土田即负郭田，皆有其理。有学者一再强调西周时期没有附庸之国，认为孟子论附庸，属于理想化的阐述，可是这样就不能解释《左传》和《论语》对附庸颛臾的记载了。附庸之中，应当既包括城郭土地，也包括耕作与其上的人民。由于附庸之中自有组织，故转让附庸时，尤其会命令其组织服从新的领导者，对此五年琱生尊铭文也有反映。琱生三器中都出现的"刺"（諫、束），其含义均当指国家机关的调查。五年、六年琱生簋中，"刺"写作"諫"，《广雅·释诂》云："諫，书也"，王念孙疏证曰："諫，通作刺"，由此可知"諫"和"刺"可通；五年琱生簋中所说的"仆庸土田多諫"，在五年琱生尊中作"仆庸土田多束"；由此可知"諫"和"束"可通。有学者释"諫"为"諑"，读作扰乱之"扰"、或者将"束"读作"柔"，表示嘉善的意思，这使文句内涵更显迂回，似可不必。审"諫"的原铭拓片 ▮（五年琱生簋）、▮（六年

---

① 正如周法高所云，"郭"与"墉"字古通。郭为阳部相应之入声铎部字，属见纽，墉为东部字，属喻纽四等；二者相通，犹"橐"字与"东"字相通。参见周法高：《金文诂林》卷5下，香港中文大学出版社，1975，第3513页。

琱生簋），左偏旁为束，不为束。谭戒甫、《铭文选》等释为"涑"，非是。西周古文中，"刺"有责怨之意，也有侦讯之意。如果做责怨来解释，"公仆庸土田多涑"，可解释为召公家族内部土田有纠纷而各方相互责怨；要解释为侦讯，则为国家机构对涉及召公家族的土田纠纷进行调查。从后文"狱刺"二字连用来看，当是侦讯之意。这段话的意思是：我们召氏公族的附庸田土多次遭到侦讯。

7. 弋白氏从諂

孙诒让：此句同上文断作：多涑弋，白氏所从諂。弋当读为"忒"，《说文·心部》："忒，更也，从心弋声"。《易·豫》彖传郑注云："忒，差也"。《毛诗·鸤鸠》传："忒，疑也"。多涑弋，亦谓狱讼多讯鞫疑忒。盖此簋为土田畛域相侵入，六年琱生簋为廪积乏阙，官事不共，因而有狱讼也。云白氏从[图]者，[图]，旧释为諂字，考智鼎云："效父乃[图]赘曰"，[1] 与此正同，皆从言从𠂤从口。虽似从午，然字书亦无諂字。疑此字右从𠂤，当为由。虞彝"易甲胄"，"胄"字作[图]，从𠂤。[2] 盂鼎残字贝胄作[图]，从𠂤。[3] 又，叔皮父簋"妯"字作[图]，从𠂤，此似从彼为

---

① 铭文参见中国社会科学院考古研究所：《殷周金文集成》（第 2 册）2838，中华书局，2007，第 1519~1521 页。

② 虞彝即虞簋，铭文参见中国社会科学院考古研究所：殷周金文集成》（第 3 册）04167，中华书局，2007，第 2351 页。

③ 此为小盂鼎铭文，参见中国社会科学院考古研究所：《殷周金文集成》（第 3 册）04127，中华书局，2007，第 2302 页。

形，则当为䛆字。① 《说文·言部》："䛆，训也"。又《系部》："繇，随从也"，此疑为繇之假借。古"繇"、"由"多通用，亦通作"猷"，《尔雅·释诂》："猷，道也"。盖君氏以琱生有土田之讼，因而告道之。白氏从䛆，谓召伯从君氏告道之语。

郭沫若：白氏，指召伯虎。此句是君氏指责召伯虎，止公所食邑，其岁贡于朝廷，多积欠，必召伯纵容之使然。

谭戒甫：此句话同上文断作：諫弋伯氏从諎。弋，经传多训为"射取"，引申凡"取得"亦为弋。《说文》训"从"为相听，"从"为随行。义亦通。諎，许的籀文，金文多见。《说文》训为"听"。此句的意思是催取召伯听从许可。

林沄：弋，金文的句首词，当即典籍中常见的"式"（从裘锡圭先生说）。② 白氏指琱生。③ 从训为"纵"，《说文》云："纵，缓也"。

《铭文选》：伯氏，或是地官司徒。琱生请求减免罚积的要求虽经获君氏的支持，然而必须由地官正式册书在案，故必伯氏从许。

朱凤瀚：弋，即式，劝令之词，义同于应、当。从，在此即顺、随之意。《诗经·大雅·既醉》："从以孙子"，郑笺："从，随也"。諎在五祀卫鼎中作"许"，不从口。从智鼎与五祀卫鼎铭看，当大臣对讼事进行审理时，当事人诉说自己的理由或回答

---

① 此即《集成》中的"铸叔父皮簋"。另有"叔父皮簋"，为西周晚期器，非孙氏所指。铸叔父皮簋铭文参见中国社会科学院考古研究所：《殷周金文集成》（第3册）04127，中华书局，2007，第2302页。"甹"字通常释为"妻"，孙氏释为"姻"，并认为此为"胄"的借字。参见孙诒让：《古籀余论·叔父皮敦》，中华书局，1989，第17～18页。

② 裘先生引丁树声"式者劝令之词"之说，参见裘锡圭：《史强盘铭新解》，载《文物》1978年第3期。

③ 参见林沄：《琱生三器新释》。此文更改了林沄于《琱生簋新释》中的观点。在《琱生簋新释》中，林沄认为白氏是琱生对召伯虎的敬称。

问题即称"许曰"。这里的"许"应读为"诉"，义近于陈诉，诉讼，法律用语。许、诉在上古均为鱼部，当可通假。这句话的意思是，希望召伯虎在参与审理这些讼事时要站在珦生一边，促使其胜诉。

斯维至：此句同上文断作：多諫弋伯氏从諎。刺（諫）是刺取，与弋同义。諎即诉，犹今人所谓告诉、告状。盖附庸土田以多刺取于民而涉及诉讼，召伯氏（伯氏）服从诉讼矣。

连劭名：弋，读为必。从许，容许之意。素镈铭文："侯氏从许之曰"。[1]

徐义华：弋，即式，句首助词。白氏，指召伯虎。《说文》段注：许，"听从之言也，耳与声相与曰听，引申之，凡顺从曰听"。当时听从、许诺之义。这里"从许"当指君氏与召伯虎有所协商，召伯虎听从了君氏的意见并有所承诺。

李学勤："諎"是许字异构，古音晓母鱼部，读为心母铎部的"诉"，《说文》："告也"。这句话的意思是要珦生随召伯虎将仆庸土田有乱之事告诉王朝有司。

辛怡华、刘栋：弋，姓。《诗经·墉风·桑中》："美孟弋矣"，毛传："弋，姓也"。这句话连同上文的意思是，止公家仆庸土田多次被指责，被当局侦讯，是弋伯氏纵容（下属）告发的结果。

沛按：弋，即式，劝令之词，义同于应、当。伯（白）氏指珦生，在君氏的命令中，父亲称呼儿子为伯氏是不妥当的，因此伯氏不该为召伯虎。《铭文选》认为伯氏是地官司徒，缺乏依据。释弋为必，于古音不近。将弋伯氏看作是一个人，不仅缺乏

---

[1]　铭文参见中国社会科学院考古研究所：《殷周金文集成》（第1册）00271，中华书局，2007，第320~321页。

证据，① 而且使人物关系变得混乱。从，听从、顺从的意思。
詻，释为"许"。孙诒让释詻为詌，然而 [图]、[图] 的偏旁 [图] 与胄的
偏旁"[图]"差距颇大。"许"、"诉"声钮韵部俱不同，故不当
相通。《说文》："许，听也"，段注："听从之言也"，即有听从
的意思。根据前述诸铭文来看，当为答应、承担之义，非仅如朱
凤瀚先生所说"当事人诉说自己的理由或回答问题"。"许"常
出现在包含有诉讼内容的铭文中，如：

五祀卫鼎铭文："厉乃许"。②

曶鼎铭文："限许曰"。③

融攸从鼎铭文："弗能许融从"。④

杨树达先生释融攸从鼎时说："此责卫牧之弗能许，知许为
诉讼之恒用语也"，⑤ 甚确。这句话的意思是：希望琱生您听从
召氏家族（对仆庸土田）的（如下）安排。

8. 公厇其参，女则厇其贰。公厇其贰，女则厇其一

孙诒让：女，指琱生。厇释作宕。《说文·宀部》云："宕，
过也。"公参汝贰、公贰汝一，似即以所定衰数告道之，皆让其
一，不敢过之意。一贰参等，即其土田之分率也。

郭沫若：这句话是说，止公之放荡有三分，召伯有二分；止
公之放荡有二分，召伯则有其半。君氏以此责召伯。

---

① 目前出土的西周金文资料中，尚未有以弋为姓氏者。《桑中》毛传云，弋，姓也。朱熹
《集传》："弋，《春秋》或作姒"，《春秋公羊传·襄公四年》陆德明《经典释文》："弋
氏，左氏作姒氏"。"姒"在西周金文中从女从以（㠯），与本铭的"弋"区别较大。

② 铭文参见中国社会科学院考古研究所：《殷周金文集成》（第2册）02832，中华书局，
2007，第1506～1507页。

③ 铭文参见中国社会科学院考古研究所：《殷周金文集成》（第2册）02838，中华书局，
2007，第1519～1521页。

④ 参见中国社会科学院考古研究所：《殷周金文集成》（第2册）02818，中华书局，2007，
第1488页。

⑤ 杨树达：《积微居金文说·融攸从鼎跋》，中华书局，1997，第12页。

陈梦家：宕，疑假为拓取之拓。谓止公之土田，若得白（伯）氏许诺，公取三分则汝（妇氏）取二分，公取二分，则汝（妇氏）取一分，以为比率。此似指彻法，公或公私之公，公彻取十分之三，则妇氏取十分之二，公取十分之二，则妇氏取十分之一。两合之，则土地的税敛为十分之五或十分之三。

谭戒甫：宕，当是荡的异文。《说文》：“宕……，砀省声。”宕既由砀来，即可假用为“荡”。《说文》：“荡，水所荡泆也。”段注：“荡泆者，动荡奔突而出。”此谓大量献出，殆犹今言慷慨乐捐。参贰、贰一，从孙诒让说。据《诗·江汉》“锡卅土田”，若以卅分为五份，则止公献出三分之二，为十八方里，琱生献出五分之二，为十二方里；止公献出三分之二，为二十方里，琱生献出三分之一，为十方里。

林沄：宕，指度量。[①]

《铭文选》：宕，古通作荡。《易·系辞》“八卦相荡”，陆德明《经典释文》引马融云：“荡，除也”。在此用为宥除的意思。

朱凤瀚：宕，读为当。宕、当上古声、韵并同。当有承当、担当之意。公，指琱生；汝，指召伯虎。叁贰、贰一可能是当时俗语，为譬喻之言。古人常喜以三为多数之表征，非实指。这句话的意思是，琱生若对讼事承当三分的责任，召伯虎就应为之承当二分；琱生承当两分责任，召伯虎就应承当一份责任。这是要求召伯虎在讼争中多替琱生分担其责。

斯维至：公，公家；汝，召伯虎。宕即拓之本字。有拓伐、

---

① 此为林沄先生在《琱生三器新释》中所作的解释。此文更改了林沄于《琱生簋新释》中的观点。在《琱生簋新释》中，林沄先生认为宕指仆庸土田超额。

拓取、拓殖之意。不娶簋："女以我车宕伐玁狁"，^① 即宕伐连
文。此处作拓取解。这句话的意思是，公家（指王室）拓取三
分，汝则拓取二分；公家拓取二分，汝则拓取一分。此乃当时周
天子赐召伯虎时所默许的。召伯虎提及此言，实际是自辩，谓他
没有侵夺于民的实事。

连劭名：厇释作拓，扩展。

刘桓：宕，过也。据《周礼·夏官·大司马》及郑司农注、
孙诒让疏，周代田赋征收，上等田按照三分之二数算，中等田按
照二分之一数算，与铭文中叁分取贰、贰分取一相合。由此可
见，面对周、召二氏的土田纠纷，由琱君氏（宗君之母）提出
并经召伯虎允诺的解决方法是，琱公多占的土田数为三分，就请
琱生计其二分；若多占的土田数算做二分，就请琱生计其一分。

徐义华：公，指君氏，宕，为承担、承当、取得之义。此句
为君氏和召伯虎协商的内容，是关于财产分配的比例。由于公是
召族之长，召伯虎尚不能作为一家之主占有财产，所以以公的名
义分予。

李学勤："厇"即"宕"字，不娶簋盖器一作"宕"，一作
"厇"，足以为证。"宕"字《说文》云："从砀省声"，其实是
从"石"声的。韵部为阳铎对转，在这里读为"度"。"度"字
《说文》云"庶省声"，"庶"实际也是从"石"声的。"宕"是
定母阳部，"度"是定母铎部，同样是对转。"度"是度量，就
是对仆庸土田进行度量占有。君氏的方案有两种，一种是公室度
量三份，琱生度量两份，即三比二；另一种是公室度量两份，琱
生度量一份，即二比一。

① 不娶簋与不娶簋盖铭文内容相同，参见中国社会科学院考古研究所：《殷周金文集成》
（第4册）04328、04239，中华书局，2007，第2712~2715页。

王占奎：宕、宅相通。《说文》宕音荡，定母阳部，宅，定母铎部，阳铎阳入对转。《尚书·尧典》中有"宅西"，郑玄注《周礼·缝人》引作"度西"，孙星衍《尚书今古文注疏》："知此，宅，今文皆作度也。"是以知宅、度相通。戜方鼎铭文曰："永宕乃子戜心"[①]、戜簋铭文曰："休宕厥心"[②]，《诗·皇矣》："帝度其心"，两者文例相同。历代注家均释宅为居，故宕、度都是居的意思。居于某地，则有其地。故琱生簋此句意思当是，公家居（占有）其三，琱生居其二。

沛按：公，召氏公族，此处特指召氏大宗。名义上，公族全部财产都是由大宗的宗子来支配的，但从琱生簋中来看，公族财产中又分为大宗管理和小宗管理的两类。对外，所有财产均为召氏所有；对内，大宗和小宗各有统领。但其界限有时并不清晰，铭文所示，正是要明确其内部财产关系。公非召伯虎，因君氏在，召伯虎并非大宗宗子，故在君氏之令中不能称呼其子为公。女（汝），指琱生。"庿"即宕字，诸家无异义。"宕"从石，不假为"荡"、"荡"，其意思为度也、宅也、居也。李学勤、王占奎、林沄诸先生之说是。从铭文中提到的仆庸土田分配比例来看，琱生虽为小宗，但其份额已过大宗之半。也可能铭文中所提到的财产，只是"狱剌"中涉及的财产，而非召氏全部族产。以上为君氏关于仆庸土田的分配方案，君氏的命令至此结束。这句话的意思是：公家（召氏大宗）占有三份，您就占有两份；公家（召氏大宗）占有两份，您就占有一份。

---

① 参见中国社会科学院考古研究所：《殷周金文集成》（第 3 册）02824，中华书局，2007，第 1494 页。

② 参见中国社会科学院考古研究所：《殷周金文集成》（第 4 册）04322，中华书局，2007，第 2698～2699 页。

9. 余龔于君氏大章，报妇氏帛束、璜

孙诒让：龚于君氏大章者，龚字难通，恐是"惠"字。《尔雅·释诂》："惠，顺也"。此又为珊生自述之辞。与上下文不同，乃因君氏传名，告道珊生定其土田，故珊生对答其章宠也。云报妇氏帛束璜者，犹如大鼎铭大及然暌各宾章以帛马之事。①《周礼·秋官·小行人》："合六璧……璧以帛……璜以黼"，此以束帛合璜，礼之变也。此亦《礼经》"傧使之礼"。因妇氏传君氏命，故傧以玉帛矣。

郭沫若："龚"即"蟪"字，读为惠。此为君氏以大璋惠召伯。召伯既受君氏之惠，则报妇氏以帛一束，佩玉一事。

谭戒甫：此谓珊生受王后大章之赐，当即指上面由妇氏转致君氏说的。壶是尊彝，礼至隆重，妇氏身份决不能有贻赠尊彝的资格，且亦无此礼节，故此"大章"不能照它器"大璋"解释。报妇氏束璜，因妇氏系君氏的使命转赐珊生，例应报赠，故此"报"与它器言"宾"同一意义，因二字双声通转。

陈梦家：此为珊生转述君氏指令后所言，意为君氏赐以大章，《广雅·释言》："惠，赐也。"珊生即受赐于君氏，乃以束帛与璜傧报妇氏。报即酬报，傧报，无分上下。

《铭文选》：龚，惠，从双手，他动词，奉惠的意思。

朱凤瀚：余，珊生自称。龚为惠。君氏已逝，何能受惠？故疑"大章"不作"大璋"。典籍多训章为明，引申之，明德、明治亦曰章。大章，是指君氏之德宏大。"余惠于君氏大章"，是言"君氏以明德惠施于余"，如《左传》成公十六年："德以施惠"。珊生此言君氏惠施明德于己，正是因为君氏命召伯虎助其

---

① 参见十二年大鼎铭文，参见中国社会科学院考古研究所：《殷周金文集成》（第4册）04298，中华书局，2007，第2648～2649页。

胜诉。"报妇氏帛束、璜",是琱生为谢君氏之恩惠与妇氏之传命,回报妇氏以帛束及佩玉。《仪礼·聘礼》:"束帛加璧",与"帛束、璜"义近。

斯维至:句意为我接受我父母的大璋。璋,表彰也,所以我报谢妇氏以束帛和璜。

刘桓:余,琱生。"惠于"、"报",有感谢、答谢之意。由所用之玉"大章(璋)",知君氏身份甚高。赠妇氏"帛束璜",即束帛加璜。《礼记·礼器》:"束帛加璧,尊德也",璜为半璧,此处之礼稍逊之。

徐义华:余,指琱生。惠,意为献、致。报,回赠。

李学勤:"叀"从"熏"声,晓母文部,应以音近读为明母文部的"问"。《仪礼·聘礼》注:"犹遗也,谓献也"。

沛按:余,指琱生。据五年琱生尊,"叀"的下部从黾非心,故不是"惠",亦无"施惠"之意。此字较难释,其上部似"熏",陈汉平先生以为"凡从熏得声之字,均有自下向上之义",如香气上蒸为熏,吹气上蒸之乐器为埙,酒气上蒸为醺,天气暖虫复苏而出为蠹,故有奉献的含义,[1] 暂从李学勤先生,训为"献"。章,璋也。五年琱生尊中亦有"余叀大章"之语,知其非指君氏之恩德也。朱凤瀚先生云:"君氏已逝,何能受惠",盖据下文召伯虎称君氏为"考",而郝懿行《尔雅义疏》已指出"生曰父,死曰考"为后起之说。[2] 受璋之人,正是君氏。报,献给。帛束,束帛也,即一束帛。璜,半璧也。献璋、帛、璜,均礼也。这句话的意思是:我(琱生)献给君氏大璋,

---

① 参见林沄先生《琱生三器新释》。
② 参见郝懿行:《尔雅义疏》上四之"一",咸丰六年刻本。录入《汉小学四种》(下),巴蜀书社,2001年,影印本,第1037页。

献给妇氏帛束、玉璜。

10.　召伯虎曰：余既嗤

孙诒让：召伯虎之语应和下句连读，作："余既嗤厩我母我考令"。"嗤"（嗤）释作"啩"。谭戒甫：嗤即讯字，西周金文多见，《说文》训讯为问。

林沄："既讯"和上文之"多刺"相呼应，说明召伯虎已经经过一番调查，征求过处理意见了。

斯维至：开头冠以召伯虎曰，盖表示召伯虎之誓言。此句的意思是"我已审讯完毕"。

朱凤瀚：金文中凡言"既"，皆是已然行为。讯，征询、讯问。"余既讯"是言其对前文所言之珊生仆庸土田的狱讼事件已着手进行调查。召伯虎在当时可能是参与审理这类讼事的大臣，故而有君氏要求其协助珊生胜诉之命。

李学勤："讯"训为"告"，即告于有司。

沛按："嗤"即讯。嗤的左为口，表示审讯，右作绳索反绑俘虏之形，为会意字，本为审问战俘的意思。在文献中"讯"常和"执"连用，如不嫕簋铭文中有"女多擒折首执讯"、①《礼记·王制》云："出征执有罪反，释奠于学，以讯馘告"、《诗·大雅·皇矣》说"执讯连连"等等。"执"均为拘捕之意，"执讯"即捉到俘虏加以审讯。由此引申，诉讼案件中司法官员的讯问、调查也用"讯"。讯的含义亦非简单"问"或"告"，其双方并非平等地位，而是上对下。《公羊传》僖公十年："君尝讯臣矣"，注曰："上问下曰讯"。《汉书·张汤传》："讯鞫论

---

① 参见中国社会科学院考古研究所：《殷周金文集成》（第4册）04328、04239，中华书局，2007，第2712~2715页。

报"，师古曰："讯，考问也"。在五祀卫鼎铭文中，执政大臣（正）讯问邦君厉时，也使用此词："正乃（乃）讯厉曰：汝寅田否"。由此可以看出，"讯"的主语必定是审判官，而"讯"的宾语，则必定是俘虏、罪人或者当事人。故此处之讯，乃是讯问召氏内部负责土田管理的"有司"（"有司"详解见五年裯生尊集释）。斯维至云，此为召伯虎之誓言，当从。[1] 这句话的意思是：召伯虎（作誓言）说："我已经讯问过（负责土田之家臣）了。"

11. 厌我考我母令

孙诒让：此句和上句连读，作："余既嗳厌我母我考令"。"厌"（铭文为 ），多父盘云"厌又父母"，厌与此字似皆一字。但彼下从昊，此下从吴，形复小异，疑当为 的省文。《说文·厂部》："从厂，巍声"。巍读若《易》"虑牺氏"，[2]《易》释文云：虑，服也。虑，《庄子·人间世》作"伏"，亦通服。此厌令之厌，疑读为服从之义，与咻义略同。六年裯生簋中的"厌命"，犹云"服命"。"咻厌我母我考命"，犹云："顺从我父母之命"。

谭戒甫："厌"，从厂，吴声。吴、见于吴生钟铭，[3] 别有单伯钟铭作吴生。吴即界的原文，隶变作昊，此假为候，二字声同韵近，故相通用。

---

① 详见"裯生则堇圭"按语。

② 《说文·大部》："巍，壮大也，从三大三目。三目为巍，益大也。一曰迫也。读若《易》虑牺氏"。虑，《易·系辞》作"包"。

③ "吴生"当也释为"吴生"，原铭为 ，上从日；或释为昊，下从矢。参见中国社会科学院考古研究所：《殷周金文集成》（第 1 册）00104，中华书局，2007，第 98 页。单伯钟铭参见中国社会科学院考古研究所：《殷周金文集成》（第 1 册）00104，中华书局，2007，第 98 页。

　　林沄：疑为从🦌声之形声字。金文中"亡🦌"亦作"亡🦌"（如师询簋），即典籍之"亡斁"，斁典籍多训厌，厌有"伏"义，亦有顺从之义，故"屒我考我母命"可释为"服从我父母亲之命"。①

　　《铭文选》：屒释作屒，《说文》所无，从厂昊省，假借为告。昊、告同部声转。讯屒即讯告，讯亦有告义。讯屒当是西周成语。

　　朱凤瀚："屒"字亦见于鲁器帅鼎。② 叔多父盘"屒又父母"之屒或为此字异体。③ 如是，则此字所从之大非大，实是矢。杨树达读为"侯"，④ 林沄释为"斁"，释字不同，然其义近，于本铭可通，为服从命令的意思。称君氏为考，说明君氏已逝。

　　连劭名：屒，从厂从天，读为忝。《尔雅·释言》云："忝，辱也。"《国语·周语》云："不忝前人"，韦昭注："忝，辱也"。

　　李学勤："侯"（屒）训为"惟"。

　　王辉：屒，读为谢，义为"听"。《礼记·曲礼》："若不得谢"，郑注："谢，犹听也。"孔疏："谢，犹听许也。"

　　沛按：陈汉平先生《金文编订补》云：金文屒字见于传世字书。《裴光远集缀》有屒字，《古文四声韵》和《汗简》以为昊字；《六书通》以为异字，此字当读为告，然字形均不同于

---

① 此为林沄先生在《瑚生簋新释》中的观点。在《瑚生三器新释》中，林先生对此自己的观点产生了怀疑。因为"厌"的顺从之意自"厌厌"而来，复音词拆开解释有所不妥。

② 即帅佳鼎，参见中国社会科学院考古研究所：《殷周金文集成》（第4册）02774，中华书局，2007，第1442页。

③ 叔多父盘《殷周金文集成》未收，著录最早见于吴式棻：《攈古录金文》，光绪二十一年刻本，第74页。

④ 参见杨树达：《积微居金文说》"六年瑚生簋"，中华书局，1997，第248页。及本书《六年瑚生簋集释》部分。

戾。诸家论证各异，但多解释为服从、听从，以孙诒让的观点最具说服力。《铭文选》释戾为戾，从厂昊声，实际戾的厂下非昊。帅鼎的、叔多父盘的戾，与原字不类。连劭名认为，戾，从厂从天，非是。考，召伯虎之父，即君氏；母，召伯虎之母，即妇氏。这句话的意思是：听从我父母的命令。

12. 余弗敢𤔔

孙诒让："𤔔"释为辞。"辞"谓争辩也。

郭沫若："𤔔"释为乱。此谓不敢背乱父母之命。

谭戒甫：郭释作乱，似不好讲；孙认作辞当不错。此谓辞谢，殆有"却之为不恭"的意思，故说"不敢"。

林沄："𤔔"，《说文》训治。

朱凤瀚："𤔔"，《说文》："治也……读若乱同。"乱在典籍中或有违反、背逆之义。

连劭名："𤔔"释作"乱"，《谷梁传·昭公十二年》："乱之为言事未有所成也。"

徐义华："𤔔"即乱，违背之意。

李学勤："𤔔"即乱，《汉书·终军传》注："变也。"

沛按：余，召伯虎。"𤔔"当即"乱"，金文为双手治丝之形，朱骏声《说文通训定声》："𤔔字实即乱之古文"。此处的意思是作乱、违背，如《尚书·汤誓》曰："非台小子，敢行称乱"。召伯虎表明自己将会恪守父母的命令。这句话的意思是：我不敢违背。

13. 余或至我考我母令

孙诒让："或"读为"有"，与"又"同。"至"，"致"之省。言余不唯弗敢辞，又以我考我母命致之琱生。

郭沫若：指"仅再以父母之命奉闻"。

谭戒甫："至"为"致"省，孙说是。《说文》训"致"为"送诣"，"诣"又训为"候至"，故此"致"意即送达，致命犹今言传达命令。

林沄：或，又也。至通"致"。结合六年琱生簋铭，是指向被征讯的"有司"们重新传达召伯虎父母亲的意见。

《铭文选》：在此系召伯虎生称其父为考，知在此时考尚未成为亡父之专称。

朱凤瀚："或"读为"又"。复也、更也。典籍中，"至"可训为达、通、行。《礼记·乐记》："乐至则无怨，礼至则不争。"郑玄注："至，犹达也，行也。"《国语·楚语上》："至于神明。"韦昭注："至，通也。"《广雅·释诂》："达，彻，通也。"《左传》文公十八年："今日必达"，杨伯峻曰："通、达同义，犹今言彻底执行也。"① 可知"通（达）"与"逆命"相对，"通（达）"即是贯彻、执行，认为杨说可从。

斯维至：此句与上句重复，以示昭重。《尚书·康诰》云："非汝封刑人杀人，无或刑人杀人。非汝封曰劓刵人，无或劓刵人"，也是二句重复，盖古人自有此种语法。

连劭名：或，将要之意。至，达成之意。

李学勤："或"与"有"通，在此训为"能"。

沛按：余，召伯虎。或，通"有"，能也，李学勤之说是。② 至，贯彻、执行，朱凤瀚之说是。我考，召伯虎之父君氏。我母，召伯虎之母妇氏。斯维至所引《康诰》证明上下句重复之

---

① 杨伯峻：《春秋左传注》（第 2 册），中华书局，1990，第 633 页。
② 裴学海："有犹能也，《墨子·天志下》：处人之家，不戒之慎之，而有处人之国者乎？"《古书虚字集释》（上册），中华书局，2004，第 157 页。

语法似不妥，因为《康诰》中的"无或"之"或"为不定代词，指"没有谁"，与此处之"或"意思不同。本句强调贯彻父母之名，与前句强调听从父母之命相呼应。这句话的意思是：我能够贯彻执行我父母的命令。

14. 珊生则堇圭

孙诒让：此句释作"珊生则堇士（圭）"。堇、勤声类同，"士"、"土"通用，此与宗周钟云："王肇遹省文武堇疆土"义同。① 盖召伯虎既至此命，珊生乃受命而勤定其土田之疆域也。

郭沫若：此文是说召伯虎酬珊生以瑾圭。

陈梦家：此文是说既受召伯之命，珊生乃以圭为入觐之礼。《诗·大雅·韩奕》："韩侯入觐，以其介圭，入觐于王"，笺云"诸侯秋见天子曰觐"。《说文》："珧，大圭也，从玉介声，《周书》（康王之诰）曰称奉介圭"。颂鼎曰：颂拜稽首，受令册，佩以出；反入，堇章。② 谓受王命以后，既出复入觐以璋。《左传》昭公十六年："（韩）宣子私觐子产以玉与马。"两周侯伯亦有朝见臣属于中庭，此铭所具礼仪，可补文献之阙。

谭戒甫：此"则"字与"乃"同用。堇，勤省文。《说文》："勤，劳也。"段注："慰其勤亦曰勤"。此谓珊生以圭慰劳召伯虎勤于其事，正与召虎簋铭（六年珊生簋）"报璧珊生"句相应。

林沄：此文指珊生向召伯虎献圭致谢。

朱凤瀚：郭沫若先生释"堇圭"为酬以瑾圭，是以此作为省略动词的句型，其义通，惟金文中此种句型甚罕见。唐兰先生

---

① 宗周钟即献钟，铭文参见中国社会科学院考古研究所：《殷周金文集成》（第1册）00260，中华书局，2007，第303页。

② 颂鼎铭文参见中国社会科学院考古研究所：《殷周金文集成》（第4册）02827，中华书局，2007，第1497页。

曾以为此处之堇应是动词，然于字义无说。[①] 吴闿生云：“堇圭，以圭觐也。”是读堇为觐。此暂从之。《尔雅·释诂》：“觐，见也。”邢昺疏以为是“下见上也”。典籍中多训为诸侯朝觐。本铭中琱生奉召伯虎为宗君，故见之似亦可谦称曰“觐”，疑“觐圭”是言觐见时致以圭。

斯维至：“则”有划分之义。周（琱）生则堇圭，即以觐圭分赠周（琱）生。瑾圭为古人觐见时之礼物。此铭文中宣王始终没有出面，而由太宰传达，故以觐圭分赠，以表信义。

李学勤：“堇”读为“觐”，训作“见”，而“见”有呈献之义，《汉书·上官皇后传》：“谓呈见之。”

沛按：“则”字在金文约剂中常见，通常作“则誓”。《说文》：“则，等画物也”，即比照样子刻画器物。“则誓”就是依照对方的要求发誓，其例如下：

鬲攸从鼎铭文：“虢旅乃使攸卫牧誓曰……攸卫牧则誓。”[②]

散氏盘铭文：“夨俾鲜、且、𤔲、旅誓曰……夨俾鲜、且、𤔲、旅则誓，乃俾西宫襄、武父誓曰……乃俾西宫襄、武父则誓。”[③]

𠑇匜铭文：“伯扬父乃或（又）使牧牛誓曰……牧牛则誓。”[④]

日人白川静先生认为“则堇圭”是将召伯许诺之辞刻录于

① 唐兰：《陕西省岐山县董家村新出土西周重要铜器铭辞的译文和注释》，载《文物》1976年第5期。

② 参见中国社会科学院考古研究所：《殷周金文集成》（第2册）02818，中华书局，2007，第1488页。

③ 参见中国社会科学院考古研究所：《殷周金文集成》（第7册）10176，中华书局，2007，第5486～5487页。

④ 参见中国社会科学院考古研究所：《殷周金文集成》（第7册）10285，中华书局，2007，第5541～5542页。

瑾圭作为约剂。[①] 这句话出现在召伯虎的誓言之后，根据"则"的含义和用法，故应当是琱生依照其誓言刻录瑾圭，以为约剂。则固有"等画物也"的含义，但此处用法恐非如此。"则"在这里当为虚词，其义为"乃"、"于是"；"堇"在这里当为动词，[②]如吴闿生所说，是"以圭觐也"。六年琱生簋铭文末云：伯氏则报璧。伯氏，召伯虎也。琱生堇圭、召虎报璧，礼尚往来，前后相应，作此解释，更符合其时情景。这句话的意思是：于是琱生献以玉圭。

（四）铭文大意

周宣王五年正月己丑这天，作为小宗的琱生会同召氏大宗处理关于仆庸土田的事宜。琱生献给召氏宗妇，即召伯虎的母亲一只壶。宗妇传达了宗君，也即召伯虎父亲的命令。宗君说道："我老了，可我们召氏公族的附庸土田却多次遭到司法机关的侦讯调查。我希望琱生你听从召氏家族在土田方面的如下安排：如果公室占有三份，你就占有两份；如果公室占有两份，你就占有一份。"随后琱生献给宗君一块大璋，献给宗妇一束帛、一块璜。召伯虎说："我已经询问过负责土田的家臣有司，我听从我父母的命令，不会违背。我定会贯彻执行我父母的命令。"琱生则觐献了玉圭。

① 白川静：《金文通释》，第 194 页。
② 参看本书《卫盉》"矩白庶人取堇章于裘卫"句集释。

二 五年琱生尊

（一）铭文拓片

五年琱生尊铭文拓片（甲）

图片来源：《文物》2007 年第 6 期。

五年琱生尊铭文拓片（乙）

图片来源：《文物》2007 年第 6 期。

（二）释文

佳五年九月初吉召

姜以琱生㽙五𢆶壶

两以君氏命曰余老之

我仆庸土田多束弋

諆勿吏楸亡余宕其

参女则宕其贰其兄公

其弟乃余𤮷大章报

妇氏帛束璜一有司罚

𤮷两㸷琱生对扬朕

宗君休用乍召公障

𤊾用祈𡥄录㫐屯霝

冬子孙永宝用之享

其又乱兹命曰女

事召人公则明亟

（三）铭文集释

1. 隹五年九月初吉

沛按：这句话的意思是：周宣王五年九月初吉这天。

2. 召姜以珬生𤊾五𢆶，壶两

徐义华：召姜，即五年珬生簋铭中的妇氏，召氏族长之妻，召伯虎之母；𤊾、𢆶，不识，当是金、帛类的礼器。"𢆶"，当是"𢆶一"的省略形式，与五年珬生簋文"报妇氏帛束、璜"本为"报妇氏帛束、璜一"之例同。

陈昭容等：𢆶释为"寻"，为长度单位。在甲骨文和金文中，"寻"出现多次，都未见用于长度单位，文献中则常见。这里"寻"用作长度单位，在金文中是首见。

王辉：𤊾为炽的异文。《尚书·禹贡》："厥土赤炽坟。"郑玄注："炽，赤也。"𢆶释作"帅"，异体作："帨"。《说文》："帅，佩巾也。"这句话的意思是"召姜因为珬生（曾奉献过）五条红丝巾，一对壶"。

袁金平：以，与也，给予、馈送之意。"𤊾"当分析为从火，蔑省声，读为"幭"。《说文》："幭，盖幭也。从巾蔑声。一曰禅被。"𢆶"释作"寻"，为古代长度单位，八尺为寻。

吴镇烽："◇"纵巾纵◇，即◇字，也就是"寻"字。《周礼·地官·媒氏》注云："八尺曰寻，倍寻曰常。"《小尔雅》："四尺谓之仞，倍仞谓之寻"。五寻即四丈。因为经常丈量布帛，所以增巾旁。"◇"字从它以"寻"度量来看，当为币帛之属无疑。"◇"为"斁"的异体，以声类求之，当读作"緆"，《说文》："緆，细布。"◇五◇就是细布四丈，这与《春秋》正义所说的以币帛赠答宾客，"纳币一束，束五则五寻四丈"完全相符，绝非巧合。这句话是说"召姜因为琱生送来四丈细布和两件青铜壶"。

陈英杰："以"当为致义，招致也。◇，释作"蔑"。尊二（即尊乙铭文）从伐，从昃，昃当即◇省。金文蔑常见写法从◇，此旁或又发生内部变化而写作从"眉"，或类化的像个鹿头（如它簋）、① 偶尔省掉"目"上之"◇"，如竞卣，② 这个字形是释读琱生尊"蔑"字的关键证据。从伐，或讹作从戍，或省从戈。此字基本同于金文"某蔑历"、"某蔑历某"、"蔑历于某"之例。"蔑"义当同"加（嘉）"，蔑历之后会得到赏赐。琱生尊中的"蔑"，当为馈赠、敬献之义。

李学勤："◇五◇"释作"戢五寻"。"戢"字从"威"声，明母月部，当读为并母月部的"币"，即行礼用的帛。戢、壶是召姜带给琱生的。

辛怡华、刘栋：此句断作"召姜以琱生◇五、寻壶两"。召

---

① 参见中国社会科学院考古研究所：《殷周金文集成》（第4册）04330，中华书局，2007，第2716~2717页。

② 指竞卣盖铭，参见中国社会科学院考古研究所：《殷周金文集成》（第4册）05425.1，中华书局，2007，第3401页。

姜为五年琱生尊中召伯虎的母亲，君氏的妻子。"以"，介词，表示原因。"𢦏"不识，从戈，疑为兵器，不应是丝织物。《小尔雅·广诂》："寻，用也。"本铭中的"寻"可释为"用"。此为琱生送礼给妇氏，故后文召姜替琱生说情。

方勇：𢦏释作"戜"。戜字应该就是莫字，莫字在《说文》卷四中与蔑同属苜部，二者读音相同，互相通假。戜从威声，与莫、蔑二字同属明母月部，读音也相同。其表示的具体物品应该是一种蒻席，即细密的蒲席。《说文》卷四莫字条引《周书》曰："'布重莫席'，织蒻席也，读与蔑同。"

罗卫东：𢦏与金文"蔑"有别，《金文形义通解》说蔑左下象形是"象以戈加诸人胫"或"象以戈击胫"等形，而五年琱生尊𢦏形左下部分与人、戈都无关，因此该字释为"蔑"是值得商榷的。从金文及传世文献的用法来看，"蔑"亦不当理解为"蔑历"之"蔑"。𢦏下不从"火"，因为此字字形中两点与中间的线条相连，而"火"是不相连的。当释为"矢"，𢦏释读为"𢾭"，读为"射"，借为"择"，其义为"柬选也"。这句话的意思是召姜为琱生选择了五条巾、两个壶。

沛按：以，即"诒、"或"贻"字，《诗·小雅·天保》："诒尔多福"、《诗·邶风·静女》："贻我彤管"，均为赠送的意思。① 袁金平之说是。"𢦏"应从火，蔑省声。罗卫东先生认为𢦏下不从火，因两点与中间的线条相连，故从矢，非是。放大原铭，可看点线实不相连（图），当从火。与金文"蔑"字形

---

① 《毛传》："诒，遗也。"朱骏声《说文通训定声·言部》："诒，假借为遗"，林沄先生并不赞同这种说法。诒、贻，之部；遗，微部。参见林沄：《琱生三器新释》。

🔲相比较，①"戈"由下移上。🔲读为"幭"，为丝织品，是行礼所用之物。其丈量单位🔲从"巾"，也证明了这一点。🔲不应解释为"蔑历"之义，其原因首先在于本铭同西周"蔑历"的惯用法不合，② 其次是"蔑历"主要出现在西周中期以前，晚期（厉宣后）已基本不使用此词了。③"🔲"即"寻"，为长度单位。辛怡华、刘栋将"寻"训作"用"，以说明此文是珝生行贿于召姜，比较牵强，且行文周折（🔲前无动词与壶前的动词"寻"相对应）。🔲、壶，均为召姜赠送给珝生的，而不是珝生奉献给召姜。召姜赠送珝生🔲、壶，和上铭珝生献给妇氏壶、帛束、璜相对应，均为礼尚往来。这句话的意思是：召姜（妇氏）送给珝生🔲（丝织品）五寻、壶两只。

3. 以君氏命曰

王辉：大意是（召姜）用君氏的名义发布命令说。

辛怡华、刘栋：（召姜）以君氏（其丈夫，召伯虎之父）的名义（对召伯虎）说。

沛按：君氏，召姜之夫、召伯虎之父。从后文"珝生对扬朕宗君休"来看，此语是对珝生说的。至于彼时召伯虎是否在场，铭文中没有反映。无论召伯虎是否在场，宗君的命令都具有普遍的约束力，召伯虎必须服从。这句话的意思是：（召姜）以君氏的名义发布命令说。

4. 余老之

王辉：大意是，我老了。

---

① 此拓片取自师雍父鼎（即𣪘鼎），参见中国社会科学院考古研究所：《殷周金文集成》（第2册）02721，中华书局，2007，第1397页。
② 参见管燮初：《"蔑历"的语法分析》，载《古汉语研究论文集》，北京出版社，1982。
③ 参见唐兰：《"蔑历"新诂》，载《文物》1979年第5期。

王占奎："之"断在下句，通"兹"，是"现在"的意思。

辛怡华、刘栋："止（之）"字下属，就是五年琱生尊中的"止公"，可能是琱生之父的别称。

林沄："余老止"似乎也可以念成"余考之"。《诗·文王有声》："考卜维王"，郑笺："考，犹稽也。"《国语·晋语三》"考省不倦"，韦注："考，校也。"《周礼·大司马》"以待考而赏诛"，郑注引郑司农："考，谓考校其功。"但这样没有解释为老好，因为老和考是互相通的。这可以当作一个备用的解释。

沛按：余，君氏自谓。老、考相通，解释成"考"，亦通，可备一说。"之"、"止"相通。《说文》："之，出也。象屮过中，枝茎渐益大，有所之也"，不确。"之"在甲骨文中从"止"（足），有行走意。罗振玉曰："从止从一，人所之也。""老之"即"老止"，之（止）为语气词，前铭已辨。上古音中，"之"在章部，"兹"在精部，不当相通，王占奎说非是。这句话的意思是：我（君氏）老了。

5. 我仆庸土田多束

徐义华：束，通"刺"。指文书。

袁金平：束，从毛木省声，训作"柔"，读作"务"。事也。《广韵·遇韵》："务，事务也。"《左传·昭公六年》："惧其未也，故诲之以忠，耸之以行，教之以务。"杜预注"务"为"时所急"。《易·系辞上》："唯几也，故能成天下之务。"疏云："有初之微，则能兴行其事，故能成天下之事务也。"

陈英杰：束，释为"柔"，嘉善的意思。

李学勤：束，释为"柔"，读作"扰"，意思是乱（参见五年琱生簋铭）。

辛怡华、刘栋：束，释为刺，责备、指责的意思，这里指侦察、调查。

林沄：束，释为"刺"。释作"柔"不妥，因为其主要部分"矛"形通常左右不对称，如作"ᗽ"，而琱生器中出现的这个字均对称。

罗卫东：金文"刺"作"朿"形，与束不同。甲骨文中有地名"懋"，字形为▮，上部与束形相近，释为楙。束即楙（金文作▮），茂也，表示土地的美盛。

沛按：我，指召氏公族。仆庸土田，即附庸土田；束，原铭作束，即"刺"，调查、侦讯的意思。金文"楙"字形▮和"束"区别较大，不当释为"楙"。此处曰"多刺"，史墙盘铭曰"无刺"，为当时的惯用法（史墙盘铭中刺字形为▮）。[1] 这句话的意思是：我们召氏公族的附庸土田多次遭到侦讯。

6. 弋詥

徐义华：詥，释作"许"，听从，许诺。

陈英杰：詥，释作"许"。弋詥，即五年琱生尊中的"弋伯氏从詥"之省。这是一句插入语，是口语性质的成份。

辛怡华、刘栋：弋，弋伯氏；詥，纵许。

沛按：弋，即式，劝令之词，义同于应、当。詥，释作"许"，为西周时期诉讼中的固定用法，答应、承担之义。"弋詥"即五年琱生簋"弋伯氏从许"之省称，为君氏对琱生所说，要求琱生对如下要求作出承诺。这句话的意思是：应当答应。

7. 勿吏楸亡

徐义华：吏，释作使。这句是君氏与琱生的约定，分配给财

---

① 史墙盘铭文参见中国社会科学院考古研究所：《殷周金文集成》（第 7 册）10175，中华书局，2007，第 5484～5485 页。史墙盘铭中的"刺"是刺责的意思。

产的前提是琱生要承诺不使这些财产散失。

吴镇烽：勿同毋，犹莫，不要。叟（吏）是弁字的简省，读为变。散亡，即离失。"勿变散亡"，是说不要让这些仆庸土田离散亡失。

袁金平："吏"后一字暂释为"封"，六年簋有云"余典勿敢封"，当是承此而言。散亡，亡失、丢失也，"许勿封散亡"当是谓许诺不封存（记载土地名数的典册）而不致使（土地）流失。①

辛怡华、刘栋：此文释作："勿变散亡"。"勿变"，指土田，"散亡"，指仆庸。意思是不要变更琱生家族超出规定的那部分的仆庸土田，这是琱生送礼的愿望。

沛按：从五年琱生尊铭文甲的拓片来看，释作"吏"，通"使"。"吏"后一字为"㪔"，《说文》："分离也"，今作"散"，不为"封"（本铭"㪔"与六年琱生簋中的"封"字形完全不同）。勿使散亡，共指仆庸土田，而非如辛怡华等认为的分别有所指。勿使散亡仆庸土田，是宗君对公室财产的期望，而不是如徐义华所言琱生承接分配方案所附带的条件。这句话的意思是：不要让召氏公族的财产（仆庸土田）散失。

8. 余庙其参，女则庙其贰

沛按：余，即前文"我仆庸土田多刺"中的"我"，指召氏公族，此处特指召氏大宗。庙，通"宕"，占有，参见五年琱生簋铭集释。女（汝），指琱生。五年琱生簋铭文提出两种可供选择的方案，此尊铭文则将分配方案确定，确定后的方案更有利于

---

① 按，袁氏原文封、散两字并存而为之解，或笔误。

琱生。这句话的意思是：我（召氏大宗）占有三份，你（琱生）就占有两份。

9. 其兄公，其弟乃

徐义华：公，指公爵。"其兄公"是说兄长召伯虎继承公爵，成为召氏之族的公；乃，通"仍"，《国语·吴语》："边遽乃至"，汪远孙注："乃读为仍。"《尔雅·释诂》："仍，乃也。"《说文》："仍从乃声。"二字古同声通用。仍的意思为跟从、拥护。《楚辞·九章·悲回风》："观炎气之相仍兮，窥烟液之所积"，王逸注："相仍者，相从也。"此文为分配财产后，确定爵位的继承，同时强调兄弟团结。

王辉：本文连同下句断作："其兄公，其弟乃余"，意思是"哥哥就是公家，弟弟就是我"。

吴镇烽：公，公平、公正。乃，读为仍，《说文》："仍，因也"，《广雅·释诂》："仍，从也"。

王占奎：公，似为形容词，表公道、公平、公正之义。乃，读仍，任也。《左传》桓公五年："天王使仍叔之子来聘"，《谷梁传》作"任叔"。任，诚笃也。《诗·邶风》："仲氏任只。"郑笺："以恩相信曰任。"《周礼·地官·大司徒》："六行，孝、友、睦、婣、任、恤"，注："任，信于友道。"此句言作为兄长的召伯虎处事公道（或要公道），作为弟弟的琱生讲究信用（或要守信用）。这或是"誓"中的内容。

李学勤：兄，指"伯氏"召伯虎。"弟"，指琱生。公，公平。乃，读为"礽"。这句话是说为兄者公平，其弟就能得福。可见分配方案偏利于琱生，出于召伯虎的让德。

辛怡华、刘栋："公"疑是在浇铸铭文时错行，应放在"余老止"后。"其兄其弟"即强调"（因为）你们是兄弟关系"。

结合上文来看，当是君氏说到，因为你们是兄弟，所以止公若超额三份，你召伯虎就裁定为让他超额两份吧。这是为了减轻对琱生的惩罚而作的手脚。

沛按：兄，指召伯虎。弟，指琱生。徐义华认为，"公"指"继承公爵"、或"成为公爵"之义，检诸西周金文，无此用法。此时君氏尚在，则召伯虎不可能为召氏之公。《逸周书·大子晋》："伯能移善于众，与百姓同，谓之公"，朱右曾注："公之为言公正无私也"，尊铭"公"义与此同。乃，或释为仍、或释为初，均可通。仍（乃）可通"任"，"任"为《周礼》"六行"之一，指"信于友道"。西周时期的"友"为亲族成员之称谓。文献中记载，召氏、尤其是召伯虎以纠合宗族而闻名，召伯虎曾作载入《诗经》的《常棣》，曰："凡今之人，莫如兄弟"、"兄弟阋于墙，外御其侮"。此处的"乃"为强调友道，似更为合理。这句话的意思是：作为兄长的召伯虎要公正，作为弟弟的琱生要遵从（兄长）。

10. 余𤞤大章，报妇氏帛束、璜一

袁金平：𤞤当读为音近的"速"。"速"古书多训为"召"，招致之意。古汉语可一身兼有表示相反方向的动作行为，此处为"送诣"义。

陈昭容等："余"为受事者，"君氏"是施予者，本铭中"君氏"省略。

陈英杰：𤞤，或许是"蟪"字，读为"惠"，献纳义。

方勇：𤞤释为𪊨，从束声，读为"荐"，进献之意。

沛按：余，琱生。𤞤，献也。其上从熏，不从束。金文中熏

可省为柬，但仍从熏。① 柬为见母，荐为精母，相距较远，不当通。方说非是。章，璋也。根据前铭，大璋应当是献给君氏的。"余"是施予者，"君氏"是受事者，本铭中"君氏"省略。陈昭容等人之说反之，非是。妇氏，召伯虎之母，君氏之妻。此文之解释，可参见五年琱生簋集释。这句话的意思是：我（琱生）献给（君氏）大璋，献给妇氏帛一束、璜一只。

11. 有司眔𦫿，两𡰥

徐义华：眔，通及、参与之意。《左传》襄公四年："《文王》，两君相见之乐也，臣不敢及"，杜注："及，与也"。𦫿，即盟，此处当指盟祭，是请神灵见证双方的协议，以维持诚信。两，指双方，即召姜与琱生。"𡰥"，隶作"犀"，即辟，指辟法，《周礼·春官·人史》："若约剂乱则辟法，不信者刑之。"贾公彦疏："辟法者，辟，开也；法则约剂也。"孙诒让《正义》："彼注云：'辟藏，开府视约书。'此辟法即彼辟藏，亦谓开府视其典法之书，考案读之，以辨其然与不也。"这里指召姜与琱生审核确认官吏记录的文书。

袁金平："𡰥"，隶作"犀"，其连下文琱生，释作"宰"。"宰琱生"师嫠簋铭之"宰琱生"为同一人，"宰"为琱生之官職，相当于《周礼·天官·塚宰》的小宰。

陈昭容等：𦫿，字形从艹从益，隶定为𦫿，是给予的意思。"𡰥"从尸从辛，《说文》训犀为"迟也"，当从上下文来看，应是物品的名称，即"璧"的省形。

---

① 如方勇先生引《金文编》"师克盨"云"繛里"之"繛"省为"柬"。参见容庚：《金文编》，中华书局，1985，第 184 页。师克盨铭文参见中国社会科学院考古研究所：《殷周金文集成》（第 4 册）04467，中华书局，2007，第 2872～2875 页。

陈英杰：⿰，释作"芳"，人名。

李学勤：眔，即"暨"，意思是参加。⿰，即"锡"，与德簋作"益"相似。①"𤘗"，隶作"犀"，释作"辟"，即玉璧。此文为琱生在报答君氏、妇氏的同时，还送给有司两件玉璧。前铭君氏之命尚未执行，此铭则为决定。故邀请有司官员参加对琱生的赏赐，这当然也和仆庸土田的度量有关。

辛怡华、刘栋：这句话断作"有司眔登两"。"𤘗"（隶作"犀"）字下属，为舒迟之义，用来形容琱生娴雅的神态及心情。⿰释为"登"，或即燃油之"灯"。这句话可能是指对负责办案的有司官员送礼。

林沄："𤘗"（隶作"犀"），通犀，读为墀。《说文》："墀，涂地也"，又可指阶，可能表示事情发生的地点。②

王辉：《玉篇》："𤘗（隶作"犀"），迟也。今作栖，亦作犀，"𤘗（犀）与胥通。《史记·匈奴列传》："黄金胥纰一"。《集解》引徐广曰："或作犀毗"。《索引》："《汉书》见作犀毗，此作胥者，胥、犀相近。"𤘗（犀），疑读为胥，须，等待。《诗·小雅·桑扈》："君子乐胥"。孔疏："胥，须。"

沛按：西周金文中，"有司"并不局限于王室之官吏。所谓"有司"，就是掌事之人的统称。③金文和传世文献中都有"三（参）有司"的称呼，指司徒、司马、司空，"三有司"非王室所专有，诸侯、邦君、王畿贵族等也设"三有司"。琱生铭文中的"有司"，可能主要为召氏之司徒。对此，我们可从散氏盘铭

---

① 德簋铭文参见中国社会科学院考古研究所：《殷周金文集成》（第3册）03733，中华书局，2007，第1979页。

② 此观点参见林沄：《琱生三器新释》。

③ 张亚初、刘雨：《西周金文官制研究》，中华书局，1986，第57页。

文中得到印证。《周礼》中司徒为地官，《尚书》中司徒为"农父"。① 西周早、中期的金文中，此类职官就写为"司土"，主要管理土地。散氏盘中记录矢、散两族"踏履田地"，封土起界，参与者中便有"矢人有司"之"凡十又五夫"和"散有司十夫"，此均非王室有司，而是土田纠纷之双方的家臣，而"正履矢舍散田"的诸有司中就有"司土逆寅"。② 六年琱生簋中有"讯有司"一语，主语为召伯虎，而宾语为"有司"。"讯"为上对下而言，详见五年琱生簋集释。如果有司为王室的官员、或者是审判官员，作为当事人的召伯虎反而将其"讯"之，岂不大为滑稽了？故铭文中的"有司"只能是召氏家臣。其职责为管理土地田籍，盖"司徒"之属。在家族内部土田变更时，作为家臣的有司要记录在册，并进行相应之管理。眔，通及、参与之意。𤭒 当释作"盥"。若释作"益"，便无法说明"皿"下的两手形体。陈昭容等以甲骨文 𦥑 来解释 𤭒，然而两者字形并不相同。辛怡华等释为"登"，但"登"在金文中不从水，其字形"𤰬"③ 与 𤭒 差别太大。"盥"在金文中作"𤮰"，为洗手之形，下有接水的器皿，这是从旁边观看后得出的形象；"𤭒"为从上向下看的形象，也就是盥者本人所看到的形象刻画。且金文笔划位置变化亦为常态。接水的器皿实不在字中部，而在字下部。盥，指盥祭。《易·观》"盥而不荐"，李鼎祚《集解》引马融曰："盥者，进爵灌地，以降神也。"此为分配仆庸土田时的仪

① 参见《周礼·地官·司徒》，及《尚书·酒诰》。
② 散氏盘铭文参见中国社会科学院考古研究所：《殷周金文集成》（第 7 册）10176，中华书局，2007，第 5486～5487 页。
③ "登"拓片取自郑登伯鬲，参见中国社会科学院考古研究所：《殷周金文集成》（第 1 册）00597，中华书局，2007，第 588 页。

式，有相关家臣（有司）参加。两，双方，指召氏大宗和琱生小宗，召伯虎是否在场不得而知，但召氏大宗的妇氏召姜在场。

"㞷"释作"辟"，不为"宰"。㞷（）、宰（）[①] 两字差别较大，分别从尸、从宀，且无通用之例。铭文"㞷"中从尸，而"辟"不从尸，从毛公鼎、[②] 番生鼎中看，[③] 尸与非尸可通，虽然林沄先生认为可能是其中一字铸错，但琱生尊亦证明了二者相通的可能。况且从戜方鼎来看，"辟"亦可从尸。[④] 参见下图：

毛公鼎　　　　番生鼎　　　　戜方鼎

金文中"璧"皆从玉，与辟不相混。[⑤] 㞷或隶为"屖"。《说文》中有从"尸"的"屖"，可备一说。《周礼》虽云"辟法"，然而西周金文无"辟法"之连用，"辟法"为战国用法。贾公彦疏分释"辟"、"法"，非是。辟，治理的意思。《尚书·金縢》"我弗之辟"，陆德明《释文》："辟，治也"；《左传》文公六年："辟刑狱"，杜注："辟，犹理也"；《玉篇·辟部》："辟，理也。"两辟，指召伯虎、琱生双方共同处理了仆庸土田

---

① "宰"拓片取自师䢅簋，参见中国社会科学院考古研究所：《殷周金文集成》（第4册），中华书局，2007，第2704页。

② 铭文参见中国社会科学院考古研究所：《殷周金文集成》（第2册）02841，中华书局，2007，第1534~1543页。

③ 铭文参见中国社会科学院考古研究所：《殷周金文集成》（第4册）04326，中华书局，2007，第2708~2709页。

④ 林沄先生同样认为戜方鼎铸错了。参见林沄：《琱生三器新释》。戜方鼎铭文参见中国社会科学院考古研究所：《殷周金文集成》（第2册）02824，中华书局，2007，第1494页。

⑤ 参见陈初生：《金文常用字典》，陕西人民出版社，2004，第868页。

的分配事情。这句话的意思是：召氏公族的相关管理者（有司）参与了盟礼，召氏大小宗双方共同处理了这件事情。

12. 琱生对扬朕宗君休

徐义华：宗君，指君氏。

李学勤：宗君，指召伯虎。

辛怡华、刘栋：宗君，指君氏。

沛按：对，称颂，常与"扬"连用，表赞扬、感激。宗君，指君氏。朕，我的。休，美、善。《尔雅·释诂》："休，美也。"此句式是金文中常见的套语。这句话的意思是：琱生感激并赞扬我的宗君之美德。

13. 用乍召公障 𣪊

徐义华：𣪊，是本器自名。

李学勤：召公，召氏先祖召康公奭。𣪊即申簋中的"盨"，①从"盧"声，加"皿"表义。《说文》："盧，古陶器也。"《系传》："古祠器也……臣（徐）锴曰：'戲亦从此。'"这一对大口尊正是仿陶的祠器。依韵部（歌部），或通"䰞"，即后世的锅。

沛按：召公，即召公奭，召氏先祖。召公为周初开国重臣，武王之弟，封国在燕，其子克就封，为第一代燕侯。障，即尊。𣪊，尊器之名。这句话的意思是：制作了此尊以祭祀先祖召公。

14. 用祈𣅱录晕屯霝冬

李学勤：𣅱，从"同"省声，读为"通"，此为青铜铭文

---

① 申簋铭文见中国社会科学院考古研究所：《殷周金文集成》（第 4 册）04267，中华书局，2007，第 2597 页。

习语。

辛怡华、刘栋：畺，释作"得"，通"德"。屯通"纯"。《诗·维天之命》："文王之德之纯"。"需冬"即"令终、善终"。

陈英杰：甹释作"通"，此中写法可参见癫钟铭文甹。①

何景成：甹，释为"前"，"前录"即"戬禄"，也就是福禄。《诗·天保》"天保定尔，俾尔戬穀"，《毛传》："戬，福。穀，禄。"②

沛按：甹，即"通"。③ 录，通"禄"。金文常见"通禄"，即福禄。畺，释为"得"，屯，通"纯"。需，通"灵"，善也。冬，即"终"之初文。这句话的意思是：用来祈求福禄、长寿善终。

15. 子孙永宝用之享

沛按：这句话亦为金文常见套语，意思是：子子孙孙永远珍藏使用，享祀先祖。

16. 其又乱兹命

袁金平：乱，违背之义。

王辉：𤔔，即"乱"字，读为"变"。

陈英杰："乱"在铭文中写作"𤔔"，四口为声符，四口与两口同，也即从㗊。《说文》："㗊，读若讙"，徐铉校："今俗别作喧"，尊铭中当读为"宣"。

---

① 参见中国社会科学院考古研究所：《殷周金文集成》（第 1 册）00249，中华书局，2007，第 295 页。

② 何景成观点引自林沄：《瑚生三器新释》。

③ 关于此字较翔实的解释，参见陈剑：《金文字词零释（四则）》，载《古文字学论稿》，安徽大学出版社 2008 年版。

李学勤："乱"训为"变"。此为珤生的誓词。

辛怡华、刘栋：此文为珤生对君氏及其先祖的表态，表示不敢违背君氏对他的要求。

沛按："其"为连词，表假设。又，通"有"。"乱"在五年珤生簋中作"**䛒**"。尊铭作"**䛒**"，多出四口，毛公鼎铭文中的"乱"也如此写，[①] 《三体石经·无逸》亦同。尊铭中的"乱"，其义同于五年珤生簋铭，指"违背"。这里指不能遵守法纪。正如《逸周书·文儆》朱右曾《集训校释》所说的"乱，谓无法纪也"。这句话的意思是：如果有人敢违背这个命令。

17. 曰：女事召人

徐义华：事，即使，是使用、役使之意。《国语·鲁语下》："大夫有贰车，备承事也"，韦昭注："事，使也。"

李学勤："女"释作"毋"，"毋事召人"指仆庸土田背离召氏。

辛怡华、刘栋：此文同下句断作"曰：女事召人，公则明亟"，或"曰：事召人公，则明亟"。事，侍奉。"召人公"可理解为召氏家族德高望重者，也可理解为召公家族的大宗或族长。

沛按：女，即"汝"，字形同于彔伯威簋**中**，[②] 不作"毋"。事，役使。召人，指召氏仆庸土田上的人。结合上铭可知，召氏公族的仆庸土田所归属于大小宗者，此时有所变动，而变动的结果是小宗珤生获得之份额较原来为多。这就意味着原来属于大宗

[①] 毛公鼎铭文参见中国社会科学院考古研究所：（第2册）02841，中华书局，2007，第1534~1543页。

[②] 参见中国社会科学院考古研究所：《殷周金文集成》（第4册）04302，中华书局，2007，第2656页。

的仆庸土田之一部份要改属于小宗。故此誓言强调，原属大宗之附庸民人现在要服从小宗，而不得怨责小宗是在役使它们。召氏公族内部土田归属不定，为"狱刺"之缘由之一，由此可知先前有些附庸似乎并不愿意归属到珝生小宗这边来。这句话的意思是：说道："你在役使召人。"

18. 公则明亟

徐义华：亟，即"殛"，指惩罚。侯马盟书有："吾君明殛之，麻夷非是"、"明殛视之"等语，都是言对违背誓者加以惩罚。

陈昭容等："亟"释作"敬"。原铭作 ，右边为反文，左边"茍"部件上下脱离，口下缺一横，字形不规正，有些讹变。

王辉：亟，读为"憿"。《说文》："憿，疾也。从心，亟声"《广雅·释诂》："亟，敬也。"这里是警惕的意思。

王占奎：亟，释作"殛"。"明殛"即"明罚"。"明"表示无所不察，明察秋毫，《诗经》常说神灵"明明在上"。这句话说的是召公在天之灵会明察一切，如果变逾此命，便会对违约行为施以惩罚。

李学勤：公，指召公。亟，释作"殛"，《尔雅·释言》："诛也。"《左传》僖公二年："有逾此盟，明神殛之"，与此相近。

辛怡华、刘栋：亟，同"极"，有中正，则，准则之义。明，明白、显明、显扬。此文及上文的意思是，你（珝生）要侍奉召氏家族德高望重者，这样才可以彰显族规，（族内）相互敬爱。

沛按：公，指君氏，如同五年簋铭中"公仆庸土田"在五年尊铭中作"我仆庸土田"一样，公、我都为君氏自称。明，明察秋毫的意思。亟，同"殛"，指惩罚。亟不释作"敬"。结合琱生尊甲"▨"右部、乙"▨"左部，可看出与金文亟（亟）相似。[1] 此亦誓文中的一部分，乃是君氏针对违背命令者（主要指仆庸土田之人）而言的，同于《尚书·多方》"乃有不用我降尔命，我其大罚殛之"之义。[2] 这句话的意思是：君氏将会明察惩罚。

（四）铭文大意

周宣王五年九月初吉这天，召姜送给琱生五寻丝绸、两只壶，并以宗君的名义发布命令说："我老了，而我们召氏公族的附庸土田却多次遭到侦讯调查。琱生你要作出承诺，勿让我们公族的财产散失掉。我确定的土田分配方案是，公室占有三份，琱生占有两份。作为兄长的召伯虎要公正，而琱生你要遵从兄长。"我琱生献给宗君大璋，献给宗妇帛一束，玉璜一只。召氏家臣参与了盟礼，大小宗双方共同处理了土田之事。琱生我感激赞扬宗君的美德，并且制作此尊来祭祀先祖召公，以祈求福禄、长寿善终。我的子子孙孙都会永远珍藏使用，来享祀先祖。如果有人敢违背这命令，说"你琱生在役使我们召人"，宗君定将明察，予以严惩。

---

① 晋姜鼎铭文拓本，参见中国社会科学院考古研究所：《殷周金文集成》（第2册）02826，中华书局，2007，第1496页。

② 在《尚书·多方》中，这句话是西周统治者对迁来西土的"东土之人"说的，某种程度上类似铭文中的"附庸"。

三 六年琱生簋

（一）铭文拓片

六年琱生簋铭文拓片

图片来源：《殷周金文集成》。

（二）释文

隹六年四月甲子王才𡴲
召伯虎告曰余告庆曰公
乎禀贝用狱諌为伯有𧮫
有成亦我考幽伯幽姜令
余告庆余以邑嗳有司余
典勿敢封今余既嗳有司
曰厈命今余既一名典献
伯氏则报璧琱生奉扬朕
宗君其休用作朕烈祖召
公尝簋其万年子孙宝用
享于宗

（三）铭文集释

1．隹六年四月甲子

《铭文选》：据《年表》，孝王六年为公元前919年，四月甲寅朔，十一得甲子。

沛按：这句话的意思是：周宣王六年四月甲子这天。

2．王才𡴲

阮元：此文释作"王才旁"。

谭戒甫：𡴲，从方𪚷省声，周都"鎬"京也即此字；但这是春秋时郑国"敖鄁"之"鄁"，即虎牢。

林沄：周器铭文于纪时之语中加叙"王在某地"，只是进一步明确时代背景，或有"尊王"之意。

朱凤瀚：此或为交代召伯虎与珊生见面的地点，或属于以重要的大事辅助记时的习惯，与铭文主题无关。

方述鑫：𦎤，当即丰邑。徐中舒《先秦史论稿》释《诗·六月》"侵镐及方"云："方即丰，金文习见𦎤京，从𦎤从草，丰是新筑的城，从草表示四周有长林丰草，是新起的军事堡垒。"

刘桓：𦎤，即𦎤京，王国维以为即《诗》中之"方"，地在蒲坂。今学者多认为"方"在镐京附近。

王辉：𦎤，地名，在周都丰、镐之旁。此句只是说明当时王在何处，以下记事与王无关。

沛按：才，通"在"。𦎤，地名，金文中常出现，而解释各异，大致可分为镐京说、丰京说以及丰镐之外说。阮元释作"旁"，孙星衍、孙诒让皆从之。阮元在解释继彝铭文中的"𦎤"时说："此'旁'之繁文，古'邦'字异文也。"① 吴大澄认为此即西周之镐京。吴氏在《说文古籀补·释𦎤》中说："古器多𦎤京，旧释旁京……丰多从草，镐多从林木，从林从旁……其为镐京无疑。"陈梦家在解释本铭时直接译为镐京。② 容庚认为"𦎤"与"𦱤"当是一个字。③ 谭戒甫亦从此说，然又指出地望在虎牢。郭沫若则认为𦎤京即丰京。郭沫若在考释麦尊时说：

---

① 参见阮元：《积古斋钟鼎彝器款识·卷五》，清嘉庆九年自刻本。"继彝"即静簋，铭文并参见中国社会科学院考古研究所：《殷周金文集成》（第4册）04273，中华书局，2007，第2640页。

② 陈梦家：《西周铜器断代》（上册），中华书局，2004，第233页。

③ 容庚：《弭叔簋及訇簋考释的商榷》，载《文物》1960年第8、9期合刊。

"蒡京即丰京，此与宗周相距仅一日……其为文王旧都无疑"。[1]于省吾、白川静等学者亦持此说。另外还有学者认为蒡京非镐非丰，如王国维持蒲坂说、[2] 唐兰持方说、[3] 黄璋盛先生认为蒡为丰旁附近的离宫别馆。[4] 笔者以为蒡镐京或丰京，均有未安之处。[5] 从金文资料来看，蒡往往与京连称，为王室举行重要典礼之处，其中有大池水泽，可供乘舟、射鱼，当近丰水，地接丰镐（见下页图）。金文中常以"王在蒡"辅助纪时，与正文纪事无关。

这句话的意思是：周天子在蒡地。

3. 召伯虎告曰

杨树达：自此句至"则报璧"句止，皆召伯虎告辞。

谭戒甫：这句是说把下文"告庆"的事告知宣王。

斯维至：这是召伯虎对宣王的报告。

沛按：告，告诉，召伯虎告诉珊生。这句话的意思是：召伯虎对珊生说。

4. 余告庆

阮元：此文释作"余告爱"。

孙星衍：此文释作"余告庆"。

---

① 郭沫若：《两周金文辞大系图录考释》（下册），上海书店出版社，1999，第40~41页。麦尊又称作册买尊，铭文并参见中国社会科学院考古研究所：《殷周金文集成》（第5册）06015，中华书局，2007，第3704页。

② 王国维：《周蒡京考》，载《观堂集林》（第2册），中华书局，1961，第528页。

③ 唐兰：《陕西省岐山县董家村新出西周重要铜器铭辞的译文和注释》，载《文物》1975年第5期，这里唐兰先生改变了早年认为蒡为幽的观点，关于幽说，参见唐兰：《蒡京新考》，载《史学论丛》1934年第1期。

④ 参见黄璋盛：《关于金文中的"蒡京"（蒡）、嵩、丰、邦问题辩证》，载《中华文史论丛》1981年第4辑。这里黄璋盛先生改变了早年认为蒡京即丰京的观点，关于后者，参见黄璋盛：《周都丰镐与金文中的蒡京》，载《历史研究》1956年第10期。

⑤ 刘雨先生对此多有论述，参见刘雨：《金文蒡京考》，载《考古与文物》1982年第3期。

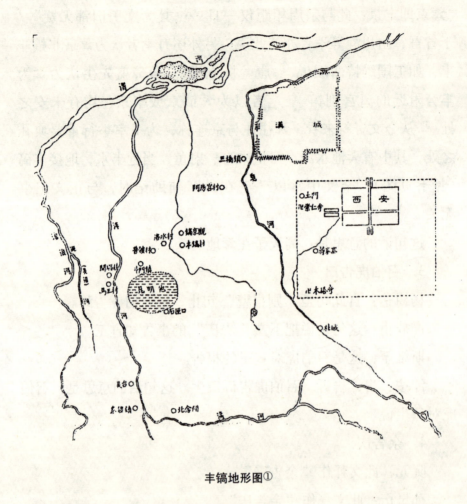

丰镐地形图①

孙诒让：庆字原铭上从，与《说文》庆从鹿省之说合。②
孙（星衍）释是也。

郭沫若：此铭所记与《大雅·江汉》乃同时事，乃召虎平
定淮夷，归告成功而作。《诗》之"告成于王"，即此之告庆。

杨树达：庆者，人名，盖召伯虎之家宰。召伯虎告之者，命

---

① 摘自黄璋盛：《周都丰镐与金文中的莽京》，载《历史研究》1956 年第 10 期。

② 《说文解字·心部》："庆（蘆），行贺人也。从心从夊。吉礼以鹿皮为挚，故从鹿省。"

之实行其所告也。

陈梦家：告庆即告成。此簋召伯虎告庆之事，应即《诗·大雅·江汉》所述"经营四方，告成于王"。"余告庆曰"至"余典勿敢封"乃召白告庆之辞。

谭戒甫：庆是人名，不知为谁。但根据琱生二簋铭文来看，好像是一个继承荣夷公之后治理国家财赋的卿士。疑为师𫗧鼎、师𫗧簋铭文中的师𫗧，① 即太师皇父。

林沄：此文意为召伯虎向琱生报喜。

朱凤瀚：庆，贺也，福也。"告庆"，犹今言"报喜"。这是召伯虎在其帮助琱生胜诉后，向琱生表示祝贺的话。

斯维至：告庆者，无疑是指征伐淮夷有功。杨氏释"庆"为人名，并谓是召伯虎的家臣，是毫无根据的，无主人作器向家臣告庆之理。

方述鑫：庆，成功也，可庆贺之事也。如蔡侯编镈云："定均庶邦，休有成庆。"②

连劭名：庆，《说文》："庆，行贺人也。"《国语·鲁语》："固庆其喜而吊其忧。"韦昭注："庆，贺也。"

李学勤：《左传》成公二年、哀公元年都有"告庆"一语，虽系指战事而言，可以看出其意义是宣告成功。

沛按：余，召伯虎自谓。"庆"非人名。"告庆"是一个固定词组，见于《左传》，乃是宣告成功的意思。结合五年琱生簋

---

① 师𫗧鼎铭文参见中国社会科学院考古研究所：《殷周金文集成》（第 2 册）02817，中华书局，2007，第 1486～1487 页；师𫗧簋铭文参见中国社会科学院考古研究所：《殷周金文集成》（第 3 册）04251～04252，中华书局，2007，第 2471～2474 页。师𫗧即师晨，亦称伯晨，西周中期后段人，担任王朝师职。参见吴镇烽：《西周人名汇编》，中华书局，2006，第 265 页。

② 蔡侯编钟铭文参见中国社会科学院考古研究所：《殷周金文集成》（第 1 册）00210，中华书局，2007，第 229 页。

铭文，当指召伯虎处理仆庸土田之"狱刺"，取得了成功，特来将这件喜事告诉琱生。此为召氏公族的喜事，而非仅针对琱生。这句话的意思是：我来向您通报这件喜事。

5. 曰：公乑禀贝用狱谏

阮元：此文释作："曰公乃鄙责用征柙"。《说文》古文征作𢖍，从彳。此从言者，征召必以言，指事也。柙，《说文》籀文从辞。此从未从言，亦从辞之旨。

孙星衍：此文释作"曰公及爵贝，用狱辞"。

孙诒让：这句话断为"公乃鄙贝，责乃狱辞"。"狱"作两犬反正相对之形，合于今本《说文》之"狱"。当从孙（星衍）释。𢁣（谏）亦当从孙（星衍）释为辞，其读当合阮。"公"即"讼"之藉字。[1]言讼乃边鄙之畔域，而责以狱辞也。

杨树达：这句话同下文断作"公乑禀贝！用狱谏为伯"。《说文》："公，平分也。"盖召伯虎意存谦退，不欲一人受天子所赐之贝，名"庆"（人名）分与宗族，使之共享之。《说文·立部》有"竦"字，小徐本云从束声，读息拱切，以屋钟二部对转为声，谏亦从束与竦相同，宜有"讼"字之音而可通假也。周室之初，召公奭听讼于甘棠之下，遗爱在民，思其人，敬其树，《诗·召南·甘棠》是也。召伯虎为召公之后，古代世官世职，故召虎亦以狱谏之事有功，而受命作伯也。《说文》："禀，赐谷也。"《汉书·礼乐志》"天禀其性"，颜注云："禀谓给授也。"禀贝犹言赐贝，谓天子之所赐贝也。

陈梦家：此数字不能通读，孙诒让所释"狱谏"不确。

---

[1] 孙氏原注云：《史记·吕后本记》："未敢讼言诛之"，《集解》引徐广曰："讼，一作公"。

谭戒甫："狱諫"释作"狱讼"。理解这句话，要联系《诗经》。《诗·行露》中说："谁谓女无家"、"何以速我狱"、"何以速我讼"是说贫贱夫妻，年轻虑浅，偶感失意，辄闹离婚。其害起于家室不足，所以召伯当时把三十方里土田的谷贝归公来救济这些家室不足的夫妻，感人至深，《诗·甘棠》为此而作，表示爱戴。

林沄：此文连同下句话断作"公厥（乎）禀贝，用狱刺（諫）为伯"。"曰"以下仍是召伯虎对琱生告庆之辞。禀在此当训为给纳。《周礼·大司寇》："以两造禁民讼，入束矢于朝，然后听之。以两剂禁民狱，入均金三日乃致于朝，然后听之。"本铭之"禀贝"，盖相当于"入束矢"或"入钧金"，为狱讼之手续。

朱凤瀚：公指琱生，禀，《广雅·释诂》："禀、付，予也。"禀贝，相当于纳束矢、钧金，似是当时狱讼事件进行审理前的必要手续。召伯虎这样讲，或有向琱生表明所付之贝皆用于讼事而自己并未占用之意。

斯维至：此文连同下句话断作"公□（厥）禀贝，用狱諫为伯"。古代兵刑不分，"狱諫"非如今日之司法案件，而是指审讯淮夷俘虏之事。

刘桓：此文连同下句话断作"公乎（厥）禀贝，用狱諫为白"。"禀贝"非周王室所赏赐，实为琱公室所赔偿。琱公室占了召公室的土田，只好用货贝赔付对方历年的损失。公，指上交朝廷。《周礼·秋官·朝士》："大者公之"郑注："大物没入公家也。"召伯虎上交这些货贝的原因是诉讼案情大白，处理得以成功。

徐义华："狱"，《说文》："狱，确也"。毛传："狱，埆也", 崔云: "埥者, 埥正之义", 有确正之义。表示确定、落实。本句是言, 公留下财物用以落实各项文书与约定。

李学勤: 此文连同下句话断作"公厥 (氒) 禀贝, 用狱扰 (諫, 李释为諌) 为伯"。是指将有关米粟、货币没为公有, 清理种种争执案件。

王辉: 此文连同下句断作"公氒 (厥) 禀贝, 用狱束 (刺, 諫) 为伯"。狱束 (刺, 諫), 诉讼侦察。土田仆庸分割, 虽是家族内部事务, 但既有怨责, 以听讼的方式了解情况, 加以处理, 较为妥当。召伯虎是否主持过狱讼, 无法推究。但他继承乃祖召公奭遗风, 注意听讼, 是完全可能的。

沛按: "曰", 召伯虎曰。公, 指琱生。氒, 通厥, 其也。禀, 原铭作 ![字], 下从禾, 篆作禀, 《说文》: "赐谷也。从向从禾", 这里是交付的意思。贝, 束矢、钧金之属, 为"狱諫"所支付的诉讼费用, 林沄之说是。諫, 通刺。由五年琱生簋铭文可知, 狱刺之事是针对整个召氏公族的, 所以妇氏转述族长君氏之语说"公仆庸土田多刺", 并非仅针对琱生。"狱刺"既涉及公室, 又涉及琱生小宗之份额, 故公室应诉的时候, 需要琱生"从諆", 即琱生听从召氏公室的安排而有所担当。同样, 在支付诉讼费用的时候, 琱生也要承担一部分 (或全部, 铭文中无交代)。召氏应诉, 小宗琱生不必出面, 而在成功地解决狱刺之事后, 大宗召伯虎会对琱生缴纳的诉讼费用有所交代, 故出此语。杨树达、谭戒甫、斯维至诸先生联系《诗经》讲解此铭, 但无法证明两者内容相关联。朱凤瀚解释甚确, 只不过此非召伯虎帮助琱生胜诉, 而是召氏公族之胜诉。由此狱刺引发, 召氏内部大小宗田产界限也得以明确, 而后者方是铸造此器的目的。狱刺, 乃背景事件也。这句话的意思是: (召伯虎) 说: "您为狱刺之事缴纳了费用"。

6. 为伯有𥳑有成

阮元：此文释作"为伯父庸父成"。

孙星衍：此文连下句释作"为伯父奉父，成亦我考幽伯幽姜。"

孙诒让：此文连下句释作"为伯父庸父成，亦我考幽伯幽姜令。"

郭沫若：𥳑即"祗"字。三字石经《君奭》"祗若兹"，祗之古文即此字稍稍诡变者。古每以"祗敬"连文，唯此"有祗"与"有成"对文，则字又当读为"底"，"底"者，定也。"有成"亦见于《诗·小雅·黍苗》："召伯有成，王心则宁"。

陈梦家："有祗有成"，底（祗）即底定、底平。"有成"乃古人习语，《史记·殷本纪》："巫咸治王家，有成，作咸艾。"《史记·周本纪》："王曰天不享殷，乃今有成。"

谭戒甫："为伯"的伯当指止公。𥳑，郭认作祗，释为敬，极精当。大约献纳仆佣土田，本由召公自动发起，珊生附从，因有助于国与王，又有利于民与俗，故说有祗有成。

林沄：𥳑在本铭中读作底，训为定。《国语·晋语》："范宣子与和大夫争田，久而无成。"《左传》昭公十四年："邢侯与雍子争鄐田，久而无成。"注皆云："成，平也。"本铭"有祗有成"当指这场争讼平息，有了结局。

《铭文选》：祗、褆古字通，祗古字通，祗应读为是。《说文·是部》："是，直也"。成，善。

朱凤瀚：为伯，召伯虎自称。𥳑，读作"厎"，《左传》宣公三年："天祚明德，有所厎止。"《左传》襄公三年："其能来东厎乎？"厎都应训为定也、至也。成，即成功。

连劭名：《礼记·文王世子》："狱成，有司谳于公。"郑玄注："成，平也。"

徐义华："有祗"，即是指确定、维护协议；"成"，完成、实现，指兑现约定。"有祗有成"，是说确定协约，也有兑现约定的意思。

李学勤：祗，《诗·何人斯》笺："安也。"

王辉：《集韵》："祗，安也"，"有祗有成"可能是诉讼侦察有了结果。

沛按：为伯，召伯虎自称。有，原铭作"又"，通"有"。据三体石经《君奭》，𥅆为"祗"，训为"定"。"成"，平也，指"狱剌"有成。此为召氏对外之"公事"，尚非制作本铭的重点，而仅是引出下文的背景事件。这句话的意思是：我（召伯虎）将此事处理完毕，狱剌均已平定。

7. 亦我考幽伯、幽姜令

陈梦家："亦"假借为"奕"或"迹"，谓光大或绍继其父母之令。

谭戒甫：此文与五年琱生簋中召伯所说"余或至我考我母命"句相应。"公乒禀贝"一事，召伯是承顺了父母之命的，且把义举推及父母，亦宗法社会题中所应有。至于说"我考幽伯幽姜"，系省"我母"二字，则又是父统时代的表征。召是姬姓，召伯的母亲是姜姓，故称幽姜。幽是生时美号，金文多有；幽、厉也是一样，到春秋战国间才改变了观点，含有恶意。

林沄：此语省"我母"，金文中并举祖妣、父母时，每用此种文法。这里召伯虎强调了讼事之"有底有成"，是由于他父母曾出面说了话。

朱凤瀚：这句话的意思是，（这样做）也是遵照我考幽伯、我母幽姜之命。

斯维至："幽"是封邑之名。

方述鑫："幽"，可以理解为美谥，如墙盘铭"青幽高祖"、[①]叔向簋铭"朕皇祖幽大叔"。[②] 另外，"幽"也可以理解为封邑之名，如此则召伯虎的父母此时亦可能尚在。不过前一种情况可能性更大。

连劭名：此言争讼的圆满解决亦符合召伯虎父母的意愿。

李学勤："亦"训"惟"。如杨树达先生所云，[③] 这是归美于先人。

沛按："亦"，训为"惟"。我，召伯虎。考，其父母之统称，省略"母"，为金文惯例。认为"幽"是召氏封邑，而将召伯称为幽伯，于文献无征。召为西周大族，十分显赫，以封邑称呼召公亦不见于经传，其可能性很小，幽当为谥号。谥有生谥，有死谥，西周前期多生谥，后期多死谥。如五祀卫鼎铭文"厉曰：余执龏王恤功"，其中的"龏（恭）王"即是生称其谥。[④] 生谥直到春秋时代还能见到，如《史记·楚世家》云，楚君熊通"自立为武王"，"武"便为其生谥。《左传》文公十八年，鲁文公元妃姜氏，夫、子皆亡，孤身返回娘家齐国，路人称之为"哀姜"，"哀"便为其生谥。即便本铭指死谥，也不能证明前二铭中君氏已亡，因为君氏、妇氏亦可能是五年九月至六年四月之间去世的。此言幽伯、幽姜令者，着重点仍在公族仆庸土田之划

---

① 史墙盘铭文参见中国社会科学院考古研究所：《殷周金文集成》（第7册）10175，中华书局，2007，第5484～5485页。

② 此簋为叔向禹簋，参见中国社会科学院考古研究所：《殷周金文集成》（第3册）04242，中华书局，2007，第2458页。

③ 杨说参见氏著：《积微居金文说·六年琱生簋跋》，中华书局，1997，第246页。

④ 参见本书《裘卫三器集释·五祀卫鼎》之"余执龏王恤功"句。

分，而不在狱刺，下文即具言如何执行幽伯、幽姜之令。这句话的意思是：此亦是依照我父母幽伯、幽姜的命令。

8. 余告庆

谭戒甫：此节又以"余告庆"三字领起是叙述土田和交割等事。

林沄：迭言"余告庆"，自是古文质朴写实之处，颇传神。

朱凤瀚："余告庆"是召伯虎再次向琱生祝贺。

斯维至：上"余告庆"是对宣王说的，此是对有司说的。

方述鑫：这是召伯虎向宣王报告征伐淮夷、徐楚有所成功。此为"古人行文不避繁复例"。①

刘桓：这段召伯虎"告庆"之辞，与上一段意亦相因。上段言此次纠纷得到货币赔偿，已交朝廷。这段则说归还土田的处理。

李学勤：后一处"余告庆"则琱生所说。

沛按：余，指召伯虎。前言"余告庆"，是就召氏公族狱刺得以解决而报喜，此言"余告庆"，是就琱生土田划分完毕而报喜，结构层层递进。这句话的意思是：我来向您道喜。

9. 余以邑嗖有司

孙星衍：此句释作"余以邑敢有司"。

郭沫若：邑，即所受之土田。

谭戒甫：此句释作"今以邑讯有司"。邑，即卅土田内所分的邑。有司，为治事职官的统称。

杨树达：从金文中看，"邑"多与"田"相连。讯为告也。

林沄："讯有司"和《周礼》的"讯群臣"、"讯群吏"可

---

① 此为俞樾先生语，参见《古书疑义举例五种·古书疑义举例》卷二之十六，中华书局，2006，第25页。

以互相印证。"邑",即前文的"仆庸土田"。当时的土田或以"田"计(如格伯簋),① 或以"邑"计(鬲从盨)。②

朱凤瀚:西周金文中言邑时往往包括邑周围的田土,及附属于田邑的居民(主要是农业劳动者)。"以邑讯有司"是说将有关田邑的事情询问过有司。这里所言的邑,应是指这场讼事取胜后裁定给珊生的田邑。有司,官名,习见于典籍与金文。从西周中晚期金文看,凡涉及土地狱讼或转让之事,在由王或大臣裁决后,进行土田的勘定与封疆时,皆要由具体主管有争议的土田的有司们进行落实。王朝在王畿地区内的贵族封土上似亦设有这种称为有司的官吏,但是贵族在属地上设有属于家臣性质的有司。本铭所言有司,应该是指王朝所辖有司。此处召伯虎言其询问过有司们的田邑之事,可能是在支助珊生胜诉后,进而落实珊生属地的土田封疆。

斯维至:"讯"字象执而讯之。今以邑讯有司,非讯有司,而是以审讯之事报告有司。

方述鑫:这句话是说,我(召伯虎)将平定淮夷、徐楚所获之"仆庸土田"献于有司也。

刘桓:邑,金文或称田邑,一些小村邑都包括与之相连的土田,故"邑"实即五年簋铭"仆庸土田"的"土田"。

徐义华:讯,审查;有司,指官吏。即召伯虎已经把要分配的田邑交给相关官吏审查。

李学勤:余,指珊生。这句话是说,珊生将自己所分得的田

---

① 铭文参见中国社会科学院考古研究所:《殷周金文集成》(第4册)04262,中华书局,2007,第2560~2595页。

② 铭文参见中国社会科学院考古研究所:《殷周金文集成》(第2册)02818,中华书局,2007,第1488页。

邑告于有司官员。

沛按：余，召伯虎，不释作"今"。噗，即讯，为上对下的讯问，解释参见五年簋铭文集释。邑，即田邑，也即五年尊铭中说的"仆庸土田"，杨树达之说是。有司，召氏公族的家臣，解释参见五年尊铭集释。讯有司，即讯问有司，斯维至理解为"将审讯之事报告有司"、徐义华理解为"由有司审查"，均于语法不通。此为召伯虎落实"余宕其三、汝宕其二"的仆庸土田之分配方案。这句话的意思是：我就田邑（分割、交接）之事讯问了相关管理人员（有司、家臣）。

10. 余典，勿敢封

孙星衍：此句连下文释作"余典勿敢对曰"。

郭沫若：典，即所受之命册，勿敢封，即不敢封存于天府也。

杨树达：前文"邑"多与田有关，本文"封"在金文中多指定田界，故此铭所记必关田事。而铭中不见"田"字，"典"、"田"同声，故知"典"当为"田"之假字也。

谭戒甫：此为有司答辞，承上"讯"字说；如不认此句是答辞，"讯"字便没有着落了。"余"是有司们自称。典，义为主管；封，起土界也，犹今言划分疆界。

林沄：典，指记载土田数量、四至的文书。《周礼·士师》："凡以财狱讼者，正之以傅别约剂。"《周礼·司约》："凡大约剂书于宗彝，小约剂书于丹图"。格伯簋（倗生簋）铭文记录土田边界，结尾处说："铸保簋，用典格伯田"，[①] 正是把约剂记在宗彝上的实例。又《周礼·大史》："凡邦国都鄙及万民之有约剂

---

① 铭文参见中国社会科学院考古研究所：《殷周金文集成》（第4册）04262，中华书局，2007，第2560~2595页。

者藏焉，以式六官，若约剂乱则辟法，不信者刑之。"《周礼·司盟》："民之有约剂者，式在司盟。"可见古代以土田讼者，以立约剂为裁决手段。立约剂称"典"（动词），所立之约剂也称为"典"（名词）。而约剂又有副本封存于官，以防诈伪。召伯虎在这里是说：（因为）我要就止公的仆庸土田数额（再次）征讯有司们的意见，（所以）我虽有记录土田的文书，（因为未有定论），不敢封存于官府。

朱凤瀚：典，见于金文者，如克盨："典善夫克田人"、[①] 倗生簋："用典格伯田"，[②] 可见，典田之"典"的意思，即记录或登录。召伯虎言"余典"，似是指其已代表王朝对裁定给琱生的田邑进行了登录，实即表示已得到王朝承认，成为合法的田地。"封"，即封疆划界，设立田界标志。召伯虎言"勿敢封"，疑是其虽已将土田疆界登录于典册，但并没有进行具体的封疆工作，从下文观，其意是要请琱生勘定验收后，再行封疆。"勿敢"，谦语。

方述鑫：此文意为，我只求将所获之"仆庸土田"登录在册，虽承天子土田赏赐之恩，然不敢要求封邑也。

连劭名：典，簿籍。

徐义华：这句话释作"余典勿敢对"。典，指记录土地、人口的书册。对。校核。此句是倒装句，本来的语序应为"余勿敢对典"，是召伯虎表示自己不敢私自校核相关典册。

李学勤：余，指琱生。典，为大册，在此指登记田邑的簿

---

① 即善夫克盨，铭文参见中国社会科学院考古研究所：《殷周金文集成》（第4册）04465，中华书局，2007，第2865～2869页。

② 铭文参见中国社会科学院考古研究所：《殷周金文集成》（第4册）04262，中华书局，2007，第2560～2595页。

籍。瑒生虽已分得仆庸土田，持有簿籍，仍不敢自行封树疆界。

沛按：余，指召伯虎。典，登记、登录，这里指将土田变更登录在册，不通作"田"。封，指封疆划界、起封作帜。考诸字形，不作"对"。从金文数据来看，西周时期土地权利的变更，必须经过一定的程序。"典"、"封"都是其中之步骤。一般来说，"封"需要当事人双方共同完成，掘土为沟，掘出之土积累于旁，即为封土。"封"之甲文作𡐔，郭沫若谓此即林木为界之象形，其说是。《周礼·封人》中说"为畿，封而树之"，便是此意。本铭的"封"也正做植树状。关于"典"，若要"书于宗彝"，则当各自分铸铭文于其礼器之上，而内容需要一致。从本铭看来，召伯虎本人已将土田变更登记，然而起封尚需与瑒生一起完成，就如散盘、倗生簋、九年卫鼎铭文所叙述的那样。正因如此，召伯虎说自己"勿敢封"。这句话的意思是：我已经（将土田变更）登录在册，尚未敢封土起界。

11. 今余既𪩲

阮元：𥄉（今），释作"月"。

孙星衍：𥄉（今），释作"曰"。

孙诒让："月"、"曰"皆非，以文意考之，𥄉当为"今"之变体。"今"、"余"连文，金文常见。

郭沫若：此文释作"今余既讯"。

杨树达：此文释作"今余既讯"，"既讯"盖指时间言之，犹今言通告之后也。

林沄：此文释作"今余既讯"，意为"现在我又征讯过了"。

朱凤瀚：此文释作"今余既讯"，意为"现在我既已向有司们征讯"。

斯维至：此文连同下句断作"今余既讯有司"。

方述鑫：此文连同下句断作"今余既讯有司"，句中省"以邑"二字。

沛按：今，现在，表时间。《说文》："今，是时也。"余，指召伯虎。噂，释作讯。既讯，已经征讯。前文说"余以邑讯有司"，这里强调现已征讯，文法上起递进作用。这句话的意思是：现在我已经讯问过了（有司）。

12. 有司曰："厌命"

阮元：厌，释作"侯"。

郭沫若：此即有司答之曰"依命。"

杨树达：厌，释作"侯"。《汉书·礼乐志》注云："侯，惟也。"惟命犹今言"如命"、"从命"也。《左传》隐公元年："他邑唯命"，是也。

方述鑫："侯命"，即五年簋铭"侯我考我母命"之省。

李学勤：这是指有司同意。

沛按：有司，召氏公族的家臣。厌，诸家解释有异，大体意思相近，即听从命令，详见前文五年簋铭集释。召氏公族的相关家臣已经做好了划封疆界的准备，随时待命。这句话的意思是：有司（家臣）们说："听从您的命令。"

13. 今余既一名典，献

郭沫若：此句断作"今余既一名，典献伯氏"，此乃有司之答辞。一名，以文理推之，盖谓签名画押之类。典册既已一名，谨以奉献于伯氏（召伯虎）。

杨树达：此句连下文断作"今余既一名典献伯氏"。一，皆也，尽也。名典，即名田，谓定土田之主名，所谓正名也。盖周王以田赐召伯虎，则其田当名之为召伯虎之田。伯氏，盖幽伯幽姜之长子，召伯虎之兄也。召伯虎之称伯，盖九命作伯之伯，乃据其爵名称之，非伯仲之伯也。今召伯虎以田献于召伯氏，则田当为召伯氏之田，故献者必先定其主名，示其诚意，然后受者易于乐受也。

陈梦家：金文"既"字后多为动词，故"一"或为划一之义，"一名典"或为划一其名籍，因为献之于王。

谭戒甫："一"谓划一。名典，犹云名册。《说文》引庄都说："典，大册也。"因为这里本有止公土田的名册，又有琱生土田的名册，内有土田数，又有田人数，还有其他相关各事，现在两处合并，名册案卷自应新造，故须划一。

林沄：余，指召伯虎。一名典，疑是将仆庸土田一一登录于文书之意。

《铭文选》：一，语辞。《尚书·盘庚中》："今予命汝，一无起秽以自臭。"一为语辞。名，成。《广雅·释诂三》训名为"成也"，成犹立。典，经籍。此指官方的记录。

朱凤瀚："献"字下属，断作"献伯氏"。"余"，指琱生。此句系琱生自述。召伯虎既已助琱生胜诉，并已"典"其田邑，琱生则"一名典"。一，皆也。名，签名画押。典，即前文召伯虎所言典录土地之典册。"一名典"即在记录土田疆界的典册上一一签名。上文召伯虎曾言"余典勿敢封"，意即请琱生查验后再为之。这里琱生又言"今余既一名典"，说明琱生已将典册所录之土田范围做了验证，最后以在典册上签名的形式表示同意与接受。所以言"一"，是因为前文曾言其"仆庸土田多諌"引起争讼的土田既非一处，所以典册亦当并非一种。

斯维至：此句连下文断作"今余既一名典献伯氏"。余，指有司。这句话是说，以伯氏（召伯虎）之名登入典册。献伯氏，是将经过签押的典册归献于召伯虎，以存于王朝作为档案文书。

方述鑫：余，召伯虎。这句话是说，现在我已经将所获之"仆庸土田"登录于簿册并签名画押也。

连劭名：名典，即名籍。

刘桓：此句断作"今余既一名，典献"。余，召伯虎。一，皆。名，命名。典，数典。叔夷钟铭："尸（夷）簧其先旧，及其高祖"，① 簧，即数典义。

徐义华：名，指签名。

王占奎：此句断作"今余既一名、典，献伯氏"。名，汉代有名田宅制，可资对比。名田，就是以名占田。《汉书》卷二十四"限民名田"，师古曰："名田，占田也。各立为限，不使富者过制，则贫弱之家可足也。""一名"谓把要分给琱生的土田以及仆庸土田划到琱生名下。从金文数据来看，以田地主人而名之的惯例的确存在。如五祀卫鼎中的厉田、散田、政父田、裘卫田等。典，动词"立约剂"、或名词"约剂"。这句话是说把原来属于公家的一部分土地划到琱生名下，并且形成文书（典），献给排行为"伯"的琱生。

李学勤：献，指琱生把簿籍献交作为宗君的召伯虎。

王辉：一，副词，皆。《广雅·释诂三》："名，成也。"献，奉送。

沛按：余，召伯虎自称。一，皆也、尽也。名典，名之于典，即将田土变更之事项记录于大册之上。献，呈送，后省略宾语"琱生"。这句话的意思是：我将所有土田变更事项都一一记录于文书之中，呈送给您（琱生）。

---

① 铭文参见中国社会科学院考古研究所：《殷周金文集成》（第1册）00275，中华书局，2007，第329页。

14. 伯氏则报璧

郭沫若：伯氏，指召伯虎。此句连同下文断作"伯氏则报璧琱生"。

杨树达："伯氏"两字上属，指召伯虎之兄。"则报璧"者，谓伯氏以璧报召伯虎之献田也。文不言伯氏者，省文也。

谭戒甫：此句连同上文断作"献伯氏则，报璧琱生"。伯氏，当指"庆"说，伯氏与伯有别，上面召伯称"止"为伯是对尊长的称呼；此召伯称"庆"为伯氏是对爵位的称呼。五年簋铭也载君氏称召伯为伯氏，可见这种称呼不过是属于一般礼节罢了。则，当是王莽之制的方三十里，即附城之大者。《周礼·春官·大宗伯》："五命赐则"，郑注："则，地未成国之名"。"献伯氏则"，即把方三十里的"则"献给伯氏。"报璧琱生"，即报答琱生"勤圭"的礼。

林沄：伯氏，指琱生。

朱凤瀚："则报璧"，是召伯虎接到琱生奉还的经过签押的典册后，报之以璧，此是礼仪。

斯维至："伯氏"上属，此句连同下文断作"则报璧琱生"。则，籀文从鼎，本有划分土地之义。报璧周（琱）生，犹上铭"报妇氏帛束璜"，以璧报谢周（琱）生。

刘桓：伯氏，指召伯虎。这句话是说，由于周、召两家的土田纠纷已经得到了解决，于是伯氏向涉讼的另一方代表琱生回报赠了玉璧。

李学勤：这句话是说，召伯虎于是以玉璧答谢，使礼仪完成。

王辉：伯氏，指琱生，报的对象为召伯虎。

沛按：伯氏，是召伯虎。本篇中的伯、伯氏均指召伯虎，而不是琱生。报，赠送。报的对象为琱生。本铭"伯氏则报璧"，和五年簋铭"琱生则堇圭"相对成文，均为礼也。这句话的意思是：召伯虎向琱生赠送了玉璧。

15. 琱生奉扬朕宗君其休

阮元："奉"释作"对"。

杨树达：宗君，指召伯虎。

陈梦家："奉"释作"对"。宗君，指召伯。

谭戒甫："奉"释作"对"，作为"对"的异体。宗君，应该是召伯称呼宣王来表示他对于王的特殊尊敬。

斯维至："琱生"二字上属。这句话是召伯虎所说。宗君，指召伯虎的宗君，非周（琱）生之宗君。

沛按："奉扬"、"对扬"均为金文颂词习语，意思相同。"奉"篆作𡗕，从屮从廾；"对"篆作𠦪，从丵从又（与"廾"近，皆手形），原铭字型 来看，左从屮，又从𠬞（亦手形，与"廾"、"又"近），似释作"奉"更为妥当，只不过从手之形由下移至右边。宗君，指召氏公族的族长。若幽伯尚存，则当为幽伯；若幽伯已亡，则当为召伯虎。琱生尚未立氏分族，故其宗君即是召氏宗君。这句话的意思是：琱生我赞扬宗君的美德。

16. 用作朕烈祖召公尝簋，其万年子孙宝用，享于宗

杨树达：烈祖召公，谓召公奭也。

谭戒甫：经传说"尝"是秋祭名，或是秦汉间才确定的。四月是孟夏，西周的"尝"本是在四月举行，故当为夏祭名。如效卣铭："惟四月初吉甲午，王灌于尝"，[①] 正是四月举行尝祭。《礼

---

① 铭文参见中国社会科学院考古研究所：《殷周金文集成》（第 4 册）05433，中华书局，2007，第 3413～3414 页。

记·月令》："孟夏之月……农乃登麦，天子乃以彘尝麦，先荐寝庙"，此正是孟夏尝新麦，故名为尝。由是得知召伯虎于四月作尝簋，确和秦汉以前的祭名相合。

斯维至：烈祖，非周（珊）生之烈祖。此语为召伯虎所说。烈祖召公，则召伯虎之直系祖先，与宗君略有别。

沛按：召公，即召氏先祖，召康公奭。尝簋，用于尝祭之簋。这句话的意思是：制作了祭祀我们显赫先祖召公的尝簋，子子孙孙都将珍藏使用，享祀于宗庙。

（四）铭文大意

周宣王六年四月甲子這天，天子在菶京。召伯虎前来告诉珊生说："我向您通报喜事了！承蒙您为官司缴纳费用，我已顺利平定了针对我们家族的侦讯风波，处理方式亦是遵照了我父母幽伯、幽姜的命令。再次向您贺喜！我已就田邑交接之事讯问了家臣有司，把相关的田土变更事项登录在册，但尚未敢封土起界。现在我讯问家臣有司，他们都说待命。我将所有事项尽皆造册，呈送给您过目。"召伯虎向珊生赠送了玉璧。珊生我颂扬宗君的美德，并制作了这件祭祀显赫先祖召公的尝簋，子子孙孙都将珍藏使用，享祀于宗庙。

下 编

裘卫三器集释

　　"裘卫三器"指1975年2月2日出土于陕西省岐山县京当公社董家村的卫盉、五祀卫鼎、九年卫鼎三件青铜器。三件青铜器上铸刻的铭文，涉及西周时期的田土交易和田土争讼，就研究西周法律制度、土地制度而言，具有重要意义。此三器出土以后，许多学者对其进行考释，解决了很多问题，同时也存在着大量分歧，集中体现在断代、案件性质判定等方面。卫盉铭文记录了西周田土买卖中的一些规则，并不涉及诉讼。五祀卫鼎铭文记录了裘卫和邦君厉的田土争讼。尤其让人感兴趣的是，诉讼的一方带有国家公权力的性质。九年卫鼎铭文所载内容，是罕见的关于西周林地交易的案例，从这则案例中。我们可以直观了解到西周贵族在分封制下的相互关系。

四 卫盉

（一）铭文拓片

卫盉铭文拓片

图片来源:《文物》1976 年第 5 期。

（二）释文

佳三年三月既生霸壬寅

王禹旗于丰矩白庶人取

菫章于裘卫才八十朋乎寅

其舎田十田矩或取赤虎

两麀羍两莘韐一才廿朋其

舎田三田裘卫乃亃告于

白邑父燮白定白琼白单

白白邑父燮白定白琼白单

白乃令参有司司土敞邑司

马单旗司工邑人服罘

受田燮赵卫小子辒逆

者其卿卫用乍朕文考惠

孟宝般卫其万年永宝用

（三）铭文集释

1. 佳三年三月既生霸壬寅

《简报》：根据同窖穴出土五祀卫鼎铭文"余执恭王恤工"句，表明此为是恭王在世之器，且卫鼎、卫盉有荣伯、邢伯、定伯、单伯、伯俗父等为恭王时期的执政大臣，故此盉当为恭王三年三月所作。

李学勤：盉的字体已经是西周中期的典型风格，与穆王或共（恭）王初年时器有明显区别，因而可能作于懿王初年。

戚桂宴："隹三年"是穆王纪年。同窖出土的五祀卫鼎铭文中"龏王"非周共（恭）王，而是执贡于王的意思，不能证明诸器为共王时物。同窖出土的卫簋铭曰作于"廿又七年"，其器形纹饰不可能为成康，共王在位年数记载最多为二十五年，昭、懿、孝、夷、幽五王在位亦不足二十七年，厉王十六年奔彘，宣王干支不合，故卫簋当为穆王时器。穆王在位五十五年，若卫在二十七年受王命锡（卫簋所载），① 三十八年后共王五年还能作器，可能性太小。合理的说法是，卫盉、五祀、九年卫鼎也是穆王时器，作器在卫簋之前。如此一来，作卫簋时，卫的年纪已大，已有子孙，故铭文末曰"卫其子子孙孙永宝用"。

彭裕商：五祀卫鼎中所提的"恭王"当非时王，时王生称之说颇有疑问，故卫器的年代当在恭王后。从诸王在位年代看，符合卫簋所云二十七年者唯夷王，卫盉、卫鼎等时代应在其前，即不出孝夷二世。

《铭文选》：恭王三年三月既生霸之壬寅日。据《年表》恭王三年为公元前 996 年，三月戊子朔，十五日得壬寅。

沛按：三器断代有恭王、懿王、穆王三说，笔者主恭王说。本窖出土的四件卫器中，卫簋纹饰、字体接近西周中期之后，可能年代晚于卫盉、鼎，具体属于何王之时，尚难定论。卫簋的作器者得周王册命，地位甚高；而盉、鼎时期的"裘卫"，为管理皮裘的官员，以《周礼·司裘》来看，地位并不高。通观诸卫器铭文，卫氏家族在裘卫之后地位上升，故卫簋恐晚于盉、鼎，铭文

---

① 除了本集释所提到的卫盉、五祀卫鼎、九年卫鼎外，还有一件卫器，即卫簋。卫簋铭文 73 字，内容记叙裘卫受周王接见，赏赐。参见中国社会科学院考古研究所编：《殷周金文集成》（第 3 册）04256，中华书局，2007，第 2478～2479 页。

中所提及的"裘卫"亦未必是一人。① 所以不必以卫簋作卫盉、鼎的断代参照。卫盉、五祀卫鼎、九年卫鼎中提到很多相同的人物，故大致属于同一时代。五祀卫鼎说"余执龏（恭）王恤功"，可知诸器均为恭王时作。② 至于穆王说，其在位年数无定论，"子子孙孙永宝用"之套语亦不必待作器者有子有孙之后方可使用，戚说非是。这句话的意思是：周恭王三年三月既生魄壬寅这天。

2. 王禹旗于丰

《简报》：《说文》："禹，并举也。"旗应指太常。《周礼·司常》："国之大阅，赞司马颁旗物，王建太常，诸侯建旗。"注："自王以下治民者，旗画成物之象，王画日月，象天明也。""禹旗"就是王举行建太常的典礼。

唐兰：禹旗，即"举旗"，与建旗意义相近，举旗当是朝会诸侯。康王时曾大朝诸侯于丰宫。

侯志义：禹，即"称"，旗疑读"祈"，旗祈并从斤声，同声相假（旗、祈皆"渠希切"，群母）。此句言王在丰举行祈祷之祀也。

沛按：禹旗，即建旗、举旗，是天子朝会之典礼。《仪礼·觐礼》说诸侯觐见天子时，"上介皆奉其君之旗置于宫，尚左，公侯伯子男皆就其旗而立"。旗、祈同声，亦有通假例，但字形多有不同处。金文祈多从旗从单，单象兵器，③ 罗振玉云："从旗从单，盖战时祷于军旗之下，会意。"此处之旗不必通假为祈。丰，是文王所建之都丰京，武王时迁都镐京，然丰京亦为政治中心。西周

---

① 如金文中常见重复多见井伯、井叔等称呼，均非一人，而是数代不同的世袭者。

② 关于"龏"的释字、时王生称问题，参见本书五祀卫鼎相关铭文的按语。

③ 金文中，"单"与"毕"形近，《说文》云："毕，田网也"，或为田猎网兽之具。古代田猎与军事训练往往结合同时。

早期之作册魋卣铭文载，公太史朝觐周王后，在丰邑赏乍（作）册魋马。①《左传·昭公四年》亦云："康有酆（丰）宫之朝"，即康王时在丰京举行过朝会。这句话的意思是：周王在丰京举行建旗之礼。

3. 矩白庶人取堇章于裘卫

《简报》：矩，国族名。

林甘泉：朝觐时，诸侯和臣下有纳瑾报璧之礼。颂鼎铭文说，颂受周王册命后，"颂拜稽首。受令册佩以出，反入堇章"，② 即返纳瑾璋。

唐兰：堇章，当是朝觐用的璋，觐本是动词，此转为形容词。颂鼎等说："册佩以出，反入堇章"，与《左传·僖公二十八年》所说"受策以出，出入三堇"，文义相近，可证。如果解为用瑾玉来做璋，《左传》中的话就讲不通。五年琱生簋说："琱生则堇圭"，堇也是动词。

李学勤："堇章"即觐璋，见于颂鼎和膳夫山鼎，③ 是朝王时应用的礼玉。

伊藤道治：取瑾璋和铭文所提到的朝会没有直接关系。矩伯和裘卫之间的关系并不平等，对卫而言，有可能是强制的，因为"取"包含有从地位低者取得某物的意思。例如，在驹父盨中铭文中，④ 周王朝的官吏从淮夷"取"某某；与此相反，同一事件从

---

① 参见中国社会科学院考古研究所编：《殷周金文集成》（第4册）05432，中华书局，2007，第3412页。

② 参见中国社会科学院考古研究所编：《殷周金文集成》（第2册）02827，中华书局，2007，第1500～1501页。

③ 参见中国社会科学院考古研究所编：《殷周金文集成》（第2册）02825，中华书局，2007，第3835页。

④ 参见中国社会科学院考古研究所编：《殷周金文集成》（第4册）04464，中华书局，2007，第2865页。

淮夷方面则说是"献",由此可以窥其大意了。《诗》和《左传》中使用取字,很多也带有以力强制的色彩。《韩诗外传》卷五:"君取于臣,谓之取";《仪礼·乡饮酒礼》疏:"尊者得卑者物言取"。

吴镇烽:"庶人"是矩伯的名字。

沛按:矩白,即矩伯。庶人,或指矩伯家的庶人(徒役之属),如大盂鼎铭文:"易女(锡汝)邦司三白(司四伯),人鬲自驭(驭)至于庶人六百又五十又九夫"。① 亦可能为名字,传世有伯庶父诸器,"庶"即为字。此处从吴镇烽先生说。"取"字之用法含有尊卑之意,但称谓之尊卑不代表在财货交换时必然有不平等,或强制。堇,即觐见,为动词,亦可转化为形容词修饰璋,唐说是。五年琱生簋铭文说:"琱生则堇圭",与六年琱生簋铭文之"伯氏则报璧"相对,可知堇、报均为动词,故不能解释为"纳瑾"。章,璋也。这句话的意思是:矩伯庶人在裘卫那里取了朝觐用的玉璋。

4. 才八十朋

《简报》:"才",假借为"财货"的"财",这句话是说价值货币八十朋。

唐兰:"才"通裁。《广雅·释言》:"裁制也",有量度决断的意思,此处用为作价。

戚桂宴:"才",读为"裁",这句话的意思是议定作价八十朋。

李学勤:"才"读为"财",意思是"货"、"值"。②

陈复澄、王辉:"才",在金文中多作"在"、"哉"、"载"

---

① 参见中国社会科学院考古研究所编:《殷周金文集成》(第 2 册)02837,中华书局,2007,第 1516 ~ 1537 页。

② 参见李学勤:《说"兹"与"才"》,载《古文字研究》(第 24 辑),中华书局,2002。

字。"载"与"戴"古多通用。《说文》:"分物得增益曰戴","戴八十朋"的意思就是再增加八十朋。

《铭文选》:"才",通裁,约制的意思,就是规定觐璋的价值为八十朋。"才"也可以读为"财",铭文意思是钱八十朋。

沛按:才,通财,值的意思。西周金文中,"才"通"哉"者众,而通"载"者仅见于师𩵋簋。[①] 故证以"才"通"载"、"载"通"戴",从而得出"才"通"戴",其引申义项缺乏论据。[②] 朋,货币单位。这句话的意思是,作价八十朋。

5. 乎賓,其舍田十田

《简报》:賓,读为商贾的"贾"。这句话是说"用买卖的方法,可以给土地十田。"[③] 賓亦可解释为"租",这句话的意思即为"用租地的方法,可以给土地十田"。

林甘泉:"乎貯"连同上句断作"才八十朋乎賓",賓释为"价",表示玉璋的价格。"舍"字屡见于金文,是给予的意思。铭文后段矩伯第二次要东西时,并不提"貯",直接说"才三朋,其舍田三田"。裘卫把矩伯两次"舍田"之事告诉伯邑父等大臣后,"参有司"会同裘卫受田,并没有把矩伯的两次"舍田"分别开来。可见两次舍田的性质是一样的,都是用于交换的转让,而不是出租。

唐兰:貯与租音近通用。"舍"即舍字,从口余声,《说文》反以余字为从舍省声,是弄颠倒了。余予同声,作为代名词的

---

① 拓片参见中国社会科学院考古研究所编:《殷周金文集成》(第4册)04312,中华书局,2007,第2675页。该铭拓本为陈承修猗文阁旧藏(现藏中国社科院考古研究所),商承祚先生认为此器乃翻砂伪作。

② 就传世文献而言,"才"通"载"者,见《说文・才部》桂馥义证。

③ 《简报》原注曰参见杨树达说。沛按,杨树达《格伯簋跋》:"乎賓卅田,賓疑读为贾,即今价值之价,谓其价值三十田也。"虽同释为"贾",而杨说通"价",与《简报》不同。参见《积微居金文说》,中华书局,1997,第11页。

余，古书常作予；从余声的舍字，古书也常作给予的予。令鼎铭文："余其舍汝臣十家"；[①] 散盘铭文："湄矢舍散田"，[②] 居簋："君舍余三锴"，"赶舍余一斧"，均应读为予。"田十田"，上一"田"字是名词，指农田；下一"田"字，是田亩的量词。《考工记·匠人》说："田首倍之"。注："田，一夫之所佃百亩。"那末，田十田是田一千亩地。

李学勤：賈（贾），通价。这是指矩伯以货币（朋）作为价值尺度，付给了裘卫等价的土地。

赵光贤：贮本意为储藏，《说文》："贮，积也"，与"褚"通用。《左传·襄公三十年》："取我衣冠而褚之"，《吕氏春秋·乐成》作："我有衣冠而子产贮之"是其证。褚字又作"着"，《史记·货殖列传》："废着鬻财于曹鲁之间。"《集解》引徐广曰："着读如贮"。"废"古与"发"通。《史记·平准书》《集解》引徐广曰："有所废，有所畜"，《索隐》引刘氏曰："废、出卖"，此废与发通用之证。字又作"举"，《史记·仲尼弟子列传》："子贡好废举"，《集解》云："废举谓停贮"。《索隐》引伪《孔子家语》王肃注云："废举谓买贱卖贵也。"由此可证，贮、褚、着、举，古皆通用。字亦作"賦"，《玉篇》："賦，卖也。"賦，古书往往作"居"，居从"古"得声，与"故"为韵。字又作"酤"，《广雅》："酤，卖也"。酤又作"沽"，《汉石经》沽作"贾"，是沽又通贾，因皆从古得声。以上可见，贮、

---

① 原文作"会鼎"，误，当为"令鼎"，为西周早期器，参见中国社会科学院考古研究所编：《殷周金文集成》（第 2 册）02803，中华书局，2007，第 1472 页。

② 此段引文应作"正眉矢舍散（散）田"，参见中国社会科学院考古研究所编：《殷周金文集成》（第 7 册）10176，中华书局，2007，第 5486～5487 页。矢、散为二国名。王辉释"眉"为"履"，正履，即勘定，也就是复核、确认。参见王辉：《散氏盘新解》，载《周秦社会与文化研究》，陕西师范大学出版社，2003，及王辉：《商周金文》，文物出版社，2006，第 234 页。

赌、居、酤、沽、贾字古音皆可通假，由储藏之义引申为买卖之义，又引申为商贾、价钱之义。"舍"古通"舍"，给予之意。从下文来看所叙的土田交易手续上看，应当是"贾田"，而不是"租田"，且后文明言"受田"，如果不表明土地所有权的转让，那是很难理解的。一田并不等于百亩，每块田可能大小不等。所谓一夫受田百亩，只是井田制下的田。一田只是表示数量的名词。

戚桂宴：贮读宁声，宁是中空可储物的形象，《说文》宁部"宁，辨积物也，象形。"《玉篇》有赌字，读匿声，匿是藏匿的意思，《说文》匚部："匿，匿也。"宁、匿意近，贮、赌也当意近。《玉篇》："赌，物相当也"，那么，贮字也当有此训。贮字在古书中与训为留止的"稽"字同意，《史记·平准书》："蓄积余业，以稽市物"，集解引李奇曰："稽，贮滞也"，《广雅·释诂》三上："赌、稽，当也"，稽、赌同训，稽、贮同训，而王念孙疏云：赌为"引此物为彼物之值"，那么，贮也当有此意。这句话则是说，把一千亩田作为一块觐璋的相当值。这种交换土地的方法叫做典，是后世典田的渊源。典读为敟，主也，意思是代为主守，所以典田并不涉及到土地的主权，因之也就不可能动摇西周时的土地所有权。

伊藤道治：宾的意思是"赋"，有分摊或缴纳的意思。

黄盛璋："贮"读为"予"。王国维："贮、予古同部，贮廿家犹云锡廿家也。[1] 贮用宫御，犹云锡用宫御也。""舍"从口，余声，"舍"、"予"同音，舍也是"予"。"贮"如是贾（价），田地就有了价格，也就等于买卖。这在田地私有制产生以前是不

---

[1] 此为释颂鼎铭文"颂，令汝官司成周贮二十家，监司新造，贮用宫御"。铭文参见中国社会科学院考古研究所编：《殷周金文集成》（第2册）02827，中华书局，2007，第1497页。

应该有的。

王玉哲：贮不能解释为予、奴，[1] 虽然和田地有关系，但不能说是田价、田租，更不能说是土地的出租。因为依照马克思主义的理论来看，春秋以前，还没有产生租佃关系的历史条件。"贮"是受田的下级向赐田的上级履行的封建贡纳义务。如果违反了这种义务，就要受到控告、遭到判刑或被迫退还赐田等等的惩罚。在这种条件下，自然就形成了"田里不鬻"。

刘宗汉：贮在这里作价格解，在本铭中是指，以一定数量的物品折合成一定数量的贝，再折合成一定数量的田地进行交换。

《铭文选》：垶，阙。指裘卫。下文云"其舍田十田"，"其"指矩伯。阙、其都是第三人称。可知铭文是有司所记双方的约辞，而不是单方面的记载。贮，假借为予。此种贮和舍不是通常经过市肆的商品交易，而是由许多王臣在场监视的，经官方批准的交换。古代田里不鬻，土地是政府授予的，所以土田易主须由官方认可。

沛按：垶，厥，其也，代指董璋。賈，贮也，在这里是价格的意思。贮（賈）从宁，宁篆作 ⩎，象长方形的有手柄木匣，故贮的本意是储藏器。《说文》：贮，所以盛贮者也。因贮藏而引申出商贾的含义，又因商贾而引申出价格的含义。赵、刘二说是。贮在其核心意义（贮藏）之基础上，还引申有其他相关含义，详见五祀卫鼎铭文集释。戚说将贮训为稽、又将稽训为赈，得出贮为赈意，辗转为训，缺少文献例证的支撑。戚先生进而申说，此种交换土地使用权的交换方式，不涉及周王之所有权，为

---

[1] 将贮解释为奴隶，参见平心：《卜辞金文中所见社会经济史考释》，载《中华文史论丛》（第 1 辑），中华书局，1962；杨宽：《论西周时代的奴隶制生产关系》，载《古史新探》，中华书局，1965。

后世典田之渊源，这便误解典田的含义了。典田之所有权不在第三方（如周王），而在出典人。典期届满，则田可赎回，典权属物权。若双方均无所有权，则为土地使用权的交易，是亦为买卖也，为债权关系。唐兰认为在奴隶制时代不应出现买卖行为、[①]黄盛璋认为土地私有前田土不能有价格、王玉哲认为西周没有租佃关系的历史条件，均为理论先行，不能为据。况且，西周铭文自有租字，而且就是租田的意思。[②]此为贮不为租的一个证据，同时也说明西周并非没有租佃关系。舍通舍，给予的意思。黄盛璋先生认为本铭中贮、舍、予同义，此段铭文便重复、拖沓（"其给予，给予三十田"），作铭者为何用不同的字反复强调"给予"，亦不可解。不过在五祀卫鼎铭文中，却的确有贮、舍同义的现象，与此铭不同，宜分而解之。田，为西周耕地面积之单位。《考工记》注云一田为百亩，然而古文字和古文献中都没有类似之记载。罗伯健先生在《说田》中认为，商周时田的面积可能是以人来计算的，即以一夫所能耕作者为限，相当于今人将以上午耕种的田地称为"一晌地"，可备一说。《铭文选》将"阙"、"其"分别解释为裘卫与矩伯，以第三人称来表现其作为约辞的客观性，同时体现出官方记录的语气，亦备一说。这句话的意思是：其价格可以十田来交换。

6. 矩或取赤虎两、麀莽两、莽鞈一

《简报》：麀疑即麀。莽假借为鞁。"麀鞁"就是用麀皮制作的鞁。莽当读为"贲"。《说文》贝部"贲，饰也。"王肃《易

---

① 唐兰先生此观点参见《用青铜器铭文来研究西周史——纵论宝鸡市今年发现的一批青铜器的重要历史价值》，载《文物》1976年第6期。

② 舒比簋铭文中有"我弗具付舒比其租"，该簋亦为西周晚期器，铭文参见中国社会科学院考古研究所编：《殷周金文集成》（第4册）04278，中华书局，2007，第2611页。

注》：“赟，有文饰，黄白色。”韐，《诗·小雅·瞻彼洛矣》“靺韐有奭”，传：“所以代韠也”。笺：“靺韐祭服之韠，合韦为之。”赟韐就是饰有黄白杂色的蔽膝。

唐兰：或，当“又”字讲，见《经传释词》。赤虎，赤玉的琥。麀下似从乙，未详，当是鹿属。羑通賁，与帔音近。《释名·释衣服》：“帔，披也，披之肩背，不及下也。”那末，麀賁是鹿皮的披肩。《书·立政》：“缀衣、虎賁”，《顾命》：“虎賁三百人”，[1] 虎賁，其实是披着虎皮披肩的武士。羑韐之羑亦通賁，但其意为杂色。賁韐是杂色皮的蔽膝（围裙）。

李学勤：赤虎，赤色的老虎皮。《管子·揆度》：“命诸侯之子将委人质者，皆以双武（虎）之皮”，注：“双虎之皮，以为裘。”

《铭文选》：赤虎，赤色的琥，玉礼器。《周礼·春官大宗伯》：“以白琥礼四方”。《说文·玉部》：“琥，发兵瑞玉，为虎文。从玉从虎，虎亦声。”《春秋·传》曰“赐子家子双琥”，[2] 此云双琥，铭云琥两，是琥之用，以两成组。

沛按：矩，矩伯。或，通又。赤虎，赤色的虎皮，李说是。本铭中交换之物皆为皮制品，即便如前文之“觐璋”亦需和皮相配，《周礼·小行人》：“璋以皮”，这是符合当事人裘卫的职业身份的。麀，鹿之属。羑通賁，麀賁鹿皮之饰也；賁韐，杂色蔽膝也。《续汉书·百官志》引蔡质《汉仪》：“虎賁旧作虎奔，言如虎之奔也”，非披肩之意。唐兰先生认为，賁为披肩，虎賁为虎皮披肩，备一说。《周礼·夏官》有虎賁氏。这句话的意思是：矩伯又取了两张赤色老虎皮、两张鹿皮饰，以及一张杂色

---

① 按，《顾命》原文作：“以二干戈虎賁百人”，“虎賁三百人”见《牧誓》之《书序》。
② 见《左传·昭公三十二年》。

蔽膝。

7. 才廿朋，其舍田三田

沛按：才，通财，价值之义。舍通舍，给予之义。前文说八十朋合十田，即一田值八朋；此处说二十朋合三田，即一田值六朋多。差价的原因，或是由于田地之肥瘠不同。这句话的意思是：上述诸物值二十朋，用三田来交换。

8. 裘卫乃龉告于白邑父、燚白、定白、𤱶白、单白

《简报》：龉读为矢。《尔雅·释诂》："矢，陈也"。

唐兰：龉通矢，叙述的意思。

沛按：乃，同乃。龉，通矢，陈述、叙述的意思。告，为金文中的法律术语，直至汉代简牍中仍多使用，是下级对上级所用的词汇。《广韵》："告，报也。告上曰告。"西周时期的土地交换，必须要告知天子或执政大臣，使变更行为获得合法性。这是当时习惯法的重要组成部分。白，即伯。伯邑父，当时的执政大臣，还出现在五祀卫鼎铭文中，伯为其行第，邑为其字。燚，即荣字。荣为西周畿内封国，周公旦之后。荣伯为荣之邦君，亦是王室的执政大臣。定伯为定氏之邦君、𤱶伯为𤱶氏邦君，均为当时的执政大臣。单为西周畿内封国，单伯可能是成王的后代。[①]铭文中的单伯为单之邦君，在懿王时担任王朝的司徒。[②] 2003 年 1 月陕西省眉县杨家村出土的逨盘，其铭文记录有单氏家族八代之族谱，[③] 其中在恭王、懿王时期有所谓零伯者，或即此单伯。

---

① 从李学勤先生说，参加《论美澳收藏的几件商代文物》，载《文物》1979 年第 12 期。

② 扬簋铭文"司徒单伯内右扬"，陈梦家先生将扬簋断为懿王时器，参见陈梦家：《西周铜器断代》（上册），中华书局，2004，第 192～193 页；并参见中国社会科学院考古研究所编：《殷周金文集成》（第 4 册）04295，中华书局，2007，第 2641 页。

③ 逨盘释文可参见《陕西眉县杨家村西周青铜器窖藏发掘简报》，载《文物》2003 年第 6 期。

这句话的意思是：裘卫详细地向执政大臣伯邑父、荣伯、定伯、琼伯、单伯作了呈报。

9. 白邑父、燹白、定白、琼白、单白乃令参有司：司土散邑、司马单旟、司工邑人服，眔受田

《简报》：参（三）有司，有司是管理具体职事的官吏。

《铭文选》：受田，授田。西周时代田地为国家所有，分配公田，按户授民。或按照王命赐之臣工，均须登记付税。《诗·大雅·公刘》"彻田为粮"，即授田后规定所付之税。授田一辞经籍中出现较迟，今见于西周青铜器铭文中，此数据最为重要。因田授自官方，故被授者田地之变动亦须经官方同意，另外登记，并改变应付税的数字。此事极为重要，均须有关臣工监督。金文中凡改变田地之事皆如此。

沛按：乃，即乃。参，三也。三有司，即司土、司马、司工等具体职事官员，王朝或诸侯、邦君、贵族等都设有此类职官。司土即司徒，西周中早期作司土，晚期出现司徒，主要掌管土地、农业生产；司马是掌管军事的职官，《周礼·大司马》说其"以九伐之法正邦国"；司工，即司空，掌管工程。《周礼·考工记》郑注："司空掌营城郭建都邑，立社稷宗庙，造宫室车服器械，监百工者。"司土（徒）、司马、司工（空）职位重要，秦汉以后称为"三公"。散通微，旟通旟，服，服也。散邑、单旟、邑人服，都是人名。眔通逮，及、到之意。受，授也，交付的意思。《铭文选》认为"受田"即后世文献中的"授田"，按，"授田"始见于井田崩坏后的战国，是指依据户籍身份授予田地，自耕小农随之产生，它不同于"彻田为粮"。1975年湖南云梦睡虎地出土《魏户律》中有对"赘婿"等身份的人"勿予田宇"，三世之后"仍署其籍"的记载，就是关于"授田"方面的法令。^① 金文中无其他"受田"数据出现。本铭中的"眔受田"和九年卫鼎中的"眔受"一样，都是到场交付、接受交付。这句话的意思是：伯邑父、荣伯、定伯、琼伯、单伯等执政大臣于是命令三有司官员散邑、单旟、邑人服到场交付田地。

10. 燹趩、卫小子𫘪，逆者其卿

吴镇烽：卫小子𫘪，是指卫的小儿子，名𫘪。

沛按：燹，幽也，幽趩，人名。卫，裘卫。卫小子，裘卫之下属。小子，金文言某小子时，多指臣属，亦指儿子。但指儿子时，似多用于自称。如师𡐨鼎云"太师小子师𡐨曰……"，作器者即师𡐨。^② 吴的观点可备一说。𫘪，人名。逆，迎接。卿，通向，宴飨、宴会。受田者宴请各方人员，亦为西周时期田土交换程序的环节之一。这句话的意思是：幽趩、裘卫的办事人员𫘪，迎接者为他们举办了宴会。

11. 卫用乍朕文考惠孟宝般，卫其万年永宝用

唐兰：器是盉而铭中称盘，是由于盘、盉都是盥洗用具，铸盘时大都也铸盉，所以就把盘铭铸在盉上，此例铜器中常见。

沛按：卫，裘卫。乍，通作。朕，通朕，我的。文考，父亲。惠孟，其父之名。般，通盘。盘为盛水器。西周宴飨前后都要举行沃盥之礼，用盉或匜浇水于手，用盘来承接弃水。西周中期前流行盘、盉配套使用，故铸盘铭于盉上。这句话的意思是：裘卫因此铸造了祭祀父亲孟惠的宝盘，并将万年永远珍藏使用。

---

① 参见睡虎地秦墓竹简整理小组：《睡虎地秦墓竹简》，文物出版社，1978，第 293 页。
② 铭文参见中国社会科学院考古研究所编：《殷周金文集成》（第 2 册）02812，中华书局，2007，第 1461 页。

（四）铭文大意

周恭王三年三月即生魄壬寅这天，天子在丰京举行建旗之礼。矩伯庶人从裘卫那购置了朝觐用的玉璋，价值八十朋，用十田来交换。同时购置了两张赤色老虎皮、两张鹿皮饰，以及一张杂色蔽膝，价值二十朋，用三田来交换。裘卫将此事详细呈报了执政大臣伯邑父、荣伯、定伯、琼伯、单伯，诸位执政大臣遂命三有司官员散邑、单旟、邑人服到场交付田地。作为接待者的幽趩以及裘卫的办事人员辞举办了宴会。裘卫因此而铸造了祭祀父亲孟惠的宝盘，并将万年永远珍藏使用。

五　五祀卫鼎

（一）铭文拓片

五祀卫鼎铭文拓片

图片来源：《文物》1976 年第 5 期。

（二）释文

隹正月初吉庚戌卫以邦君

厉告于井白白邑父定白琼白白

俗父曰厉曰余执龏王恤工

于邵大室东逆燹二川曰余

舍女田五田正乃唆厉曰女

賨田不厉乃许曰余唘賨田

五田井白白邑父定白琼白白俗

父乃顡吏厉誓乃令参有

司司土邑人趚司马頾人邦司

工隌矩内史友寺匄师顒裘

卫厉田三田乃舍寓于乒邑

乒逆强罘厉田乒东强罘散

田乒南强罘散田罘政父田

乒西强罘厉田邦君厉罘付

裘卫田厉吊子姒厉有司龗

季慶癸燹襄刱人叡井人

偈屖卫小子者其卿觲卫用

乍朕文考宝鼎卫其万年

永宝用隹王五祀

（三）铭文集释

1. 隹正月初吉庚戌

《铭文选》：据铭文为恭王五年，合《年表》为公元前 964 年正月丙午朔，五日得庚戌。

沛按：这句话的意思是：在正月初吉庚戌这天。

2. 卫以邦君厉告于井白、白邑父、定白、㝡白、白俗父曰

《简报》："邦君"见于《大诰》、《酒诰》、《梓材》等篇，孔传释为诸侯。

唐兰：邦君当是王畿里面的小国国君。穆王时的静簋："合㝬蓝白邦君，射于大池。"[1] 共王时的豆闭簋："司突俞邦君司马弓矢"，[2] 厉王时的梁其钟说："邦君、大正"，[3] 均其例。

伊藤道治："以……告……曰"是诉讼形式的文字。

戚桂宴：告，控告。依周金铭文文例，凡是用"以某甲告于某乙"这一句式的，在许多情况下都是表示向某乙控告某甲。鬲攸从鼎："鬲从以攸卫牧告于王"，这是说鬲从向王控告卫牧。[4] 这一句式中的某一句子成分也常常省略，曶鼎："曶或以

---

[1] 合，原文作卿，《集成》释作"伶"，《金文编》云："《说文》无，义如会，合也。"㝬，疑为幽（从杨树达说）。蓝白，人名。铭文参见中国社会科学院考古研究所编：《殷周金文集成》（第 4 册）04273，中华书局，2007，第 2604 页。

[2] 参见突（窒）俞，人名。郭沫若云："邦君司马，即《周礼》之都司马"。参见《两周金文辞图录大系考释》（下册），上海书店出版社，1999，第 78 页。铭文参见中国社会科学院考古研究所编：《殷周金文集成》（第 4 册）04276，中华书局，2007，第 2609 页。

[3] 大正，执政大臣也，参见五祀卫鼎"正乃嗅厉曰"按语。引用铭文见中国社会科学院考古研究所编：《殷周金文集成》（第 1 册）00187.2，中华书局，2007，第 200 页。

[4] 鬲攸从鼎，又名鬲比鼎、鬲从鼎、鬲攸比鼎。参见中国社会科学院考古研究所编：《殷周金文集成》（第 2 册）02818，中华书局，2007，第 1488 页。

匡季告东宫"，① 此句是省略了介词"于"；师旅鼎："使厥友弘以告于伯懋父"，② 此句是承上句省略了被告者；儝匜："乃师或以汝告"，③ 此句是承上文省略了"于"字介词词组。有的铭文不用"告"而用"讼"字，曶鼎："使厥小子糬以限讼于井叔"，这个"讼"字的词义与"告"字同。

李学勤："卫以邦君厉"的"以"字，意思和"与"相同。由下文"矩内友史"可知，邦君厉就是矩君，也就是矩伯。

陈公柔：告、讼同义，但使用上是有区别的。讼字在文书中皆用于平辈与下级，而告则是对上之辞。例如"曶使小子某以限讼于邢（井）叔"，曶与邢叔谊属平辈，他遣令其小子某人讼限于邢叔，可以用讼字。而同一篇铭文中"以匡季告东宫"，两次提到"告东宫"，均用告，而不用讼字。

沛按：卫，指裘卫。邦君，国君。唐兰曰，邦君为小国之君。《周礼·大宰》"以佐王治邦国"，注："大曰邦，小曰国"。《诗·小雅·雨无正》："邦君诸侯"，义禾簋："佫即邦君、诸侯"，④ 文盨："邦君、诸侯"，⑤ 邦君且在诸侯之前也。吴王梦寿之子剑："攴七邦君"，⑥ 七邦君指支持楚国伐徐的七国国君，未

---

① 曶鼎，即曶鼎。参见中国社会科学院考古研究所编：《殷周金文集成》（第 2 册）02838，中华书局，2007，第 1519～1921 页。

② 即师旗鼎，又作弘鼎。友，谓僚属也。弘，又释作引，人名。铭文参见中国社会科学院考古研究所编：《殷周金文集成》（第 2 册）02809，中华书局，2007，第 1478 页。

③ 铭文参见中国社会科学院考古研究所编：《殷周金文集成》（第 7 册）10285，中华书局，2007，第 5541～5542 页。

④ 铭文参见中国社会科学院考古研究所编：《殷周金文集成》（第 6 册）09453，中华书局，2007。

⑤ 文盨铭文拓本参见张光裕、黄德宽主编：《古文字学论稿》，安徽大学出版社，2008，第 26 页。铭文中的"君"，黄锡全先生释为"启"。参见同书第 25 页。

⑥ 《说文》："攴，小击也"。铭文参见曹锦炎：《吴王梦寿之子剑铭文考释》，载《文物》2005 年第 2 期。

知其大小。畿内邦国，面积不大，而邦君却多位高权重者。①
厉，邦君名。没有充分证据证明厉即矩伯，李先生所提到的下文
"矩内史友"，唐兰等诸先生都断为"矩"字上属，为司工（隆
矩）之名，详见该铭按语。告，为金文法律术语，控告的意思。
金文法律术语"告于"句式的意义和用法，戚桂宴先生之说是。
此文后与"曰"相连，形成"以……告……曰"句型，亦为西
周诉讼文书的格式。讼亦为控告的法律术语。陈公柔先生认为
告、讼有别，讼用于平辈对下与下级，不确。如儌匜铭文中，伯
扬父训斥小贵族牧牛说"汝敢以乃师讼"，牧牛告其师，亦用
"讼"。井白，即邢伯。邢氏之祖为周公旦之庶子，成王时被封
为邢侯，封地在今河北邢台。第一代邢侯之庶子就职于王朝，其
采邑亦曰邢，累世繁衍后，形成伯、叔、季等数支，屡见于金
文，成为西周时期的显赫大族。此处的邢伯是恭王时期的执政大
臣，铸造此鼎后二年（恭王七年十月），周王册命趞曹时，曾担
任傧相。② 白（伯）邑父、定白（伯）、琼白（伯）见卫盉铭文
集释。白（伯）俗父，伯为行第，俗为其字，是恭、懿时期的
执政大臣，又称为师俗父。③ 这句话的意思是：裘卫向邢伯、伯
邑父、定伯、琼伯、伯俗父控告邦君厉。

3. 厉曰

《简报》：本句同上文"曰"连读，"曰厉曰"，即谓厉曰。

李学勤：本句同上文"曰"连读，"曰厉曰"就是告诉

---

① 任伟先生认为，畿内封君，泛称为邦君。参见氏著：《西周金文与文献中的"邦君"及
　　相关问题》，载《中原文物》，1999 年第 4 期。
② 参见七年趞曹鼎铭文，载中国社会科学院考古研究所编：《殷周金文集成》（第 2 册）
　　02783，中华书局，2007，第 1450 页。
③ 参见永盂铭文，载中国社会科学院考古研究所编：《殷周金文集成》（第 7 册）10322，
　　中华书局，2007，第 5564～5565 页。

厉说。

赵光贤：本句同上文"曰"连读，"曰厉曰"当读作"谓厉曰"，是指裘卫曾经对厉说过这个话（即下文所叙）。

陈复澄、赵光贤：厉曰，是卫在向邢伯等大臣陈述厉曾经答应过自己的事情。

沛按：从上下文看，陈、赵二先生之说是。这句话的意思是：厉（曾经）说。

4. 余执龏王恤工

《简报》："恤（恤）工"，即"恤功"。《尚书·吕刑》："乃命三后，恤功于民"，蔡传："恤功，致忧民之功也。"

唐兰：执，执掌、办理。

李学勤：这句话断作："余执龏王"。"执"义为守、主；"龏"，《说文》："给也。"《家语》"共工氏"作"龏工氏"，《周礼·司裘》职文也说"共祀天之服"等。"恤功"见《吕刑》，义为谨慎服事。

伊藤道治：余，指邦君厉。

赵光贤：余，指裘卫自己。这句话是裘卫说他曾给王家做过工，就是下文的"祭二川"。

戚桂宴：这句话连上文断作："厉曰余执龏王"。执龏王，读为执龏王，义为执供于王。《说文》："龏，给也"，此句是说邦君厉要卫代他向王供纳劳役之征。

黄奇逸：恤即是血，是古代常用的一种祭祀。工通功，事也。《诗·大雅·菘高》："世执其功。"郑笺："世世持其政事。"故这句话是说：我主持对恭王的血祭之事。恭王非时王，此处提到恭王，乃是追述往事。古人铸铜器是为了实实在在要用而制作，铭文只是器主为了使一件新铸的铜器增加一点意义，便追寻自己一生中值得铭记之事铭于器上。有时，这事情发生不久；有时，这事情发生已久，甚至是十几年或几十年前的事情。

盛冬铃：共王应是死谥，这句话是间接叙述，不是对共王生前活动的直接记录。铭文提到共王，当是追称。

沛按：余，指邦君厉。执，执掌、办理之意思。龏王，即龚王、恭王、共王，恭为谥号，或生前便已称呼，即所谓"时王生称"。① 后世谥号均为死后所加，而金文屡以"穆王"、"恭王"称呼在位天子。王国维、郭沫若等先生曾撰文指出，西周王号有生称，郭先生进一步说："余疑谥法之兴当在战国时代"，② 此见为史学界广泛接受。但也有不少学者否认"时王生称"，此问题关系本器之断代，故略加辨析。反对生谥者最主要的论据是，西周铜器中，不少铭文既有对先王的称呼，又有对时王的称呼，时王均不称谥。如：

何尊：文王、武王、王

史墙盘：文王、武王、成王、康王、昭王、穆王、天子

传世文献亦如此：

《尚书·金縢》：文王、武王、王

《逸周书·祭公》：文王、武王、成、康、昭王、王（天子）

---

① 即生谥。有学者将其严格定义为王号的"生称"，不曰谥。参见刘雨：《金文中的王称》，载《故宫博物院院刊》2006 年第 4 期。

② 参见王国维：《观堂集林·通籀跋》、中华书局，1961，第 895 页。郭沫若：《金文丛考·谥法之起源》。

其例甚多，不赘举。彭裕商先生说，从这些例子可看出，时王并无美号，有王号的都是已故先王。若不然，臣下对时王独不称美号，岂非大不敬。如史墙盘，对穆王以前的王都有赞美，对时王（恭王）突然改口，称其为天子，这充分说明恭王生时并无所谓美号。① 然而笔者却不能得出和彭先生同样的结论。笔者认为，这些例子只能证明，当时王和先王并举时，时王有不称其号的惯例，而不能证明独称时王，不得加号。

金文恭王多作龏王，而戚先生解释此处龏为供给之意，颇为牵强。黄奇逸先生认为铭文提到恭王，乃追述之语，因为"铭文只是器主为了使一件新铸的铜器增加一点意义"，非是。铭文多以事铸器者，尤其是类似本铭这种"约剂"，事关家邦财产权利的大事，铸造在彝器上，以图为合法性之依据。并非为新造铜器有点意义，才去铸写铭文。《周礼·秋官·司约》："凡大约剂书于宗彝……若有讼者，则珥而辟藏，其不信者服墨刑"。郑注："书于宗庙之六彝，欲有神监也。"琱生三器，定约铸器，变约再铸器，便为其例。

恤工，即恤功，造福于民的功业。《尚书·吕刑》中说"乃命三后，恤功于民"，《说文·心部》："恤，忧也，收也"。俞樾《群经平议》："恤有二义，此经恤字当训为'收'。恤功于民，即收功于民。"《吕刑》中三后恤功的事迹中有"禹平水土"，下文所说的恭王之功，正是疏浚河流之事。这句话的意思是：我（厉）正在参与协理恭王做造福于民的功业。

5. 于卲大室东逆燊二川

《简报》："逆"应读为朔。"朔方"即北方，"东朔"即

---

① 参见彭裕商：《谥法探源》，载《中国史研究》1999 年第 1 期。

东北。

唐兰："焚通"禜"，祭山川。《左传·昭公元年》："山川之神则水旱厉疫之灾于是乎禜之。"《说文》说是"设绵绝为营"，这是没有固定的祭祀场所，临时圈起一块地，把茅草捆扎起来竖立在那里，作为参与祭祀者的位置的标记。二川指临近宗周的泾水和渭水。因为这是临时性的祭祀，所以就在昭王太室的东北。

李学勤："禜"释做"营"。裘卫是管理皮裘的官，生产皮革制品离不开水，所以他看中了厉所占有位于昭太室东北的田地，好经营他的毛皮生产。

赵光贤："焚"当是"营"的借字，"营二川"，大概是在二川上作了什么水利工程，厉可能是这个工程的受益者。

伊藤道治："焚"释做"营"，"营二川"，即对二条河川进行治水等土木工程，具体所行何事，不详。

戚桂宴：这句话连同上句断作"恤工邵大室东，逆，焚上川"。"东逆"读"东朔"，即东北方。"焚读为𤄷，《说文》：𤄷，深池也"，在本铭中当是掘导或疏浚的意思。"上川"的上字在原铭中与数词"＝"形相混，若细加比较，此字的字形与此鼎甲、乙，此簋戊诸铭中的"二"字相去较远，[1] 与儝匜铭中的"上"字比较近似，与叔向簋铭中的"上"字则毫无二致。疑此字当释为"上"，不释为"二"。

沛按：邵，即昭，此处指昭宫。昭宫也称昭庙，为昭穆之

---

[1] 此鼎甲、乙、此簋戊与本器同窖出土，释文、拓本参见本《简报》，并中国社会科学院考古研究所编：《殷周金文集成》（第 2 册）02821、02822，中华书局，2007，第 1497～1492 页；同书（第 4 册）04307，第 2667～2668 页。

义，金文中亦有穆庙。庙在康宫，故有"周康昭宫"、①"周康穆宫"之称。②大室，即太室，早在殷墟甲骨卜辞中就有出现，为宗庙建筑中某宫中的一部分。③周王常于太室中举鼎册命礼。逆通朔，即北方。下文言裘卫所受田的四界，东西南北作东西南逆，即此例。东逆，即东北。焚读为"营"，治理之义。《诗·小雅·黍苗》："肃肃谢功，召伯营之"，郑笺："营，治也"。唐兰释焚为禜，备一说。二川，指两条河流，非"上川"。唐兰认为二水为泾、渭。据大克鼎铭文来看，康宫穆庙在宗周，昭庙亦当在此。④若就宗周丰镐一带方位而言，则二川可能指泾、渭。这句话的意思是：在邵王太室东北治理两条河流。

6. 曰：余舍女田五田

林甘泉：这是说邦君厉因为营治二川有功，收到周共王赏赐田五田。

唐兰：曰通谓。这是共王和厉说的，但不是共王的正式赏赐。

李学勤：这是裘卫对厉说的，提出五田交换厉占有的、有两条流水的田地，想在那里居住，好经营他的皮毛生产。

伊藤道治：舍字包含着所有者舍弃的含义。

赵光贤：因为厉是这个工程的受益者，为了代谢裘卫，厉答应卖给他五田。

戚桂宴：这是卫转述邦君厉对他所作的许诺，亦即邦君厉所

---

① 参见颂鼎，中国社会科学院考古研究所编：《殷周金文集成》（第2册）02827，中华书局，2007，第1497页。

② 如裒盘铭文，中国社会科学院考古研究所编：《殷周金文集成》（第7册）10172，中华书局，2007，第5478～5479页。

③ 刘正：《金文庙制研究》，中国社会科学出版社，2004，第171页。

④ 其铭曰："王才宗周，旦，王各穆庙"，参见中国社会科学院考古研究所编：《殷周金文集成》（第2册）02836，中华书局，2007，第1514～1515页。

提出的代为贡纳劳役之征的条件，舍田的"余"指邦君厉，受田的"汝"是指卫。

黄盛璋：学者或谓这句话是周王所说，如何证明？令人奇怪。这种"加字释经"，不足为训；或认为这是卫对厉说的，则与后文执政们问厉"汝贮田否"相矛盾。舍田之语当是厉说的，后文厉加对此承认。

沛按：曰的主语是邦君厉。余，厉也。舍，有舍弃、给予的意思，同卫盉"舍田"之田同义，从后文看，为给予义。汝，卫也。黄盛璋先生之说是，林、唐、李诸说非。这句话的意思是：厉说：我给你五田。

7. 正乃噬厉曰：女貯田不

《简报》：《尔雅·释诂》：正，"正，长也。"郭注："谓官长。"这里指的是邢伯、伯邑父、定伯、瘃伯、单伯这些官吏。貯，读为商贾之贾，这句话是说："你交易土地否？"

林甘泉：貯在这里应该读作租。贮田也就是出租土地。《说文》："租，田赋也。"租与赋本是一个意思，后来才作为田赋从一般的贡赋中分离出来。

唐兰：正通政，指执政。貯，租。这是说，邦君厉转述周王的意思要他租给卫五百亩，卫把这话告诉了执政们。通过对证，情况属实（见后铭），由执政们办理，只租给裘卫四百亩。这里，出租者邦君没有向裘卫取过什么。[①]

伊藤道治：作为局部的语句，释为租田倒也是可以讲得通的，可是不能贯通全文。何况，从"舍"这个动词具有舍弃之义来看，解释为出租肯定是错误的。若释为赋，有分摊或缴纳的

---

① 参见唐兰：《用青铜器铭文来研究西周史——综论宝鸡市近年发现的一批青铜器的重要历史价值》，载《文物》1976 年第 6 期。

意思方是稳妥的。

戚桂宴："贮"字当解释为"引此物为彼物之值"，此句是说卫代邦君向王贡纳劳役之征，邦君厉则以相当价值的五百亩田为酬。

赵光贤：如果将"賨"解释为租，则与上文"舍"字义不合了。铭文中也未曾提到以土田交换之事。这是一次土田占有权的转让，也是一种土田交易的形式。

黄盛璋：贮、舍都读为"予"，给予的意思。贮田，即舍田。

王玉哲：邦君厉是裘卫的下级，"贮"是受田的下级向赐田的上级履行的封建贡纳义务。这句话是执政大臣讯问厉是否履行对裘卫的贡纳。

陈复澄、王辉："賨"假为"贾"，是交易、买卖的意思。

刘宗汉："賨"应读为"赎"字，其义为抵偿。从字形上说，贮，从贝从宁，宁亦声；赎，从贝从卖，买亦声。宁有木匣义，从卖的字亦多有木匣义。两个字的构形完全相同，甚至可以说是一个字的异构。从字音上说，贮属端组鱼部，赎属端组屋部，古音极为接近。从字义上说，赎从卖得声，卖后世文献多作鬻、粥，为买卖之义（金文卖字亦有买卖义，见曶鼎）。买是以钱易物，卖是以物易钱，都有交换之义，与赎字异曲同工。故赎字可视为卖字字义的一个分枝，其含义也与本铭贮字的含义一致。

沛按："正"，即执政大臣，这里代指邢伯、伯邑夫诸人。传世文献中，"正"常被作为司法官员面目出现，称之为"大正"。如《夏小正》："盖大正所取法也"，洪颐烜《疏义》："古刑官名"。大正又见于《逸周书·尝麦》："王命大正正刑书"，然而大正之职不仅涉于司法，不过于此处从事修改刑书而已，正如孙诒让云："大正本为六卿之统称，此正刑书，则宜为大司寇矣。"大正在金文中和邦君同时出现，见卫盉铭文中"邦君"按语。乃，乃。嗀，讯也，表上对下的审讯，是诉讼案件中，司法官员进行讯问、调查的法律术语，见本书五年琱生簋"余既嗀"按语。厉，邦君厉。"賣"，大致意思是卖，可能有补偿、赎的含义在内。前文的"余舍汝田"，在此处复述的时候，成了"汝賣田否"，可知舍、賣同义。"賣"不为租，卫盉按语中已有详释。王玉哲先生解释为贡赋，以裘卫是厉的上级为前提，这是颠倒了身份关系。裘卫仅是司裘之类的低级官员，而厉却是邦君。"賣"即贮，本来就有商贾的含义，引申为买卖。本铭中没有直接告诉我们裘卫用钱买厉的田，或者是用田地、物品来置换易的田，而是说由于厉在从事水利工程中，答应给他田。为什么要给裘卫田？可能是裘卫给厉提供过方便，也可能是工程侵害裘卫利益。铭文中没有交代，我们不能给出结论，但这五田的确有给裘卫以补偿的意味，而且该补偿是厉曾经答应过的。刘宗汉先生以"赎"释"贮"，其说是，故"贮"的"赎"义，亦为其含义发展中的一个分支。铭文说厉是为周王从事造福百姓的水利工程，其中产生了对厉的未能给付的债，厉以此上诉于执政。不，即否。这句话的意思是：执政大臣讯问厉，说："你答应补偿给裘卫田地了吗？"

8. 厉乃许

唐兰：许，许诺，此处有承认的意思。

沛按：厉，邦君厉。乃，乃。许，听从、答应、承诺、承认、承担之义，又见于䚅攸从鼎、① 智鼎、② 五年琱生尊、③ 为金文中的法律术语。《说文》："许，听也"，段注："听从之言也"。这句话的意思是，厉加以承认。

9. 曰：余𡧛寅田五田

《简报》：𡧛，古文"审"字。《说文》采部，"审，悉也"。《增韵》："详也，熟究也。"故审有知、明、深思熟虑之义。

唐兰：审，确实。

戚桂宴：𡧛，即审字，篆作"审"，古文作"𡧛"，在此句中解为审正田界。《国语·齐语》："审吾疆场，而反其侵地"，韦昭注："审，正也。"本铭下文云："厥逆疆罔厉田、厥东疆罔散田，厥南疆罔散田、罔政父田，厥西疆罔厉田"，此即审正田界。

沛按：曰，邦君厉说，余，邦君厉自谓。𡧛，即"审"。从现有金文著录来看，审仅出现过一次，即本铭。西周传世文献中，《尚书·顾命》曰："兹余审训命汝"，诸家或解释为详、慎、播等。④唐兰先生在其译文中将"审"译为"确实"，陈初生先生《金文常用字字典》从之，译作"我确实要租给别人田"，并举《论衡·知实》"孔子如审先知，当早易道"以证，虽然意思通顺，但不尽符合先秦用法。戚桂宴先生解释为"正田界"，当有相关含义在其中。综考文献，"审"在这里可能表

① "牧弗能许䚅从"，参见中国社会科学院考古研究所编：《殷周金文集成》（第2册）02818，中华书局，2007，第1488页。
② "限许曰"，参见中国社会科学院考古研究所编：《殷周金文集成》（第2册）02838，中华书局，2007，第1519~1521页。
③ "弋白氏所从许"，参见中国社会科学院考古研究所编：《殷周金文集成》（第2册）04292，中华书局，2007，第2636~2637页。新出土五年琱生尊作"弋许"，释文参见《文物》2008年第8期。
④ 顾颉刚、刘起釪：《尚书校释译论》（第4册），中华书局，2005，第1725页。

示厉核算过用五田以作为补偿。"寅",补偿、给予。这句话的意思是:厉说:我确曾核定过补偿五田面积之土田。

10. 井白、白邑父、定白、琼白、白俗父乃颧

《简报》:颧通作"讲",有明、和、直等义。《史记·曹相国世家》:"萧何为法,讲若画一"。在这里,"颧"就是说定了的意思。

唐兰:"颧"与"构"通。构,促成。《广雅·释诂》三:"构,成也。"

戚桂宴:"颧"通斠,平斗斛也,在此句中是仲裁的意思。

《铭文选》:"颧",明了。

沛按:邢伯诸人参见前文注。乃,乃。"颧"在金文中出现过三次,除一次借为"婚媾"之"媾"外,①其他两次(即本铭和九年卫鼎)均同"讲"。《集韵·讲韵》:明也、和也、直也。《曹相国世家》:"颧若画一",司马贞索引:"颧,《汉书》作讲。按,训直,又训明,言法明直若画一也。"根据上下文内容,当有公正地判定之义。此为金文中的法律术语。这句话的意思是:邢伯、伯邑父、定伯、琼伯、伯俗父于是公正地进行裁断。

11. 吏厉誓

戚桂宴:依铭文文例,凡是诉讼案件,败讼者往往是要被判作誓的,邦君厉是败讼者,亦即出田者,所以铭文记载说邢伯等"使厉誓",以保证日后决不反悔。

沛按:吏,使也。厉,邦君厉。誓,发誓。金文所记载的诉讼中,败诉的一方要诅誓,以为履行义务之保证。《周礼·秋

---

① 事季良父壶:"用享孝于兄弟、婚颧(媾)、诸老,用祈匄眉寿",参见中国社会科学院考古研究所编:《殷周金文集成》(第6册)09713,中华书局,2007,第5100页。

官·司盟》："有狱讼者，则使之盟诅。"誓为西周的法律术语，在金文中有两种格式：

（1）使（俾）某人誓……　如本铭，及散氏盘铭文："矢俾鲜、且、𢀳、旅誓，曰……"①

（2）（某人）则誓……　如儳匜铭文："牧牛则誓……"②

上例中，使（俾）表示被动。则，有依照既定的样本发誓之义，亦表示被动。这句话的意思是：让厉发了誓言。

12. 乃令参有司：司土邑人赵、司马颂人邦、司工隆矩、内史友寺刍，师履裘卫厉田三田

《简报》："履"是履的本字。《说文》："履，足所依也。"意即践。帅，亦有循义。《礼·王制》："命乡简不帅教者以告。"注："帅，循也。""帅履"就是踏察之意。

唐兰：履，践踏。此处指踏勘疆界。大簋记王把趞𣞶的里赏给大以后，曾派善夫和趞𣞶去"履大锡里"，③与此同义。《左传·僖公四年》："赐我先君，履：东至于海，西至于河，南至于穆陵，北至于无棣。"履也指定界，过去连上句读成"赐我先君履"，是错的。

林甘泉：整个出租土地的过程是在邢伯等大臣的参与和监督下进行的。这些大臣不仅要厉立誓，还派三有司和内史友领着裘卫踏勘厉田。邦君厉本来打算把周王赐给他的田地都租出去，但邢伯等人只允许他出租四田。

---

① 参见中国社会科学院考古研究所编：《殷周金文集成》（第7册）10176，中华书局，2007，第5486～5487页。

② 参见中国社会科学院考古研究所编：《殷周金文集成》（第7册）10285，中华书局，2007，第5541～5542页。

③ 即十二年大簋，参见中国社会科学院考古研究所编：《殷周金文集成》（第4册）04298，中华书局，2007，第2648～2649页。

李学勤："司工隆矩内史友寺刍"，断作："司工隆，矩内史友，寺刍"。矩，指矩君，也就是卫盉铭文中的矩伯。这句话是说裘卫用五田换了厉的四田。

王玉哲：这句话是说执政大臣在得到邦君厉交贡赋给裘卫的承诺后，勘查了裘卫赐给厉的四田，余下一田叫邦君厉交还裘卫，以示惩罚。

张亚初：原来讲好，要给裘卫五田，踏勘的结果根据实际所受的损失，当局把赔偿数目减为四田。

陈复澄、王辉：这四田是裘卫付给厉的，同时厉也付给了裘卫五田，下文中"邦君厉逮付裘卫田"，"田"后省略"五田"字样，因为前文已说五田而读者自明了。

李朝远：顾释作堳，界垣之义。也就是田界。在本铭中，堳作动词，为勘定田界的意思。

沛按：乃，乃。参有司，即三有司。此处的三有司，为邦君厉的三有司，非王朝的三有司。司土名趞，是厉同邑之人。司马名邦，即颉人邦。司工名隆矩，隆，铭文原字为 █，新收藏的燹公盨中也见此字，① 该铭说大禹治水"隆山濬川"，有开挖义。矩，"所以为方之器也"，② 名隆矩，殆与其司工之职有关。矩不是矩伯。李学勤先生断为"矩内史友"，即矩伯的内史友，非是。内史为王朝官名，为主内之官。《周礼·春官·宗伯》属下有内史，"掌王之八枋之法以诏王治"。从已著录的西周金文数据来看，内史多出现于册命场合中，无作家臣者。如与本铭相关

---

① 铭文参见《中国历史文物》2002 年第 5 期。
② 《孟子·离娄上》："不以规矩，不能成方圆"朱熹集注。

的卫簋铭文中，周王便令内史给裘卫赏赐诸物。① 内史友为内史的幕僚，有一定的地位，友不是人名。《尚书·酒诰》中有"太史友、内史友"。1975 年出土的戎方鼎中，内史友员出现在册赐仪式上，② 此人为商王之后，曾随王田猎，征伐他处。③ 寺刍为内史友的名字，是王朝所派遣参加履田的人。帅，率领、遵循的意思。履，或释为"眉"，为勘定田界的意思，亦为特定的术语，李朝远、唐兰先生之言是。三田，即四田。铭文在前面说到补偿五田，而现在则言四田，其原因不明，或为等价，或为裘卫有所让步。这四田的原所有者是邦君厉。李学勤先生认为，是裘卫以五田换取厉的四田；陈复澄、王辉先生认为，是厉以五田换取裘卫四田，均缺乏依据。林甘泉、王玉哲的出租、贡赋说，前文已分析，不复述。这句话的意思是：于是命令三有司官员：司土邑人趞、司马颉人邦、司工隆矩，内史友寺刍，带领着勘定了裘卫所受的厉的四田。

13. 乃舍，寓于乎邑

《简报》：寓，即宇。《说文》："宇，屋边也。"此句意为，在这个邑里定下了田地的四边疆界。

唐兰：寓字在《说文》里是宇字的籀文。《左传·昭公四年》杜预注："于国则四垂为宇"，四垂就是四境。

伊藤道治：本句是说，在厉的邑内划出了寓，即"宇"。这里的宇不单单是屋宇之意，而是地区的意思，当然就是四田的地区。

① 卫簋铭文参见中国社会科学院考古研究所编：《殷周金文集成》（第 3 册）04256，中华书局，2007，第 2478 ~ 2479 页。
② 戎方鼎铭文参见中国社会科学院考古研究所编：《殷周金文集成》（第 2 册）02789，中华书局，2007，第 1456 页。
③ 参见张亚初、刘雨：《西周金文官制研究》，中华书局，1986，第 30 页。

李学勤：本句是说，裘卫就寄居在矩的地境之中了。

沛按：诸家均将此句断作"乃舍寓于氒邑"，笔者以为应断开，作"乃舍，寓于氒邑"。乃，乃。舍，给予，交付。寓，即宇，本义为边界，此处作动词，定界之义。氒，即厥，其也。"寓于氒邑"的主语当和"乃舍"的主语是相同的。乃舍的主语是邦君厉，邑的主人自然也是邦君厉，下文交代此四田的疆界，也证明了这一点。这句话的意思是：于是交付田地，在邦君厉的邑内确定了疆界。

14. 氒逆强眔厉田、氒东强眔散田，氒南强眔散田、眔政父田，氒西强眔厉田

《简报》："逆疆"即北疆。

陈复澄、王辉：这四田显然原来不属于厉，如果这"四田"原来就是"厉田"，是在一整片的"厉田"中划出去的一块东南角，那么这新划出去的"四田"疆界就不能用"厉田"作为标记，否则这条疆界就可以任意往外移动而失去标记的作用了。这四田原属裘卫，因为和厉田接壤，所以厉才肯以五田来换。

沛按：氒，即厥，其也，这里代指交付之田。逆，即北。强，疆界。眔，到、及、至于。厉，邦君厉。散，西周畿内国，大致位置在今陕西省凤翔、千阳、宝鸡一带。传世重器散氏盘铭文中说，散邑临近井（邢）邑，井（邢）邑在今凤翔南部，为铭文中执政大臣井（邢）氏之封邑。由此来看，裘卫四田大致也位于今凤翔县，在古周原，泾水之南渭水之北。政父，金文文献仅此一出，生平不详。厉交付裘卫的"四田"疆域，画示意图于下。从图中可看到，四田位于厉田的东南一隅，并非李学勤先生所说的寄居在矩（厉）的地境之中。割地后的疆域四至，西、北为厉境，铭文中如实说出，并不会失去标记的作用，陈、

王之说多虑了。《文物》1976 年第 5 期刊登的唐兰先生译文，"南界到厉的田和政父的田"，"厉"当作"散"。这句话的意思是：其北界到厉的田，其东界到散的田，其南界到散的田、到政父的田，其西界到厉的田。

↑ 北

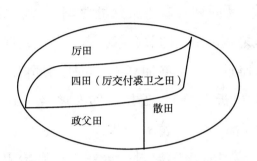

邦君厉交付给裘卫的"四田"疆域示意图

15. 邦君厉罘付裘卫田

沛按：罘，到。这句话的意思是：邦君厉到场交付裘卫田地。

16. 厉弔子妭、厉有司虃季、慶癸、燹褱、刜人訊、井人偈犀、卫小子者，其卿緎

《简报》：叔子，即少子。

唐兰：緎，即媵，《说文》作"佚"，"送也"。其飨媵（卿緎），是宴会后还送礼物。

伊藤道治：铭文作"卫小子者"，但是和卫盉、九年鼎比较，可以认为是误脱卫小子之名和逆字（应为"卫小子【某名】。【逆】者其飨緎"）。

《殷周金文集成》："者"释作"逆"。

沛按：厉，邦君厉。吊，即叔。叔子，少子。妸，即夙，叔子之名。有司，邦君厉的家臣。龗即申。襃即表。申季、庆癸、燹表，都是厉的家臣。刅，即荆，荆人，荆邦（族）的家臣。西周金文中荆常见，但多指楚国，出现在周王惩治的语境中，如"征楚荆"之类。① 楚荆在汉南至鄂西北之荆山，新出土山盘铭文中，荆与蠚、𠂤同列，属于被惩处之国。② 故此处参与宴飨之荆，当非荆楚之荆。叡，即敢，荆人名。井人，邢伯之家臣。执政诸大臣中，唯邢伯家臣参加宴飨，可能与邢伯之地界亦在此田附近有关（邢邑近散邑）。偈犀，邢人之名。卫小子，裘卫家臣，名省略，后"者"，表示这些人；或其名为"者"。"者"之见于人名，战国时魏国启封县冶铸作坊有冶吏名为"者"。③《殷周金文集成》（02832）所作释文为："卫小子逆其飨"，审其铭文，"逆"更似"者"。若释作"逆"，为迎接意，亦通。卿，飨也，宴会。觙，即媵，指宴会后的送礼，唐说是。此皆西周受田后的程序，为当时的惯例。这句话的意思是：邦君厉的小儿子夙、厉的有司（家臣）申季、庆癸、燹表，荆人敢、邢人偈犀、裘卫的家臣者，上述诸人参加了宴会和送礼的仪式。

17. 卫用乍朕文考宝鼎，卫其万年永宝用

沛按：卫，裘卫。乍，作。朕，朕。文考，代指裘卫已逝之父。这句话是说：卫因此制作了祭祀先父的宝鼎，并将万年永远珍藏使用。

---

① 参见中国社会科学院考古研究所编：《殷周金文集成》（第 3 册）03951，中华书局，2007，第 2139 页。

② 铭文参见《中国历史文物》2002 年第 1 期。本文从黄锡全说，参见黄氏著：《士山盘铭文别议》，载《中国历史文物》，2003 年第 2 期。

③ "廿一年启封令雍戈"铭文，参见中国社会科学院考古研究所编：《殷周金文集成》（第 7 册）11306，中华书局，2007，第 6028 页。

18. 隹王五祀

沛按：殷代称年曰祀，西周铜器仍有沿袭殷式称祀者，金文屡见。《尚书·伊训》亦曰："惟元祀十有二月乙丑"。王，指周恭王。这句话的意思是：这是王五年。

（四）铭文大意

周恭王正月初吉庚戌这天，裘卫向邢伯、伯邑父、定伯、琼伯、伯俗父控告邦君厉。裘卫指控到：邦君厉曾参与恭王利民大业，从事邵王太室东北两条河流的治理工程，当时他对我说过，会补偿给我五田。执政大臣们讯问厉说："你答应过补偿给他田地吗？"厉承认说：我确曾核定过补偿给裘卫五田。邢伯、伯邑父、定伯、琼伯、伯俗父于是公正地进行裁断，让厉发了誓言，命令三有司官员——司土邑人趪、司马颂人邦、司工隆矩，内史友寺匈，前往勘定裘卫所接受厉的四田，交付田地，并在邦君厉的田邑内划定了疆界。其北界到厉的田，其东界到散的田，其南界到散和政父的田，其西界到厉的田。邦君厉到场交付裘卫田地。邦君厉的小儿子凤、厉的有司（家臣）申季、庆癸、燹表，荆人敢、邢人偈犀、裘卫的家臣者参加了宴会和送礼的仪式。卫因此制作了祭祀先父的宝鼎，并将万年永远珍藏使用。这是王五年。

六　九年卫鼎

（一）铭文拓片

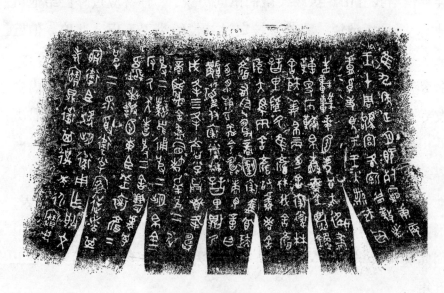

九年卫鼎铭文拓片

图片来源：《文物》1976 年第 5 期。

（二）释文

隹九年正月既死霸庚辰

王才周驹宫各庙眚徲者

肤为吏见于王王大榃矩取

眚车較牽圅虎冟希幃画

轉弢師鞃帛朱乘金廘鋠

舍矩姜帛三两乃舍裘卫林

旹里徲乎隹顔林我舍顔

陈大马两舍顔始虞各舍

顔有司曶商圛裘盠冟矩

乃眔迮舜令曶商眔音曰

顡瀗付裘卫林旹里剫乃

成夆三夆顔小子鼎東夆曶

商圛舍盠冒梯牽皮二毘

皮二攣舄甬皮二朏帛金一

反乎吴喜皮二舍迮虞冟

煗牽鑲圅东臣羔裘顔下

皮二眔受卫小子家逆者其

觢卫臣黇朏卫用乍朕文

考宝鼎卫其衙年永宝用

（三）铭文集释

1．隹九年正月既死霸庚辰

《铭文选》：据《年表》为公元前 960 年正月癸丑朔，二十八日得庚辰。

沛按：这句话的意思是，周恭王九年正月既死霸庚辰这天。

2．王才周驹宫，各庙

刘正：周驹宫，有庙，应该就是祭祀周公之庙，而此宫的具体职能不详。

沛按：王，周恭王。才，在。周驹宫，宫名。各，到、来之义。庙，宗庙。这句话的意思是：王在周驹宫，并前往宗庙。

3．詧𣪘者肤为吏见于王

唐兰：眉敖（詧𣪘）亦见于乖伯𣪘，说"唯王九年九月甲寅，王命益公征眉敖，益公至，告（诰），二月眉敖至，见，献贵（赋）"[①] 所记的是共王九年九月到第二年二月的事。眉敖来朝是当时的一件大事。据此铭则共王九年先派使者来，九月，共王又派益公去，眉敖才来朝见，并献赋。

李学勤："詧𣪘者肤为"释为"眉敖者肤系"。者通"旗"，义为陈；"肤系"即"虏系"，俘虏。是说眉敖有所虏获，命人献俘于王。眉敖就是乖伯，是周的属邦，在今甘肃灵台一带。过去著录中有乖伯𣪘，铭文讲到九年九月周王叫益公召唤眉敖，次年二月眉敖到达周都，礼见献帛，和本铭所记是相衔接的。这次周王在宗庙受俘，是王朝的盛典，矩伯又是必须参加的。出于排

---

① 乖伯𣪘铭参见中国社会科学院考古研究所编：《殷周金文集成》（第 4 册）04331，中华书局，2007，第 2718 ~ 2719 页。

场的需要，他叫妻子矩姜从裘卫那里取得一套应用物品。这是九年这次交易的背景。

吴镇烽：眉敖，西周时期臣服于周王的一个戎人部落。眉敖既是部落名，又是部族首领的私名。

沛按：詹敤，即眉敖。郭沫若说眉敖是微国，其故地在今四川巴县，与秭归县接壤。① 杨树达认为眉敖是微国之君，盖眉、微古相通。《左传·庄公二十八年》经："筑郿"，公羊、谷梁二家经作"筑微"，是其证也。杨引柯昌济云，《左传》载楚君称"敖"，如若敖、霄敖之类，疑敖为故蛮夷之君称，楚从夷俗，不定为楚之专法矣。② 故眉敖当是君名，而非国名；其国当在荆楚一带。乖（𢆶）伯簋铭说九年九月，益公征眉敖，郭沫若曰"盖眉敖不享，王命益公征之"，非是。此处的征，当指"巡守也"。③ 本年正月，眉敖来使，九月，益公巡守眉敖之国，次年二月，眉敖来朝。者肤，眉敖使者的名字。这句话的意思是，眉敖的使者者肤前来朝觐王。

4. 王大鬲

唐兰：鬲读为"致"，鬲、致音相近。《仪礼·聘礼》记诸侯的使者聘问时，主人方面由卿去致馆，安排住所，准备筵席，并送粮食柴薪等。大致是举行隆重的致馆礼。

沛按：唐说是。这句话的意思是，王举行盛大的接待礼。

5. 矩取眚车：較、奉㔾、虎㠯、希韠、画轉、夆、帀鞻、帛蒙乘、金厜鋞

《简报》：夆，《说文》："古文鞭字。"帛借为白。《仪礼·

---

① 郭沫若：《两周金文辞大系图录考释》（下册），上海书店出版社，1999，第148页。
② 杨树达：《积微居金文说·𢆶伯簋再跋》，中华书局，1997，第185页。
③ 《周礼·春官·大卜》："一曰征"郑玄注。

聘礼》："物四曰乘"，① 缰辔四副，说明省车共享四马曳引。

唐兰：矩当是被任命为致馆的卿，所以要向裘卫取车。眚，释作"省"。《尔雅·释诂》："省，善也。"石鼓文说："省车载行。"省车应是好车。鞃靷，译做"车前横木中有装饰的把手"。虎冟希韦，与晨鼎②所说："虎帏幎"同。《说文》："希，修毫兽"，《尔雅·释兽》："狸，修毫"。又说："狸子狸"，那末，这是用长毛的狸皮来做帷幔。"师鞶"，师当即席字，通"席"，《尔雅·释诂》："席，大也。"鞶字从革，当是皮做的绳索。席索，就是大索。"帛（白）辔乘"，辔是马缰绳，是四匹马的白色缰绳。廙通镳，《说文》："马衔也。"就是马嚼子。金镳是用铜做的。鋞，原字不识，金旁，右边上半像是再，下不可辨，应是马具一类。

《铭文选》：較，今字作较，刘熙《释名》曰："较在箱上，为辜较也。"《诗·卫风·淇奥》"倚重较兮"，孔颖达《疏》："较，两骑上出轼者。"冟虎冟，用虎皮覆盖车轼的中央部分。冟读作靫。《说文》："靫，车轼也，从革弘声。《诗》曰'鞹靫浅幭'，读若穹。"帛辔乘，四马之辔，皆以帛制。鋞，从金更声，当读作鋞，鋞更旁纽声转，鋞义为锁。

张经：鞃靷，即黄白色的弓衣。虎冟，即虎幎。《说文》："幎，幔也，从巾冥声"，③ 所以，虎幎，是虎皮做的幔。鞶，《说文》："车下索也。"画鞶，即彩画的车下索。

沛按：矩，矩伯。眚通省，省车，好车也。較，或释为较。

---

① 此为《仪礼·聘礼》："乘皮设"郑注。《简报》原文做"物曰四乘"，据郑注改。《仪礼·乡射礼》"兼挟乘矢"，贾公彦疏亦曰："凡物四皆曰乘也。"

② 即伯晨鼎，铭文参见中国社会科学院考古研究所编：《殷周金文集成》（第2册）02816，中华书局，2007，第1485页。

③ 原文作："从幎声"，据《说文》改。

《说文》：軑，"车骑上曲钩也。"桒，即贲。《说文》贝部"贲，饰也。"王肃《易注》："贲，有文饰，黄白色。"圅，车轼也。贲圅，有装饰的车轼。或释圅为弓衣，虽通，然联系上下文，均讲马车之配件，故不取此义。虎冟，即虎幎。幎，《周礼》注曰："以巾覆物曰幎"。虎幎就是虎皮罩子。希，长毛兽，韐，即帗，《说文》："帗，囊也"。希韐，兽皮囊。轉，《说文》："车下索也"。画轉，彩绘的车下索。仐，鞭也。师鞢，大皮索。帛，通白。熏，綮也。乘，四。白綮乘，四副白色的綮头。廪，通镳，马嚼子。金镳，铜马嚼子。錀，锁。这句话的意思是：矩伯取了一辆好马车，附带车上曲钩、有装饰的车轼、虎皮罩子、兽皮袋子、彩绘车下索、鞭子、大皮索、四副白色的綮头、铜马嚼子、锁。

6. 舍矩姜帛三两

《简报》："帛三两"，《周礼·媒氏》："纯帛不过五两。"《小尔雅》广度："倍丈谓之端，倍端谓之两"。三两即十二丈，合一匹半。

沛按：舍，给余、交付。诸家解释此句时，多认为这表示裘卫对矩姜的赠送行为。[1] 若从裘卫诸期中对"舍"的使用方式来看，其含义应当指交易中的给予、给付。矩姜，矩伯的夫人，姜姓。西周时姬、姜通婚为惯例，或矩伯为姬姓，与周王同宗。三两，十二丈。这句话的意思是：交付矩姜十二丈的帛。

7. 乃舍裘卫林䢴里

林甘泉：林䢴里这个地方，大约就是因为有一片林地而得

---

[1]　如李学勤先生认为："在矩姜取走这套皮件的时候（指前文所说的马车用之皮革制品），裘卫还送给矩姜'帛三两'，即十二丈帛，作为礼品。"参见氏著：《矩伯、裘卫两家族的消长与周礼的崩坏》，载《文物》1976年第6期。

名。在西周，山林川泽是归周天子为代表的奴隶制国家所有，并且派专人管理的。《周礼·地官》："山虞掌山林之政令，物为之厉而为之守禁。""林衡掌巡林麓之禁令而平其守。"像免簋的免和同簋的同，就是担任林衡、山虞一类职务的奴隶主贵族。免簋记周王："令汝（汝）胥周师司嶅（司林）"，[①] 同簋载，周王命令同协助吴大父"嗣号（场）、林、吴（虞）、牧，自淲东至于涧（河），毕逆（厥朔）至于幺（玄）水"。[②] 在奴隶主土地国有制没有遭到破坏的情况下，山林川泽是禁止私人染指的。但是在本铭，我们却看到，本来属于奴隶主国家直接控制的林地，也已经被私有制的因素侵蚀了。

唐兰：晉字音拟。《说文》是耆的籀文，一曰晉即奇字晉。按金文晉字从甘（或从口），不从日，篆文写错了。商代亞戠卣晉字从二子（见《三代吉金文存》13、12），春秋时的戱晉妊簋同。但宋代出土的亚戠鼎晉字作[字]，两个字写法微有不同（见《薛氏钟鼎彝器款识》卷一）。到了较晚的亚戠尊索性变成[字]，左方的子形已不能辨认了。此铭两字写法也略有不同。这都是书写者的笔法变化。至于晋字本从两矢，到写时作[字]有些像[字]形，因而致混，其实晉和晋原是两字。

李学勤：这是矩伯为了换取那套皮革制品而付给裘卫的报酬。林晉里不是田里，古代"野外曰林"，"在邑曰里"。晉（原字作[字]）里即狐狸，[③] 当时是最华贵的毛皮原料。《诗·七月》：

---

① 林甘泉原引铭文有误，现据《集成》改。参见中国社会科学院考古研究所编：《殷周金文集成》（第3册）04240，中华书局，2007，第2456页。

② 参见中国社会科学院考古研究所编：《殷周金文集成》（第4册）04271，中华书局，2007，第2602页。

③ "晉"的释读参见宴琬：《北京、辽东出土的铜器与周初的燕》，载《考古》1975年第5期。

"取彼狐狸，为公子裘。"此铭文"舍裘卫林狐狸"，即把森林里的狐狸一类毛皮动物捕捉来付给裘卫，这正是专掌皮事的裘卫所热望得到的。

赵光贤："林酋里"是里名，因此地有林，故名林酋里。"里"在西周像是一个低级贵族封地的名称。每一里有里君，正如一个邦有一邦君。《大簋》①记周王以睽的里赏给大，疑即以大为里君。赐里当与赐田不同，赐某人田，此田即归某人所占有；赐某人里，此人只有此里的管辖权，此里的土地并不归此人所有。《矢令彝》有这样的话："眔卿事寮、眔诸尹、眔里君、眔百工、眔诸侯……"。②"里君"既然与"诸尹"、"诸侯"并列，显然在西周统治阶级的官僚机构中占重要地位。《史颂鼎》以"里君"、"百姓"并称，③《书·酒诰》"越百姓里居"，"里君"误作"里居"。西周时的百姓指贵族，当然里君也是贵族。

伊藤道治：矩分给卫的不单单是林，而是称为林酋里的里，原先的名是酋里，因为其林地重要，所以冠以林字。金文中的"林"字，或为官职名，或为森林之林，与本铭一样，如尹姞鼎（也称穆公鼎）④的"穆公作尹姞宗室于繇林"的繇林。尹姞鼎所说的在繇林修筑了尹姞的宗室，这个宗室也许并不仅仅是所谓的宗庙，至少供给祭祀和族中共享开支的必要的经济收入是依靠这个林的物产。这件九年鼎的林也应有一些收入。可是这种有林

① 即十二年大簋，参见中国社会科学院考古研究所编：《殷周金文集成》（第4册）04298，中华书局，2007，第2648～2649页。
② 矢令彝，即矢令方尊，原引铭文略有误，现据《集成》改。参见中国社会科学院考古研究所编：《殷周金文集成》（第5册）06016，中华书局，2007，第3705页。
③ 史颂鼎铭文参见中国社会科学院考古研究所编：《殷周金文集成》（第2册）02787，中华书局，2007，第1454页。
④ 《集成》作尹姞鬲，其状似鼎。参见中国社会科学院考古研究所编：《殷周金文集成》（第1册）00754，中华书局，2007，第695～696页。

的里在西周金文中很少出现。大篇的"王呼吴师召大，锡趞夒里"的里，和本铭的里大概是一样的。此外，令彝和史颂篇的里君，齛篇①的里人等大概是指里的首长、里的成员。但是，这种里的规模是怎样的呢？比如，唐兰举《周礼·遂人》"五家为邻，五邻为里"作例，即由二十五家组成里，或如《尚书大传》"八家为邻，三邻为朋，三朋为里"，即由七十二家组成里。到底是哪一种呢，从此铭不能确定。但是，本铭第十行遴舞的舞，如按唐兰所说，是《遂人》等作为行政单位的邻，则这个里大概也可以当作是它的上级单位。但是，《周礼》等书中的里，其规模是否适用于西周金文中的里还是疑问。如果像本铭那样，这个里包含了能够给卫带来利益的林，可以设想它比《周礼》的里规模大就更为合适。而且，统率这个里的是里君，例如前文提到的大篇铭文中趞夒里的趞夒不就是史讼篇等铭文中的里君吗。这个里君和卿事寮、诸尹列在一起，以别于诸侯。另外，《尚书·酒诰》的里居——各家都认为是里君之误——作为内服和百僚等并列。考虑到这一点，里居大概原是在王室的直辖领地内设置的。但是，如在大篇等铭文中看到的，里赐与了贵族，里的统治者里君就成了那个贵族的家臣。本铭的里也有可能是那样的里。周瑗（李学勤）把旾（原字作〓）释做"狐"，然而释为"旾"字形更近铭文。

　　《铭文选》：里，原意是居址的行政单位，此处系指里的土地，由下文封树可知。

　　沛按：乃，乃，舍，交付。林旾里，地名，曰林者，可能是

　　① 齛篇铭文参见中国社会科学院考古研究所编：《殷周金文集成》（第 3 册）04215，中华书局，2007，第 2417 页。

其地有林；曰里者，当为其建制为里。裘卫以"裘"为职，林地所产动物皮毛自然为其资源，故其购买林地是理所当然的，李学勤先生之说是。但是由此而将"智里"释为"狐狸"则欠妥，二者字形实区别较大。若根据李说，这次交易的标的就不是林地，而是林地中捕获的猎物了。笔者不赞同这个观点，详见后文"瀗付裘卫林智里"按语。《公羊传·宣公十五年》何休注及《汉书·食货志》中说"在邑为里"，《诗·駉》毛说"邑外曰郊，郊外曰野，野外曰林"，但作为居民单位的里，必定附有土田之属。城邑的居民是和附郭之土田联系在一起的，如《管子·大匡》说"耕者近门"，城邑之门也。所以里和土田之属，包括林，并非截然对立的。里的规模，文献记录各异。除了前举《周礼》、《尚书大传》外，《鹖冠子·王鈇》说："五家为伍，什伍为里"、《管子·度地》说"百家为里"、《公羊传·宣公十五年》何休注说："一里，八十户"等等，不一而足，这种户数固定的"里"设置，可能是战国后出现的，新型的，作为一级行政机构的里，和西周不同。况且即使是户数很少的里，辖区内有地广人稀的林，亦未尝不可。里的首长为里君，《周礼·地官·司徒》中称里宰。这句话的意思是：于是交付林智里给裘卫。

8. 叡乎隹齇林

《简报》：齇，即籀文的颜字，见《说文》页部。

林甘泉：林智里有片林地（"颜林"）是属于颜家奴隶主的。颜家何以是这片林地的主人呢？一种可能是，颜家本来就是林衡这类掌管林地的官吏，后来把属于奴隶制国家所有的林地化为己有了。另一种可能是，林地本来是连同采邑属于矩伯的，在此之前矩伯已经把它转让给了颜家。

李学勤：矩为裘卫指定的森林叫做"颜林"，是分封给小奴隶主颜氏的。

赵光贤：后铭中的"颜陈"疑是林䣜里的里君。矩伯这块林地大概是在颜氏的管辖区域之内，当时里君可能权利很大，在他管辖区域之内的林地大概是在颜氏的管辖区域之内，当时里君可能权力很大，在他管辖区域之内的林地就叫做"颜林"，这并不意味着所有里内的林都归他占有。

伊藤道治：与其说颜是矩的属下管理山林者，不如说他是山林的所有者。当时农耕村落血缘共同体的构成因素是很强的，因此，即使是里君也具有共同体族长性质的一面。而作为林的管理者颜氏不是也可以认为是原先以这个山林为生活基础的共同体的族长吗。

《铭文选》：本句断作"叡！乎佳䣜林"。林䣜里上的林木是颜氏的。

沛按：叡，取。《说文》："叡，叉取也"。量盨铭："夺叡行道"，①夺叡，义即为夺取。《铭文选》将叡释为叹词。按，杨树达《积微居金文说》释叡为叹词"嗟"，唐兰《西周青铜器铭文那分代史征》释叡为"且"（《战国策·秦策》注：且，将也），其义于此处均不贴切。乎，阙，其，这里代指林䣜里。佳，惟。颜林，由后铭来看，当为颜氏之林，而颜氏，则应为居于林䣜里的族氏。上古聚族而居，大贵族之领地中，有若干这种由自然形成血缘部落构成的里，其首领，即为里君，里君与其主并非同宗，而是世代为其家臣，同时也自成低一级的贵族。贵族家族包含着异族家臣，异族家臣参与贵族家族内部事务，为西周家族政

---

① 量盨铭文参见中国社会科学院考古研究所编：《殷周金文集成》（第4册）04469，中华书局，2007，第2878页。

治形态的一个特点。[①] 铭文中提到颜林地方的权属转移，这涉及颜氏宗主权的变更。这句话的意思是，取林昝里中的颜林。

9. 我舍顏陈大马两，舍顏姒虡𠭯，舍顏有司𡨦商貈裘、盠冟

《简报》：貈，即貈字，《说文》豸部"似狐，善睡兽也，从豸，舟声"。今经典皆作貉。"盠冟"即彖幎，猪皮做的车幎。彖音矢，《说文》彑部："彖，豕也"。

林甘泉：林昝里的这片林地是属于颜家的，所以矩伯在把林昝里转让给裘卫时，就需要得到颜隙（陈）、颜姒的同意。而只是在裘卫又给颜家赠送了礼物之后，才做成了这笔交易。

唐兰：陈字和战国时陈侯午敦与陈侯因資敦均略同。虡𠭯，虡字似从虎下乘，疑与《说文》解为"黑虎也"的䶬通，乘腾声相近。𠭯字与战国时子姣壶的姣字偏旁𠭯相同。凡从爻的字古书多从交，較作较可证，所以𠭯通咬。咬应读如绞，《夏小正》："玄校"，传："若绿色然，妇人未嫁者衣之。"校即绞，《礼记·玉藻》："麛裘、青豻袖，绞衣以裼之"，有黑的意思，同音的黱字即青黛。那么，䶬绞是妇人所穿的青黑色衣服。幎当是裘外的罩。

李学勤：这片林地是小奴隶主颜氏的，所以裘卫又向颜家馈送了礼品。赠送颜陈的是两匹大马；送给他妻子的是"虡𠭯"，大约是一种肉类食品。送给颜有司寿商的是貈裘和彖幎，一种猪皮做的车幎。

赵光贤：颜陈或为里君，其权力很大，不得他的许可，林地的交易就会作不成，因而裘卫不得不向颜氏和他的老婆，乃至他的下属都送了贵重的礼物，实际上是贿赂。

---

① 参见朱凤瀚：《商周家族形态研究》，天津古籍出版社，2004，第321页。

伊藤道治：颜陈为颜氏族长，其夫人为颜姒，其属下官吏——也许是族中主要人物——有寿商和盏二人。对这四人赠送马匹等物的是"我"，这个"我"当是卫。卫就矩把这个林出让给他而给林的管理人颜陈以赠物，对于即将称为卫的属下表示信赖和恩宠。如在曶鼎铭文中，[1] 曶从限那里领取五个人，赠给五人酒、羊和丝三寽，对颜陈等人赠送皮革亦是理所当然的。[2]

沛按：我，指做器者裘卫。舍，付予。顔，即颜。颜陈，或为林酓里的里君，颜氏之首领。颜姒为颜陈的妻子，姒为其父家姓氏。纁甾，青黑色的衣服，从唐兰说。颜有司，颜氏的管事者。晨商，即寿商，颜有司的名字。貔裘，即貉裘，盏冟，即象帻。象，豕也，猪也，非人名。象帻，即猪皮做的罩子。因颜氏的宗主权变更，而赠予颜氏首领、有司等人物品，以示恩宠之意。认为送给颜氏物品为贿赂的观点并不可取。作为铸造在礼器上的文字，不当书写不光彩的事情。这句话的意思是：我（裘卫）赠予颜陈两匹大马，赠予颜姒一件青黑色的衣服，赠予颜有司寿商貉裘和猪皮罩子。

10. 矩乃罘遱舜令晨商罘賣曰：顪

唐兰：遱邻，就是遱所管理的邻。邻比里小，有两说：《周礼·遂人》是"五家为邻，五邻为里"。《尚书大传》则说"八家为邻，三邻为朋，三朋为里。"

---

[1]　即曶鼎铭文，参见中国社会科学院考古研究所编：《殷周金文集成》（第2册）02838，中华书局，2007，第1519～1921页。

[2]　关于曶（智）鼎相关内容的论述，参见伊藤道治：《中国古代王朝的形成——以出土资料为主的殷周历史研究》，江蓝生译，中华书局，2002，第157页。

李学勤：据令鼎，□近于周王籍田的諆田。① □公、□仲等常见于西周铜器铭文。颜林大概是位于矩和□两家封地交接的地方，所以矩和□派寿商和畜两人"颁付裘卫林狐狸"。

吴镇烽：□舜，人名。

沛按：矩，矩伯。乃，乃。罙，及、和。□舜，当为人名而非地名。□，西周畿内族名，见诸金文的□公为西周早期王朝的执政大臣；② □仲曾陪同周王在諆田大耤农，举行射礼；③ □季担任过王朝太史。④ 本铭中的□舜，当为□氏族人。之所以要会同□舜，或许是交付之地和□地毗邻。□为大族，且为邻里，请□族人参与交付，也有担当公证人的意思。本铭中并没有其他王朝官员介入交付仪式。寿商，颜氏之有司。畜，人名，《简报》释做"意"。颥，金文法律术语，公正的决定、敲定。这句话的意思是：矩伯于是和□舜命令寿商和畜敲定此事。

11. □付裘卫林䇂里

《简报》：□，释做履。

李学勤：□，释做颁、虑、计议。全句释文为"颁付裘卫林狐狸"，将捕猎的收获都交给了裘卫。

《铭文选》：□，释做湄，通做堳，即堳，埒，就是田界，堪查田堳之事情亦见于散盘。

沛按：□，释做履，踏勘之义。这是西周土地交付过程中的固定程序，五年卫鼎中已释。付，交付。林䇂里，地名。这句话

---

① 令鼎为西周早期器，铭文参见《殷周金文集成》（第 2 册）02803，中华书局，2007，第1472 页。

② 参见司鼎铭文，中国社会科学院考古研究所编：《殷周金文集成》（第 2 册）02659，中华书局，2007，第 1352 页。

③ 参见令鼎铭文，《殷周金文集成》（第 2 册）02803，中华书局，2007，第 1472 页。

④ 参见太史觯铭文，吴镇烽：《陕西金文汇编》1.533，三秦出版社，1989。

的意思是勘定、交付裘卫林晋里。

12. 則乃成夆三夆，齵小子鼏叀夆，晨商闢

《简报》：闢假借为勠。《说文》力部："勠，并力也。""寿商勠"是说寿商也出了力。

唐兰：闢，《说文》："经缪杀也。"此处当借为纠字，察看的意思。

李学勤："成夆（封）"，把颜林封锁起来。其四面都配置了颜家下属，然后"寿商闢"，布设下捕兽的网罝。闢，象网下有一小兽，甲骨卜辞有类似的字，参看商承祚《殷墟文字类编》。

伊藤道治：从字形上看，李学勤所释闢为网下有小兽，是不可能成立的。

《铭文选》：夆，声假为封，封土起界。《周礼·地官司徒·大司徒》"制其畿疆而沟封之"，掘土为沟，土高堆于沟旁，即是封土。

刘桓：闢释作"罢"，为停止义，指寿商查验无误，即决定停止工作。

沛按：則，则。夆，即封，封土也。颜（齵）小子，颜氏的家臣、办事人员。鼏，俱。叀，唯。俱唯封，都参与了封土起界。晨商，寿商。闢字暂从唐兰说。这句话的意思是：于是在四面封土起界，颜小子（家臣）们都参与了起封仪式，（颜有司）寿商加以察看。

13. 舍盇冒梯肇皮二，豍皮二，攀鳥俑皮二，肵帛金一反，毕吴喜皮二。舍澄康冟、愛莘、輠圅，东臣羔裘、齵下皮二

《简报》：豍即从字，假借为豵。《小尔雅》："豕之小者谓之豵。"豵皮，小猪皮也。"攀"古文业字。《秦公簋》：有"保攀

卌秦"。①"帛金一反"，帛读为白，反假为钣，金属用钣计，故称白金一钣。

唐兰：盠音黎，见《广韵·十二齐》。盠冒梯当是人名。埊，从氏，与氏通，公羊。甬，是箭形的鞋。《左传·昭公十三年》："屦贱踊贵。"注："刖足者屦也。"刖足者无足，所以穿踊。这里说爲踊皮，疑是鞋箭的皮。帛金，即白金，银也。"反"通"钣"，一钣是一块银饼。《尔雅·释器》："鉼金谓之钣。"喜皮未详。虔冟，即虎帻，一般是车上覆盖物，并都在贲靴后面。此处没有说车子，未详。爕奉（贲），爕是燦字，等于夒（爕右部）就是猱字。此处当通鞣，是制成柔软的皮革，车具中贲靴都连起来说，这里的贲字，疑只是装饰的意思。韄圅，韄字当与纕字通，是皮做的带子所以从韦。靴是车前面横木（轼）中间的把手处，用皮带裹起来。下皮，下疑通夏，下夏音同。《周礼·染人》："秋染夏"，注：染五色。

李学勤：这是裘卫方面对参加捕猎的人馈赠的回敬。首先是寿商，得到象帽，两张素羝羊皮，"选皮二"即两张上等毛皮，还有两张做皮爲用的皮；寿商也回赠卫臣朏"帛金（锦）一"。其次，裘卫送给虞人喜两张皮毛。"反卌吴喜皮二"，吴，即虞。虞人掌管禽兽，故用动词"反"，行文非常细密。送给濫虔冟、"爕（鞣）奉（贲，皮饰）"、韄（纕，马带）圅（轼），给东臣一件羔裘和"颜下皮二"，即颜林出产的两张次等毛皮。以上没有标出兽名的，估计都是狐狸一类毛皮。

《铭文选》：甬皮，甬假为兽名，当读作犕。甬、庸古音通。《史记·司马相如列传》"兽则犕旄獏牦"，司马贞《索引》：

---

① 秦公簋铭文参见中国社会科学院考古研究所编：《殷周金文集成》（第4册）04315，中华书局，2007，第2682～2685页。

犒，"今之犁牛也"。又《汉书·司马相如传》作"其兽则庸旄貘牦"，颜师古《注》谓犁牛。胐，见于吴方彝铭："王各庙，宰胐右乍册吴入门，位中庭。"① 此时胐已为宰。金一反，金，铜。反，假借为钣。《尔雅·释器》"餅金谓之钣"。此铭也有读作"帛金一反"为句，云帛金为白金，即银。说虽可通，然西周银器甚稀，恐未确，故仍释为本字。遰，国邑名。虖冟，用虖的熟皮做的帻。《尔雅·释兽》："虖，迅头。"郭璞《注》："今建平山中有虖，大如狗，似猕猴，黄黑色，多髯鬛，好奋迅。其头，能举石摘人，玃类也。"一说，封豕之属。㻞奉鞝酉，㻞即猱。奉读如幩。鞝读为纕。《玉篇·糸部》："纕，带也。"鞝从韦，表明其为革带。㻞奉鞝酉，㻞是对上句虖冟的补充，即此虖冟上以猱皮为饰，有革带可缚于軜上。下皮二. 下，疑假为狠，下、狠古音同。

张经：吴，即虞，《说文》："驺虞也，白虎黑文尾长于身，仁兽，食自死之肉。"喜，《说文》："乐也"，有佳美之意。吴喜皮，即驺虞的好皮。遰虖，遰地的管理人员。东臣、颜下，在这里并不是人名，而是用来修饰皮子的，应该理解成东臣的羔裘，颜下的皮两张。因为按照本铭用法的惯例，在给予礼品的人员的名字前面都加上"舍"，这里没有使用"舍"字，所以不能理解为人名。

沛按：舍，给予。按本铭例，舍后当为人名，故盠为人名。西周青铜器中盠器若干，2003 年陕西眉县杨家村出土的青铜器中有逨盘，记载逨的高祖为盠父、盠，臣事昭王、穆王，征伐楚

---

① 吴方彝铭文参见中国社会科学院考古研究所编：《殷周金文集成》（第 6 册）09898，中华书局，2007，第 5206～5207 页。

荆，兼理六师，十分显赫，[1] 从身份上看，当非此盉。冒，或通帽，梯为人名。羍，羝羊之皮。若作此解，意为即赠给盉帽子，赠给梯两张羝羊皮。唐兰先生认为盉冒梯为一人之名，铭文意为给予盉冒梯两张公羊皮，暂从唐说。盉冒梯为矩伯的家臣。豭皮即猏皮，小猪皮。鏎，即业，人名，矩伯家臣。舄，鞋。㮙皮，即㸤皮，牛皮。舄㮙皮，做鞋的皮子。朏，人名，即后文中的为矩伯家臣豰朏。曶鼎中也曾出现朏，为匡季的家臣。《铭文选》中所说吴方彝铭中朏，为王室之宰，册命吴时在场。西周中期以后，宰为重要职官，非与家臣阶层同列之人所能担当，故彼朏当非此朏。帛金，《简报》释做白金，暂从。舍父鼎铭文中亦曰"辛宫赐舍父帛金"。[2] "反"通"钣"，一钣即一块。乎吴，人名。喜皮，不详何物，当为皮之属。张经以《说文》驺虞释之，而《说文》所谓驺虞有类传说中的动物，不似为可做皮革的兽类。虔。兽名，貜类。前铭有虎字，与此不同，故不当为虎。虔冟，即虔幎，用虔皮做的罩子。遝，遝人，或为遝夅。㛜萃，即鞣賁，柔软的皮革为饰。鞟圅，即鞟靫，皮带裹起来的把手。东臣，当为遝之家臣，人名。人名前省略"舍"者，本句业、朏、乎吴均是，张经之说非。颜，颜人。下皮，五色皮，从唐兰说。这句话的意思是：赠予盉冒梯两张羝羊皮，赠予业帛金一块，赠予乎吴喜皮两张，赠予遝虔皮做的罩子，柔软的、带有装饰的皮带裹起来的马车把手。赠予东臣羔裘，赠予颜两张五色皮子。

14. 眔受：卫小子家；逆者其觸：卫臣酺朏

唐兰："酺"，释作虢。

① 铭文参见《陕西眉县杨家村西周青铜器窖藏发掘简报》，载《文物》2003年第6期。
② 参见中国社会科学院考古研究所编：《殷周金文集成》（第2册）02629，中华书局，2007，第1331页。

沛按：眔通逮，及、到之意。受，授也，交付的意思，这里指到场受田。家，裘卫家臣之名。逆，迎接。觯，即媵，指宴会后的送礼。虤朏，即虤朏，也即上文中的朏，虤为其姓。这句话的意思是：到场受田的是裘卫家臣家，迎接、送礼物的是裘卫的家臣虤朏。

15. 卫用乍朕文考宝鼎。其匄年永宝用

沛按：卫，裘卫。朕，通朕。文考，已去世的父亲。匄，即万。这句话的意思是：卫因此制作了祭祀先父的宝鼎，并将万年永远珍藏使用。

（四）铭文大意

周恭王九年正月既死霸庚辰这天，天子在周驹宫，并前往宗庙。眉敖的使者者肤前来朝觐天子，天子举行了盛大的接待礼。矩伯从我裘卫这里购置了一辆好马车，附带车上曲钩、有装饰的车轼、虎皮罩子、兽皮袋子、彩绘车下索、鞭子、大皮索、四副白色的辔头、铜马嚼子、锁，我同时给予矩姜十二丈的帛。矩伯交付给我林𣎴里。我裘卫收取林𣎴里中的颜林，并赠予颜陈两匹大马，赠予颜姒一件青黑色的衣服，赠予颜有司寿商貉裘和猪皮罩子。矩伯和遣舞命令寿商和啻敲定此事，勘定、交付林𣎴里给我。随后在四面封土起界，颜小子（家臣）们都参与了起封仪式，（颜有司）寿商加以察看。我赠予盠冒梯两张羝羊皮，赠予业帛金一块，赠予畢吴喜皮两张，赠予遣虡皮做的罩子，柔软的、带有装饰的皮带裹起来的马车把手，赠予东臣羔裘，赠予颜两张五色皮子。到场受田的是裘卫家臣家，迎接及送礼的是裘卫的家臣虤朏。卫因此制作了祭祀先父的宝鼎，并将万年永远珍藏使用。

主要参考文献

一 琱生三器集释

1. 《积古斋钟鼎款识》，阮元著，清嘉庆九年自刻本。

2. 《攗古录金文》，吴式棻著，清光绪二十一年刻本。

3. 《续古文苑》，孙星衍著，商务印书馆，1935。

4. 《古籀拾遗 古籀余论》，孙诒让著，中华书局，1988。

5. 《两周金文辞大系图录考释》，郭沫若著，上海书店出版社，1999。

6. 《积微居金文说》，杨树达著，中华书局，1997。

7. 《双剑誃吉金文选》，于省吾著，中华书局，1998。

8. 《周召二簋铭文综合研究》，谭戒甫著，载《江汉论坛》1961 年第 2 期。

9. 《琱生簋新释》，林沄著，载《古文字研究》第 3 辑。

10. 《西周铭文所见某生考》，张亚初著，载《考古与文物》1983 年第 5 期。

11. 《商周青铜器铭文选》，马承源主编，文物出版社，1986（《集释》中简称《铭文选》）。

12. 《琱生簋铭新探》，朱凤瀚著，载《中华文史论丛》1989 年第 1 期。

13. 《〈琱生簋铭新探〉跋》，王玉哲著，载《中华文史论丛》1989 年第 1 期。

14. 《关于召伯虎簋的考释及"仆庸土田"问题》，斯维至著，载《徐中舒九十寿辰纪念文集》，巴蜀书社，1990。

15. 《说"仆庸"》，裘锡圭著，载《古代文明研究新探》，1992。

16. 《金文编订补》，陈汉平著，中国社会科学出版社，1993。

17. 《召伯虎簋铭文新释》，方述鑫著，载《考古与文物》1997 年第 1 期。

18. 《周生簋铭文所见史实考述》，连劭名著，载《考古与文物》2000 年第 6 期。

19. 《五年琱生簋、六年琱生簋铭文补释》，刘桓著，载《故宫博物院院刊》2003 年第 3 期。

20. 《琱生簋铭"仆庸土田"新释》，沈长云著，载《古文字研究》第 22 辑。

21. 《"𠏗"及相关诸字考辨》，曾宪通著，载《古文字研究》第 22 辑。

22. 《新出土五年琱生尊与琱生诸器试析》，徐义华著，载《中国史研究》2007 年第 2 期。

23. 《新出土青铜器〈琱生尊〉及传世〈琱生簋〉对读——西周时期大宅门土地纠纷协调事件始末》，陈昭容等著，载《古今论衡》第 16 期。

24. 《陕西扶风县新发现一批西周青铜器》，宝鸡市考古队、扶风县博物馆著，载《考古与文物》2007 年第 4 期。

25. 《读扶风县五郡村窖藏青铜器铭文小记》，王辉著，载《考古与文物》2007 年第 4 期。

26. 《琱生尊铭文的几点考释》，吴镇烽著，载《考古与文物》2007 年第 5 期。

27. 《琱生三器铭文考释》，王占奎著，载《考古与文物》2007 年第 5 期。

28. 《新出琱生尊补释》，陈英杰著，载《考古与文物》2007 年第 5 期。

29. 《陕西扶风五郡西村西周青铜器窖藏发掘简报》，宝鸡市考古研究所、扶风县博物馆著，载《文物》2007 年第 8 期。

30. 《琱生诸器铭文联读研究》，李学勤著，载《文物》2007 年第 8 期。

31. 《五年琱生尊铭文考释》，辛怡华、刘栋著，载《文物》2007 年第 8 期。

32. 《琱生三器考释》，王辉著，载《考古学报》2008 年第 1 期。

33. 《新见西周琱生尊铭文考释》，袁金平著，资料来源：http：//

www. xianqin. org/xr_html/articles/lgxd/436. html

34. 《释五年琱生尊中的戋字》，方勇著，资料来源：
http：//www. xianqin. org/xr_html/articles/lgxd/627. html

35. 《释五年琱生尊中的鼁字》，方勇著，资料来源：
http：//www. xianqin. org/xr_html/articles/lgxd/644. html

36. 《琱生三器新释》，林沄著，资料来源：http：//www. gwz. fudan. edu. cn/SrcShow. asp？Src_ID=284①

37. 《读〈五年琱生尊〉铭文札记》，罗卫东著，载《北京师范大学学报》2008 年第 3 期。

38. 《金文字词零释（四则)》，陈剑著，载张光裕、黄德宽编：《古文字学论稿》，安徽大学出版社，2008。

（以上网址的最后访问时间均为 2008 年 11 月 10 日）

39. 五年琱生簋铭文的主要著录文献及其编号为：《攈古录金文》3.2.25；《两周金文辞大系图录考释》133；《美帝国主义劫掠的我国殷周青铜器集录》R419、A250；《陕西金文汇编》2.186；《殷周金文集成》04292；《金文总集》2801；《商周青铜器铭文选》1.289；《三代吉金文存补编》419。

40. 五年琱生尊铭文的主要著录文献为：《考古与文物》2007 年第 3 期；《文物》2007 年第 8 期。

41. 六年琱生簋铭文的主要著录文献及其编号为：《三代吉金文存》9.21.1；《攈古录金文》3.2.24；《两周金文辞大系图录考释》135；《小校经阁金文》8.68.1；《中国青铜器全集》6.129；《陕西金文汇编》2.187；《殷周金文集成》04293；《金文总集》2802；《商周青铜器铭文选》1.290。

---

① 此文根据林沄教授 2007 年 12 月 21 日在复旦大学演讲录音整理而成，其相关内容以《琱生尊与琱生簋的联读》为题，发表在《古文字研究》（第 27 辑），中华书局，2008。

二　裘卫三器集释

1. 《陕西省岐山县董家村西周铜器窖穴发掘简报》，岐山县文化馆、陕西省文管会等著，载《文物》1976 年第 5 期。（《集释》中简称《简报》）

2. 《对西周土地关系的几点新认识——读岐山董家村出土铜器铭文》，林甘泉著，载《文物》1976 年第 5 期。

3. 《陕西省岐山县董家村新出西周重要铜器铭辞的译文和注释》，唐兰著，载《文物》1976 年第 5 期。

4. 《矩伯、裘卫两家族的消长与周礼的崩坏》，李学勤（周瑗）著，载《文物》1976 年第 6 期。

5. 《用青铜器铭文来研究西周史——综论宝鸡市近年发现的一批青铜器的重要价值》，唐兰著，载《文物》1976 年第 6 期。

6. 《从裘卫诸器看西周的土地交易》，赵光贤著，载《北京师范大学学报》1979 年版。

7. 《董家村西周卫器断代》，戚桂宴著，载《山西大学学报》1980 年第 3 期。

8. 《释贮》，戚桂宴著，载《考古》1980 年第 4 期。

9. 《卫盉、鼎中的"贮"与"贮田"及其牵涉的西周田制问题》，黄盛璋著，载《文物》1981 年第 9 期。

10. 《裘卫诸器考——关于西周土地所有制形态的我见》，〔日〕伊藤道治著，张长寿译，载《考古学参考资料》（5），文物出版社，1982。

11. 《甲金文中王号生称与谥法问题的研究》，黄奇逸著，载《中华文史论丛》1983 年第 1 辑。

12. 《西周金文中的"贮"和土地关系》，王玉哲著，载《南开学报》1983 年第 3 期。

13. 《西周铜器铭文中的人名及其对断代的意义》，盛冬铃著，载《文史》（第 17 辑），中华书局，1983。

14. 《几件铜器铭文中反映的西周中叶的土地交易》，陈复澄、王辉著，载《辽海文物学刊》1986 年第 2 期。

15. 《商周青铜器铭文选》，马承源主编，文物出版社，1986（《集释》中简称《铭文选》）。

16. 《金文贮字研究中的三个问题》，刘宗汉著，载《古文字研究》（第 15 辑），中华书局 1986 年版。

17. 《论西周土地交换的程序》，李朝远著，载《江西社会科学》1990 年第 6 期。

18. 《西周土地关系》，李朝远著，上海人民出版社，1997。

19. 《董家村裘卫四器年代新探》，彭裕商著，载《古文字研究》（第 22 辑），中华书局，2000。

20. 《金文古音考》，侯志义著，西北大学出版社，2000。

21. 《谈卫盉、卫鼎铭所反映的西周田制度》，王人聪著，中国史学会第二届年会宣读，收入《金文文献集成》（第 40 册），香港明石文化国际出版有限公司，2004，第 363 页。

22. 《金文庙制研究》，刘正著，中国社会科学出版社，2004。

23. 《西周土地关系研究》，张经著，中国大百科全书出版社，2006。

24. 《金文人名汇编》，吴镇烽著，中华书局，2006。

25. 《释〈九年卫鼎〉中的“罢”字》，载刘桓著《甲骨集史》，中华书局，2008。

26. 卫盉铭文的主要著录文献及其编号为：《陕西出土商周青铜器》1.172；《陕西金文汇编》1.648；《中国青铜器全集》5.112；《殷周金文集成》09456；《金文总集》4449；《商周青铜器铭文选》1.193；《周原出土青铜器》2.335；《三代吉金文存补编》924；《文物》1976年 5 期。

27. 五祀卫鼎铭文的主要著录文献及其编号为：《陕西出土商周青铜器》1.173；《陕西金文汇编》1.170；《中国青铜器全集》5.28；《殷周金文集成》02832；《金文总集》1325；《商周青铜器铭文选》1.198；《周原出土青铜器》2.339；《三代吉金文存补编》925；《文物》1976

年 5 期。

28. 九年卫鼎铭文的主要著录文献及其编号为:《陕西出土商周青铜器》
1. 174;《陕西金文汇编》1. 171;《殷周金文集成》02831;《金文总
集》1322;《商周青铜器铭文选》1. 203;《周原出土青铜器》2. 343;
《三代吉金文存补编》926;《文物》1976 年 5 期。

唐宋石刻法制资料考析

冯卓慧 著

一 唐《御史台精舍碑》碑铭（并序）评注

（一）《御史台精舍碑》与唐监察制度

唐朝监察制度主要有三个特点：

第一，是御史台下设立三院（台院、殿院、察院），分掌弹劾、纠察中央百官、地方官吏及其在朝仪、郊祀时的失礼行为。

第二，是御史台内始建台狱，打破了中国古代监察机关"无狱，须留问，寄系于大理寺"①的惯例。据《旧唐书·崔隐甫传》、《唐会要》卷六〇记载，从贞观二十二年（公元648年）李乾佑任御史大夫开始，就"别置台狱，有所鞫讯，便辄系之"。开元十四年（公元726年）曾一度罢除台狱，然而不久又恢复，且扩大到三院均有狱。"由是自中丞、侍御史已下，各自禁人，牢扉常满。"除设台狱外，狱内还建立了笞杖制度，使御史台狱和大理寺狱一样，有权刑讯罪犯。对于重罪犯者，又"缘台杖稍细，以细杖而止大罪，必恐凶狡不惩"，便采取由台

---

① （宋）王溥撰：《唐会要》卷六〇，中华书局，1990，第1042页。

狱决定杖数，"送京兆府用常刑杖科决迄报"的讯囚措施。

第三、特别应该引起人们注意的是，台狱之中附设精舍（佛舍），用佛教经义感化罪犯。武则天晚年，政治腐败，官僚机构庞杂，阶级矛盾尖锐，"牢扉常满"，"常刑杖科决"已无济于事。为了解决日益严重的社会危机，武则天便利用人们信奉佛教的心理状态，寓神权于法律之中，在台狱内附设精舍，企图通过佛教教义，感化、麻痹罪犯，达到稳定封建社会秩序的目的。

关于台狱设置精舍的狱政措施，查遍新旧《唐书》等一切史籍，均无记载。唯一留存至今的史料，就是现保存在陕西省博物馆的《御史台精舍碑》（以下简称《精舍碑》）。我们认为，《精舍碑》具有重要的史料价值。它不仅填补了新旧《唐书》的空白，而且在研究唐朝监察制度、监察机构、狱政制度，尤其是宗教与古代法律制度的关系上，为我们提供了重要线索，必须引起我们法制史工作者的重视。历代特别是清朝封建文人颇为重视对这块碑的研究，但是他们研究的范围，却不外以下五个方面：考释精舍起源、沿革史，或揭露佛教的欺骗性，或抨击碑文作者崔湜言行不一、口蜜腹剑的伪君子行径。更多的人则属于对书法家梁昇卿书法功底的欣赏、赞扬和评论。① 还有人专著考证碑身所题的众御史人名。② 如此等等，唯独找不到一篇研究佛教哲学思想与唐朝法律制度关系的文章。我们认为，《精舍碑》是一篇纯属狱政制度的碑文，研究狱政碑文，不谈狱政，反而阔论其他，不能不说是封建文人治学方面的一件憾事。还应指出，直至目前，这块仅有的能反映佛教教义渗入狱政的碑文，仍未引起法

① 以上见《御史台精舍碑》，载（清）王昶撰：《金石萃编》第2册，（北京）中国书店，影印本，1985，第6~7页。

② 见劳格撰：《唐御史精舍题名考》，光绪戊寅岁吴兴丁氏刊《读书杂识十二卷·〈唐御史台精舍题名考〉》劳检丁士谔校字。

学界重视，除在博物馆内供游人欣赏外，几乎被人遗忘。因此，很有必要把它利用起来，使其为研究唐朝法律制度服务。

《精舍碑》是崔湜在武则天长安（公元701～704年）年间任殿中侍御史时撰文，开元十一年（公元723年）由书法家梁昇卿追书，赵礼镌刻而成的。碑文由两部分组成。第一部分是碑的序文，详细讲述、介绍了台狱修建佛教精舍的原因、经过，精舍的建筑结构、风貌以及犯罪者谋求解脱的途径。第二部分是崔湜给精舍作的碑铭。铭文虽然仅仅有71字，作者却毫不掩饰的道出了执法者修建精舍的宗旨和政治目的。

读完碑文，我们主要有以下三点认识：

第一，佛教经义已深深的渗入唐朝法律领域。佛教自东汉末年从印度传入中国之后，经魏晋南北朝到隋唐，形成一股巨大的社会势力。尽管高祖武德八年（公元625年），李渊幸国学诏叙三教尊卑位次，确定了道教至尊，其次儒学，佛教第三的原则。事实上，"三教虽异，善归一揆"① 道、儒、佛均受唐统治者尊崇，地位是平等的。不仅如此，在现实生活中，佛教影响最大，势力最强，远远超过道、儒、居统治地位。"天下僧尼，不可胜数"，"群臣不言其非，御史不举其罪"。② 因此，刑部侍郎韩愈上书极谏宪宗，要求排佛。这件事大大激怒了宪宗，虽经裴度、崔群苦苦周旋，仍以"罪愈为人臣戒"（同前）的罪名，把韩愈贬为潮州刺史。由于统治者的支持，京城长安每一坊里，遍布着大大小小的寺院。连一块《大唐三藏圣教序碑》都要由唐太宗李世民撰写序文，唐高宗李治撰写序记，大书法家褚遂良书写才成。

佛教势力为什么会发展到如此地步呢？这是有其社会根源

---

① （北宋）王钦若撰：《册府元龟》卷五〇，中华书局，1960，第558页。
② （北宋）王钦若撰：《册府元龟》卷五四六，中华书局，1960，第655页。

的。唐初，在"贞观之治"的后面却隐藏着人民极大的疾苦和灾难。几次对高丽的战争，加重了人民的负担。特别自安史之乱后，藩镇割据，连年战争，"路有冻死骨"，广大劳动人民更陷于死亡绝境。严酷的社会现实，使得人们容易憧憬于佛教所宣扬的"众生平等"、"波罗"境界。而这种产生于绝望中的虚无幻景，正好迎合唐统治者"德礼为政教之本，刑罚为政教之用"①的立法思想。碑文说："崇崇清宪，以纠以绳，而梼杌顽嚚，网知攸畏……莃蜂纠不歌，猘犬自噬，棼棼泜泜而陷于兹者，数以千计。"就是说，虽然国家为了纠捕罪犯而制定了法律，但是，那些顽固不化者，依然无所畏惧，不听教化，像疯狗一样咬噬自己，纷纷乱乱的陷入台狱，走上犯罪道路。这种人，数以千计！那么，怎样才能弥补法律的不足，用比法律更高一级的权力来震慑犯罪呢？这些执法者们发出了"夫能度壹切苦厄者，其惟世尊乎"的呼声。他们认为，能够拯救壹切苦难、厄困的，岂不是只有我佛如来吗？"信可涤虑洗心，逃殃寘（置）福，为利甚博，获报无量"。只有虔诚信奉佛教，才能荡涤内心一切杂念，免除灾难，得到幸福，好处之多是无法估量的。甚至死后，也能"缘证波罗之果"，进入理想世界（涅磐）。显然，这是碑文借佛教经义宣扬"礼主刑辅"的法律思想，是"防未然"在佛教经义渗入法律之后的表现。精舍，在汉朝是指书斋、学舍，集生徒讲学的地方。汉以后，把佛舍，即僧道居住或讲学说道的地方，也叫精舍。精舍，顾名思义，"静居"的意思，"致一为精，不使杂也"。②封建统治者认为，只有把人们的思想禁锢在"静

---

① （唐）长孙无忌等撰：《唐律疏议》卷一《名例》，中华书局，1983，第3页。
② 《广川书跋》语，转引自（清）王昶撰：《金石萃编》第2册，（北京）中国书店，影印本，1985，第6页。

居"、"致一"、"不杂"的境域内，才能导民以防犯罪，即防止人民起来造反。所以，精舍求佛和礼一样，与刑罚相辅相成，一个"为本"，一个"为用"，是封建统治者手中"软"、"硬"两把毒刀，是封建法律在怀柔和镇压方面的不同表现。

第二，用佛教经义辅助刑罚，能更好的维护八议制度。佛教经义渗入法律，能起"防未然"的作用，那么，已经造成犯罪而"已然"了怎么办？崔湜在碑铭中是这样说的：

"惟佛之国，黄金界道。于嗟下人，誓不相好，胡不归命以自保？惟佛之土，白银为台，于嗟下人为恶不迥，胡不稽首以逭灾？彼君子兮，福所履兮。是度揆兮，不日成兮。若神营兮，利群生兮。"

唯一的出路，就是"归命以自保"，"稽首以逭灾"。如果能够归命于佛，稽首于佛，逃灾、自保、致福的愿望，就可"不日成兮。"崔湜为什么要宣扬这种荒谬逻辑呢？原来台狱囚犯，正如碑文所说，大都是些"梼机顽嚚，网知攸畏，冒于俹（货）贿，贪于饮食"而"猰犬自噬"的大小官吏。这些官吏因贪污受贿、徇私舞弊而触犯封建刑律，被纠捕入狱。他们在判罪处刑上，本来就享有"八议"所规定的议、请、减、赎、官当等各种特权，现在，台狱精舍的设置，不是又为他们在更大程度上开了犯罪的绿灯？这些人犯罪，只要假惺惺的在佛面前虔诚一番，灾难即可过去，福禄就又重来。封建刑法的阶级本质可算暴露无遗了。我们是否可以依据《精舍碑》为我们提供的这一重要史料，给《唐律·名例篇》"八议"制度作一点补充：官僚、贵族犯罪所享有的特权，除议、请、减、赎、官当外，还应再加一条——信佛免罪。

第三，台狱精舍是佛、儒、道三家合流的产物。佛教在中国有之论宗、净土宗、法相宗、密宗、律宗、华严宗等各个不同的宗派。无论那一宗派，自传入中国之后，都在根据中国的社会特点，不断进行加工和改造，使其适合于中国的社会实际。这种加工、改造最突出的表现，就是和中国传统的儒家、道家思想相糅合。《精舍碑》开宗明义第一句，就是"《易》曰：'吉凶悔吝，生乎动也'；《传》曰：'祸福无门，惟人所召。'"《周易》、《左传》这些儒家经传成了建造精舍，"诸御史导群愚"的理论根据。佛、儒、道杂糅，多么明显！此外，碑文所引儒家经义还有："小惩而大诫"①、"冒于货贿，贪于饮食"、《左传》、"菲蜂不歌"②、"天孽可逃，自咎难逭"③、"棼棼泯泯"④ 等等。在统治者眼里，无论儒家的"君君臣臣"、道家的"无为而治"也好，或则佛教的轮回思想也罢，尊儒、尊道、尊佛，都要因时而易，因地而迁，以增强大唐司法的欺骗性、镇压性为出发点，以有利于巩固封建统治政权为归宿。所以，《精舍碑》所反映的佛教思想，已不同于佛教的本来面目，而是以佛教教义为表，佛、儒、道三家合糅为里的一种更为适合唐统治者加强法制建设的新的法律思想。这种法律思想从唐初开始，一直是统治者的重要法律思想，直至武宗"会昌毁佛"事件爆发后，才有所改变。

探其源，唐统治者的这种法律思想，可以追溯到汉武帝时期董仲舒所倡导的《春秋决狱》。董仲舒的《春秋决狱》，使儒家经典法典化，视儒家思想为司法审判的依据。这种置法律而不顾，以儒家经义为准绳的审判制度，实质上是一种给法律涂上宗

---

① 《周易》卷八《系辞下》，中华书局，影印本，1979，第88页。
② 《诗经》卷一九《毛传》，中华书局，影印本，1979，第600页。
③ 《尚书》卷八《太甲中》，中华书局，影印本，1979，第164页。
④ 《尚书》卷一九《吕刑》，中华书局，影印本，1979，第247页。

教色彩的唯心主义审判制度，即所谓"论心定罪"："志善而违于法者免，志恶而合于法者诛"。① 什么人"志善"呢？在封建社会，地主阶级就是"善人"的代名词。"法者，治之正，所以禁暴而卫善人也"。② 地主阶级的法是"卫善人"的阶级统治的工具。什么人"志恶"呢？只能是广大的贫苦农民。《春秋决狱》保护谁，镇压谁，多么清楚！无怪乎汉武帝那么重视《春秋决狱》，董仲舒"病老致仕"之后，还要"数遣其廷尉张汤亲至陋巷，问其得失"，而董仲舒则每每"动以经对"，并作《春秋决狱二三二事》，③ 供司法机关审判实践中所引用。南北朝时期，由于长时期的社会大分裂和频繁的战争，阶级矛盾尖锐复杂，这就给自东汉末年传入的佛教提供了急剧发展的社会条件。译经、建寺、凿窟成风，佛教思想渗入各个领域。在这种时代背景下，北魏统治者，一方面继续沿用《春秋决狱》："（世祖太平真君）六年春，以有司断法不平，诏诸疑狱皆付中书，依古经义论决之"；另一方面，竭力推行"图圄与福堂同居"，即镇压与怀柔相结合解决疑狱的法律思想。

"（显祖）曰：'狱滞虽非治体，不犹愈乎仓卒而滥也？夫人幽苦则思善，故图圄与福堂同居。朕欲其改悔，而加以轻恕耳'。"④

福，《韵会》："祐也，善也，祥也"，《释名》："祭祀胙肉曰福。"福堂，就是佛堂。北魏统治者认为，"图圄与福堂同居"，不仅能够解决狱滞现象，减少疑狱，还可以把犯罪者的思

---

① 《盐铁论·刑德》，转引自杨鸿烈《中国法律发达史》上册（1），第144页。
② 《汉书》卷二三《刑法志第三》，中华书局，1999，第1104页。
③ 《后汉书》卷四八《应劭传》，中华书局，1999，第1088页。
④ 《魏书》卷一一一《刑法志》，中华书局，1999，第1922页。

156 法律史料考释

想，禁锢在以祷佛求神护祐，以虔诚去恶从善，以拜神化凶为祥的境界，最后达到麻痹人民斗志，缓和阶级矛盾，防止人民反抗，巩固鲜卑贵族政权的目的。北魏的"囹圄于福堂同居"，上承西汉的《春秋决狱》，下接唐朝的台狱设置精舍，在宗教渗入法律发展史上起了纽带作用。这种制度发展到唐朝，不仅改福堂为精舍，而且在狱讼范围上，使精舍隶属中央司法机关之一——御史台，成为唐朝监狱机构的有机组成部分。由福堂到精舍，标志着封建司法机关更加严密化、制度化。

（二）御史台①精舍②碑

中书令崔湜任墅中侍御史日篆文③

《易》曰："吉凶悔吝，生乎勤也"。④《传》曰："祸福

---

① 御史台：唐朝中央监察机关，主要负责监督大理寺、刑部的司法审判活动，也可受理有关行政诉讼案件。高宗龙朔二年（公元662年）改御史台为宪台。咸亨元年（公元670年）又恢复御史台名称。武则天光宅元年（公元684年）改御史台为左肃政台，纠察在京百官。不久，又设右肃政台，按察京外百官。神龙元年（公元705年）改左、右肃政台为左、右御史台。

② 精舍：汉代指书斋、学舍，集生徒讲学的地方。《后汉书·包咸传》："因住东海，立精舍讲授。"汉以后，佛舍，即僧道居住或讲道说法的地方也叫精舍。《晋书·孝武帝纪》："帝初奉佛法，立精舍于殿内，引诸沙门以居之。"《三国志·孙策传》裴宋之注引《江表传》曰："时有道士琅邪于吉，先寓居东方，往来吴会，立精舍，烧香读道书。"此碑所说精舍，指唐朝设在御史台监狱内，用佛教经义感化罪犯的佛舍。

③ 崔湜：武则天、中宗、睿宗、玄宗时期历任左补阙、殿中侍御史、兵部侍郎、中书侍郎、中书令等职。《御史台精舍碑》原文是崔湜武则天长安（公元701～704年）时期任殿中侍御史时撰写的，开元十一年（公元723年）由梁昇卿追书，赵礼刻成。该碑现保存在陕西省博物馆。任墅中侍御史日篆文：（崔湜）担任殿中侍御史时给碑写的铭文。唐朝于御史台中分设台院、殿院、察院。殿院设殿中侍御史若干人，掌纠察朝议，巡视京城及其他朝会，郊祀等，以维护皇帝的尊严。墅，古"殿"字。篆，同纂，撰写。

④ 吉凶悔吝，生乎勤也：一个人的吉、凶、过失，均产生于他的行动、作为。吝，古"吝"字。悔吝，《周易正义》卷一《蒙》解释为"穷苦"，引申为忧虑、过失的意思。勤，古"动"字。

蠹门，惟人所召"。① "剿蹈网罛"，② 缨徽缰，③ 联桁杨，④ 贯桎梏，⑤ 可怨天尤人裁?⑥ 左台⑦精舍者，诸御史⑧导群愚之所作也。盖先王用刑，所以彰藇瘅恶;⑨ 圣人明罚，是以小惩大试。⑩ 故崇崇清宪，⑪ 以纠以绳，⑫ 而梼杌顽嚚，⑬ 罔知攸畏，⑭ 冒于佹贿，贪于饮食，⑮ 茀蜂不歌，⑯ 猘犬自噬，⑰ 棼棼泯泯而陷于兹者，⑱ 数以千计。群公等目而慼之，⑲ 乃言

---

① 福祸蠹门，惟人所召：语出《左传》卷三五《襄公二十三年》，意思是，祸福没有定数，都是人所自取的。蠹，古"无"字。

② 剿蹈网罛：剿，古"则"字。蹈，踏，引申为陷入。罛，古"罟"字，网的总称。网罟，法网。

③ 缨徽缰：缨，缠绕。徽缰，绳索，此处是捆绑的意思。缰，两股线合成的绳索。

④ 联桁杨：联，通"连"。桁杨，古时加在脚或颈上以拘系囚犯的刑具。《庄子·在宥》："桁杨者相推也，刑戮者相望也。"

⑤ 贯桎梏：贯，贯穿。桎梏，刑具。《周礼》卷三六《秋官·掌囚》："中罪桎梏"。郑玄注："在手曰梏，在足曰桎"。

⑥ 可怨天尤人裁：岂可怨天怨人呢? 可……哉，反意疑问句，"岂可……呢?"怨，古"怨"字。尤，指责，归罪。裁，即"哉"。

⑦ 左台：左御史台。

⑧ 诸御史：指集资修建台狱精舍的众御史。

⑨ 彰藇瘅恶：语出《尚书》卷一九《毕命》。意思是表彰好的，憎恶坏的。藇，古"善"字。瘅，憎恨。

⑩ 小惩大试：《周易》有："小惩而大诫"句，惩，惩戒。试，即"诫"，警戒。

⑪ 宪：法令。《汉书》卷七八《萧望之传》："作宪垂法，为无穷之规。"

⑫ 以纠以绳：用纠纠捕罪犯，用来作为法绳。纠，"纠"的异体字，三股的绳索，引申为缠绕、纠缠。

⑬ 梼杌顽嚚：梼杌（音涛兀），本为恶兽名，引申为顽固不化者。《左传》卷二〇《文公十八年》："颛顼氏有不才子，不可教诲，天下之民谓之梼杌"嚚，愚蠢而顽固。王昶：《金石萃编》把"梼杌"误识为"梼杭"。

⑭ 罔知攸畏：罔，副词，不，无。攸，所。整句意为：不知有所畏惧。

⑮ 冒于佹贿，贪于饮食：引自《左传》卷二〇《文公十八年》："贪于饮食，冒于货贿。"贪污受贿徇私的意思。佹，古"货"字。

⑯ 茀蜂不歌：茀蜂，同"曳牵"，牵引，拉的意思。《诗经》毛传："茀蜂，掣曳也"。

⑰ 猘犬自噬：疯狗自咬。猘，狗发疯。噬，咬。

⑱ 棼棼泯泯而陷于兹者："棼棼泯泯"即"棼棼泯泯"，纷乱的样子。《尚书》卷一九《吕刑》："民兴胥渐，泯泯棼棼。"唐太宗名世民，讳"民"，故改"泯"为"泯"。

⑲ 群公等目而慼之：御史们一致目睹这种现象而怜悯他们。等，等同。慼，戚的异体字，忧愁，悲伤，慼同"慼"。

曰：“天蘖可逃，自咎难逭”。① 夫能度（置）壹切苦厄者，② 其惟世尊乎！③ “所以佥捨众赀，议立斯宇”，④ 欲令见者勇发道惠，⑤ 勤探妙根。⑥ 悟有漏之，⑦ 缘证波罗之果，⑧ 缨珞为施。⑨ 菩隡⑩之导引众生，塔廟有成。天人之护持正，⑪ 灋不有善者，人焉赖哉！⑫ 长安⑬初，湜始自左补阙⑭

---

① 天蘖可逃，自咎难逭：语出《尚书·太甲》：“天作孽可违也，自作孽不可逭。”《篇海》“孽”写做“櫱”，孽又可写做蘖。由此可见，孽可写成蘖，或“櫱”，或“孽”。蘖、咎，均是灾殃、灾祸的意思。逭，逃避。逬，应作“迸”，同“逃”。整句意为：天作的灾祸可以祭祷消除，自己作的灾祸不能逃避。《尚书·太甲中》正义“天作做灾者，谓若太戊桑谷生朝，高宗雊雉升鼎耳，可修德以禳之，是可避也。自作灾者，谓若桀放鸣条，纣死宣室，是不可逃也。”

② 能度壹切苦厄者：能拯救一切苦难、厄困的人。壹（壺、壼），古“一”字，厄，厄困、苦难。

③ 其惟世尊乎：难道不是只有世尊吗？其，表示揣测，反诘语气。惟，只，仅仅。世尊，佛教名词，释迦的尊称。佛经上说，释迦具足众多功德，举世无一，于世独尊，所以称世尊。

④ 佥捨众赀，议立斯宇：御史们集资商议修建这座精舍。佥，都，大家。捨，施舍。赀（赀），通“资”，资财。宇，屋，指精舍。

⑤ 欲令见者勇发道惠：想让看到精舍的人，产生去恶从善的思想。道，思想。惠，同“慧”。

⑥ 勤探妙根：萌发出求善做人的想法，探，王昶：《金石萃编》作“揆”通“突”，冲穿、冲破的意思。根，佛教名词。佛教称人身的眼、耳、鼻、舌、身、意为根。根是“能生”的意思。眼、耳对于声、色能起感觉，所以叫根。

⑦ 悟有漏之：觉悟、认识到自己的罪过。

⑧ 缘证波罗之果：借此而达到佛教的理想境界（涅磐）。佛教称事物生起或毁灭的主要条件叫因，辅助条件叫缘。波罗，梵文“波罗密多”的缩写，是“到彼岸”的意思。

⑨ 缨珞为施：手持念珠，一心事佛。缨珞，用线缕、珠宝结成的装饰品，这里指佛教徒的念珠。

⑩ 菩隡：佛教名词。意为“上求菩提（觉悟），下化有情（众生）”的人。原为释迦牟尼修行尚未成佛时的称号，后广泛用作对大乘思想的实行者的称呼。一般对崇拜神像也称为菩萨。隡即“萨”。

⑪ 天人之护持正：天道和人道都是维护公道的。天人，天道和人道。持正，即持平，主持公道，不偏不倚。

⑫ 灋不有善者，人焉赖哉：反诘语。假如佛教的教义不能为善的话，那么，人们怎么依赖它呢？灋，古“法”字，这里是佛教名词，指佛教教义。

⑬ 长安：武则天年号。

⑭ 左补阙：官名，武则天垂拱（公元685～688年）时置，有左、右补阙，分别隶属门下、中书两省，掌供奉讽谏。

拜①殿中侍御史，至止之日，②其構適就。③游于斯，咏于斯，
譬誓④于斯。咨夫众宝，⑤严身非如来⑥之意；方丈为室，盖
维摩之心。⑦故立像不务求珍华，度堂网⑧图其丰壮。至若丹
臒竝弃，剞劂都捐，⑨则归依业⑩心，或未多也。君子之作，
其得中焉？⑪观其椓之橐之，⑫是寻是尺，椅徂来之松，攻荆
蓝之石，⑬叠栌骈栱，⑭规攒椝亘，⑮错膡蟥以顉枂，镂蹲赟以

----

① 拜：古"拜"字。古时要用一定的礼节授给官职，称"拜"。《三国志》卷三五《诸葛
　　亮传》："拜亮为丞相。"

② 至止之日：（崔湜）到任之日。

③ 其構適就：那个精舍恰好建成。構，"构"的异体字。適，同"适"。

④ 譬誓：叩头至地。譬誓，即"稽首"。誓，古："首"字。下文"稽首"又作"譬誓"。

⑤ 咨夫众宝："向那众佛神咨询。"咨，询问。夫，那个，那些。

⑥ 如来：梵文"多陀阿伽陀"的意译，释迦伻尼十种称号之一。

⑦ 方丈为室，盖维摩之心：方丈，佛教名词。《维摩诘经》说，维摩诘的居处，室方一丈，
　　能广容大众，称为方丈。维摩，即维摩诘，释迦牟尼同时代的一位大乘居士，以善辩盛
　　名佛坛。整句意为：以方丈为室，宣传佛教教义，是维摩诘的思想和愿望。

⑧ 网，王昶：《金石萃编》作"罔"。

⑨ 丹臒竝弃，剞劂都捐：丹臒，泛指各种彩色。竝，并的异体字。弃、捐，舍弃。（剞劂）
　　镂刻用的刀和凿子。整句意为：塑像不涂色彩，建庙不镂花纹。

⑩ 业：古文作"业"，即"之"字。

⑪ 君子之作，其得中焉：君子，指众御史。中，中意，引申为现实。整句意为：众御史修
　　建精舍的目的岂能实现？

⑫ 椓之橐之：槌筑的屋基庙墙。《诗经·小雅·斯干》："椓之橐之"。孔颖达疏："既投土
　　于扳，以杵椓筑之。"椓，敲打、槌筑。橐，同"橐"。橐橐，似坚物相触的声音。"椓
　　之橐之"谓扳筑墙时用杵实土的声音。王昶：《金石萃编》"椓"后有"木"字，应
　　删去。

⑬ 椅徂来之松，攻荆蓝之石：用徂徕山的松木支撑庙堂，用荆南山和蓝田的美玉建造庙
　　基。椅，同"椅"，支撑。徂来，徂徕山，在今山东泰安县东南。荆，荆南山，在今湖
　　北南漳县西，相传是卞和得玉的地方。蓝，蓝田，今陕西蓝田县。相传此地盛产美玉，
　　称蓝田玉。

⑭ 叠栌骈栱：叠，叠的异体字。栌，斗栱、顶柱上承托栋梁的方木。骈，两马并驾一车，
　　对偶、并列的意思。栱，即"斗栱"。整句意为：层层叠叠的斗栱，承托起一排排并列
　　的屋檐。

⑮ 规攒椝亘：规，正园的用具，圆规。攒，同"欑"，木料、麻稭，《说文》："积竹杖
　　也。"椝，同"矩"，曲尺，《离骚》："求椝矱之所同。"宋玉《九辩》："灭规椝而改
　　凿。"亘，横贯。整句意为：圆规画欑木，矩尺量长短。

衔铺。① 绿窗黓烟,② 丹柱皜日。③ 香泉数曲环绕琉璃④之地, 灵草百品叢蒔⑤黄金之阶。信可涤虑洗心, 逃殃寘⑥福, 为利甚博, 获报无量。群公以予忝⑦文儒之林, 固以碑表相托,⑧ 辞不获已, 而作铭曰: "惟佛之国, 黄金界道。于嗟下人"⑨ 誓不相好, 胡不归命吕⑩自保? 惟佛之土, 白银为台。于嗟下人为恶不廻,⑪ 胡不稽首以追灾? 彼君子兮, 福所履兮。是度揆兮,⑫ 不日成兮。若神营兮, 利群生兮! 开元十一年, 殿中侍御史梁昇卿追书⑬赵礼镌

〔译文〕

《易经》说: "人的吉、凶、过失, 均产生于自己的行动。"《左传》说: "祸福没有定数, 都是人所自取的。"那么, 那些因

---

① 镨膆螭以頲棁, 镂蹲赞以衔铺: 镀饰着金粉并刻有螭头花纹的铜磬, 清脆激扬, 悬挂在梁柱上; 刻成双虎对争贝状的蹲兽, 威武雄壮, 衔接在门环的底座上, 镨, 古"错"字, 以金塗饰。膆, 王昶:《金石萃编》作"磬", 疑为"磬"之误, 佛寺中敲击以集僧的鸣器, 状如云板。螭, 古代传说中的一种蛟龙, 彝器上常刻螭头做装饰品。頲, 即"顿", 精神振作的意思。棁, 同"梲", 梁上的短木。镂, 同"镂", 刻。赞,《广韵》黄练切。《集韵》荧绢切。似"赞"字。《说文》:"赞, 分别也, 从㸜对争贝。"铺, 铺首, 衔门环的底座。
② 绿窗黓烟: 绿窗里浮荡起缕缕黑烟。绿, 即"绿"。窗,"窗"的异体字。黓, 都感切,《广韵》:"黓, 黑貌。"王昶:《金石萃编》误识为"戝"。
③ 丹柱皜日: 红柱白日。皜,"皓"的异体字, 明亮, 白貌。
④ 琉璃: 涂釉的瓦, 这里指台狱精舍。
⑤ 蒔: 载植花草。
⑥ 寘: 置的异体字。
⑦ 忝: 有愧于, 谦词。
⑧ 固以碑表相托: 坚决嘱托我撰写碑文。固, 坚决。
⑨ 下人: 与佛国界道之佛相对称, 指下界俗人。
⑩ 吕: 古"以"字。
⑪ 廻: 即"迴"。
⑫ 度揆: 即"揆度", 度量、估量。
⑬ 追书: 此碑文是崔湜任殿中侍御史时撰写的。崔湜任殿中侍御史的时间, 新旧《唐书》等史籍无记载。据此碑文记载在武则天长安年间, 至开元十一年才有梁昇卿写成碑文, 所以叫追书。

自身犯罪而陷入法网，被法绳系缚，以致戴上脚镣手铐锒铛入狱的罪犯，又怎能怨天尤人呢？左御史台内的精舍，是诸位御史为疏导那些犯罪的愚氓而修建的。古代先王使用的刑罚，是为了表彰好的行为，憎恶坏的做法；圣明的君主严明赏罚，是为了惩处小的过失，防止大的犯罪发生。因此，至高无上的法律是人们行动的准则，是惩治犯罪的法绳，然而，那些顽固不化，累教不改的罪犯们，不知畏惧法律，仍然贪赃枉法、侵吞受贿。法律也不能牵拉他们走上正道，他们象疯狗似的自己噬咬自己，走上犯罪道路。纷纷乱乱而陷入台狱的，每年数以千计。诸位御史一致目睹这种现象而怜悯他们，于是说道："天降的灾害可以祈祷禳消，自己造成的灾祸却难以逃却。能够拯救这一切苦难厄困的人的，不是只有我佛如来吗？"因而，大家施舍钱财，商议修建这座精舍。目的是使见到精舍的罪犯们产生去恶从善的思想，萌发出求善做人的想法，从而认识到自己的罪过，一心皈依佛教，由此而达涅槃的理想境界。为使菩萨导引众生愚氓，所以修建成塔庙。天道和人道都是主持公道，维护佛教教义的，如果这个教义对人没有益处，人们怎会依赖它呢？武则天长安初年，崔湜（作者自称）从左补阙提升至殿中侍御史，到任之日，精舍恰好建成。我游历了这座精舍，咏赞它，并在精舍内向诸佛叩首礼拜。试向诸佛咨询，塑造浮图金身大约不是如来佛的本意；以方丈为室传经布道，可能才是维摩诘大师的主张。因此，塑像不必一定追求豪华，建堂也不必一定谋求丰伟壮观。但是，至于那种塑造浮屠之像，连彩色都不涂染，修建庙宇精舍连栏杆都不镂雕的作法也是不对的。过简的从事，则恐怕皈依佛教的人就不多了，那么，诸御史修建此精舍的目的又怎能实现呢？我观这座精舍，屋基庙墙槌击的如此坚实，工匠们用规尺设计出精舍的结构蓝图，取徂来山的松木支撑庙堂，采荆南、蓝田的美玉奠起庙基。层层叠叠的斗拱，承托起一排排并列的屋檐。圆规画攒木，矩尺量长短。镀饰着金粉并刻有螭头花纹的铜磬，清脆激扬，悬挂在梁柱上；雕刻成双虎对争贝状的蹲兽，威武雄壮，衔接在门环的底座上，绿色的纱窗里浮荡起缕缕黑烟，红色的大柱上白日高悬。数曲香泉神水萦绕精舍之宇，各色灵草秀花栽植在佛堂宝地。确实可以洗涤罪心恶念，为人避灾安福，使人得利甚多，获报无限。各位御史认为我在文人儒士流中尚有文采，坚决委托我撰写碑文，我再三推辞不掉，因而作铭文道：

　　只有佛的国土，是黄金的境域。叹息那些下界愚民誓不相亲相爱，你们为什么不赶快皈依我佛，保全自己的生命呢？只有佛的境域，用白银建成台阶。叹息下界愚氓作恶不知悔改，你们为什么不赶快向佛叩首礼拜以消灾呢？那些信奉佛教的善士们，已经脚踩福地了。这个说法不久就会兑现的。那些众神经营的，是有利于群生的啊！

　　　　玄宗开元十一年殿中侍御史梁昇卿补写碑文　　赵礼镌刻

二 唐《御史台精舍碑》初探

　　陕西省博物馆收藏的唐《御史台精舍碑》（以下简称《精舍碑》），是件难得的法制史文物，它以石刻史料填补了新旧《唐书》的空白，为研究唐代监察制度、监察机构、狱政措施以及立法状况与法制思想，尤其是宗教与中国古代法律制度的关系，提供了重要线索。碑文说明，唐朝在其封建的监察机构——御史台中，不仅设置台狱，而且于台狱之内又置精舍（佛舍）。这一重要的狱政措施，反映了佛教思想对唐代的法制思想的影响。

(一)《精舍碑》的成碑年代

　　有关《精舍碑》的成碑经过，碑文有三条记载："长安初，湜（崔湜，碑文作者）自左补阙拜殿中侍御史，至止之日，其构适就"（以下引文凡未注出处者均系引自碑文）；"群公以予忝文儒之林，固以碑表相托，辞不获已而作铭"；"开元十一年，殿中侍御史梁昇卿追书，赵礼镌"。

　　这三条记载告诉我们：武则天长安（公元701~704年）初年，崔湜从左补阙缯升至殿中侍御史，到任之日，台狱精舍恰好建成。在同僚的推举下，崔湜为新建精舍撰写了碑文。但碑文拟成之后，由于崔湜获罪罢职，武则天不几年亦谢世，事情就搁置下来了。过了二十多年，到玄宗开元十一年（公元 723 年），才由殿中侍御史、书法家梁昇卿追书成文，再由石刻名匠赵礼镌刻成碑。可见，《精舍碑》成碑是在中唐时期。

碑文由两部分组成：第一部分是序文，叙述了台狱修建佛教精舍的原因、经过，精舍的建筑结构和形貌以及犯罪者谋求解脱的途径；第二部分是崔湜给精舍作的碑铭。它们都贯穿着一个中心——用佛教经义感化罪犯，预防犯罪，以期达到稳定封建统治秩序的目的，显然，这是一项以感化教育为出发点的狱政措施。这一措施说明"平允"、"宽简"、"稳定"的立法思想从唐初的高祖、太宗直至中唐的玄宗，始终没有改变，整整延续了一百多年。

那么，我们又该怎样看待《精舍碑》所反映的宽刑思想与武则天酷刑政策的关系？区别他们的界限是什么呢？

武则天初年，根据《旧唐书·刑法志》记载，其立法思想仍然因袭唐初。她"熔铜为瓯"，设"招谏瓯"，让敢于言政得失及直言谏诤者投之；设"申冤瓯"，允许"有得罪冤滥者投之"。她编订的《垂拱留司格》，其基本精神"大抵依旧"，是武德、贞观、永徽三律的继续和发展。武则天法制思想由宽刑政策向酷刑政策的转折点，是徐敬业的起兵"讨武"事件。公元 684 年，徐敬业扬州起兵反武之后，武则天"恐人心动摇，欲以威治天下"，便一反唐初甚至由她自己制定的《垂拱格》的法律思想，"渐引酷吏，务令深文，以案刑狱"。周兴、来俊臣等酷吏应时而起，大兴告密之风，大搞酷刑冤狱，"海内慑慑，道路以目"，这就大大加剧了阶级矛盾和统治阶级内部的分崩离析。于是，在周兴、来俊臣伏诛之后，也就是在武则天统治的后期，为巩固其统治地位，不得不总结酷刑政策的教训，重新调整法制政策，使"有冤者并皆于免"，也使唐初的法制思想再度复兴。台狱设置精舍，崔湜撰写《精舍碑》碑文，就是在这种历史背景下，也就是在武则天已经大幅度地调整了酷刑政策的情况下产生的。

唐玄宗继位之后，为了进一步纠正武则天的酷刑弊政，大力进行法制改革。他在开元七年和二十五年，两次修订律、例、格、式。"刑政赏罚，断于宸极"，可以说是初唐立法思想的中兴时代。因此，《精舍碑》所反映的法律思想和法律制度，是武则天末年主要是唐玄宗时期的法律思想和法律制度，也较多的体现着唐初统治者的法律思想和法律制度。从这个意义上说，《精舍碑》是整个唐前期一个半世纪的法律思想和狱政制度的缩影。

(二)《精舍碑》与台狱设置

中国封建社会立法的一个显著特点就是"法自君出"。唐初为了保证皇帝对立法权和司法权的独揽，一方面在中央设置大理寺、刑部、御史台三大司法机构，分掌审判、复核、监察大权，通过三权相互制约，使司法大权集于皇帝一人。另一方面，从《精舍碑》碑文给我们提供的史料看，御史台的司法大权除受理行政诉讼案件、参与大理寺大狱审判外，还可以自设台狱，和大理寺一样有权单独纠捕、审讯罪犯，这是唐初法制改革的一项重要措施。这一措施，使自西汉末年哀帝元寿二年（公元前 1 年）建立的御史台，由仅具单一的行使监察权的职能机构，发展为兼具监察权和司法权的双重职能机构，这就大大地提高了监察机构对司法机构的制约能力。尽管这是一项加强皇权的法制措施，但在一定程度上也能起到减少冤滥的作用。

唐御史台内有无台狱，史籍记载极不一致。有云置狱者，如《唐会要》，卷六十《御史台》引苏氏驳语；有云无狱者，如《唐六典》"凡京都大理寺、京兆、河南府、长安、万年、河南洛阳县，咸置狱。其余台、省、寺、监、卫，皆不置狱"。因此，近现代所编写的法制史著作，大都只写大理寺狱，至于台狱设置，总是避而不谈。《精舍碑》则为这一问题的解决提供了重要的史料依据。它的作者在目睹当时台狱现状之后，发出罪犯们"芬芬泯泯而陷于兹者（台狱），数以千计"的感叹，可见唐御史台设置台狱是毫无疑义的。如果我们再和史籍有关记载结合起来考察，唐朝台狱设置的时间、规模及其狱政制度，就可历历再目。《旧唐书·崔隐甫传》说："自贞观年李乾祐为御史大夫，别置台狱，有所鞫讯，便辄系之。由是自中丞、侍御史以下，各自禁人，牢扉常满。隐甫引故事，奏以为不便，遂黜去之。"《唐会要》又说："贞观二十二年二月，别制台狱，由是大夫而下，已各自禁人。至开元十四年，崔隐甫为大夫，引故事奏黜去之。以后，恐罪人于大理寺隔街来往，致有漏泄狱情，遂于台中诸院寄禁，至今不改。"这些记载说明，贞观二十二年（公元648年）始设台狱，从此便打破我国古代监察机关"无狱，须留问，寄系于大理寺"①的惯例。开元十四年（公元726年）曾一度罢除台狱，不久又恢复，并扩大到御史台下设的台院、殿院、察院，三院均有狱，都可"各自禁人"，以致出现"牢扉常满"的现象。此外，在监狱管理上，台狱还建立了自己的笞杖制度，使御史台和大理寺一样，有权刑讯罪犯。对于重罪犯者，又

---

① （宋）王溥撰：《唐会要》卷六〇《御史台》，中华书局，1990，第1042页。

"缘台杖稍细，以细杖而止大罪，必恐凶狡不惩"，便采取由台狱决定杖数，"送京兆府用常刑杖科决讫报"（同前）的讯囚措施。

尤其引人注意的是台狱设置精舍，说明由于中央集权制的建立，虽然王权至高无上，但是神权也不失其重要的辅助作用。正如碑文所述，修建精舍是借神权以助刑法之不足："崇崇清宪，以纠以绳，而梼杌（音涛兀，恶兽名，引申为顽固不化者）顽嚚（yin，愚蠢而顽固），网知攸畏"。因此，于法律之外，只好求诸佛神，"夫能度一切苦厄者，其惟世尊乎"！"左台精舍者，诸御史导群愚之所作也"。因此，中唐台狱设置精舍是唐朝以至古代狱政发展史上一个新的重大变化。

（三）《精舍碑》与《唐律疏议·职制律》

《精舍碑》碑文说，台狱所要纠捕、严惩的是那些"冒于货贿，贪于饮食"的"梼杌顽嚚，网知攸畏之徒"。"冒于货贿，贪于饮食"一语引自《左传·文公十八年》，是指贪污、受贿、徇私的意思，即犯了"渎职罪"和"贪赃枉法罪"。这说明台狱打击的对象及其在刑罚方面的适用范围。这一法律思想与《唐律疏议·职制律》的法律思想正相吻合。

《职制律》主要是关于加强封建吏治的法律规范。官吏是执行国家职能和政策法令的工具，但封建制度本身即产生封建官吏贪污枉法，徇私舞弊，而官吏的贪渎徇私往往容易激化阶级矛盾，动摇统治基础。因此，任何一个比较明智的封建皇帝，都十分重视吏治。唐高祖是这样，唐太宗更是这样，连唐高宗时期制定的《永徽律疏》即《唐律疏议》也是如此。其《职制律》五十九条中有关惩处贪赃枉法罪的规定，达十七条之多，而且处刑极重。"诸监临主司，受财而枉法者，一尺杖一百，一匹加一等，十五匹绞"；即使是受财而不枉法者，也要"一尺杖九十，二匹加一等，三十匹加役流"。[①] 同时，唐律还把受财枉法和十恶、故杀人、反逆缘坐、监守内奸、盗、略人，同列于常赦所不免的范围。一旦狱成，虽会赦，犹除名。《唐律疏议》是保存至今的唯一的一部唐朝刑法典。因此，《精舍碑》和《唐律疏议·职制律》关于严惩贪渎、整饬吏治，把吏治当作法制的一项重要内容的法律规定，反映出唐律已达相当完备、严密的地步，也反映了它们的法制思想的协调一致。

（四）《精舍碑》与八议制度

唐律毕竟是一部封建法规，是保护达官贵人、封建官吏和地主阶级的工具。这些人犯罪，唐律通过"八议"（议亲、议故、议贤、议能、议功、议贵、议勤、议宾）制度，予以最大限度的保护，或议请皇帝免除死刑，或流罪以下减一等。就是九品小官吏，也享有减罪、以铜赎罪和以官抵罪的特权。除此之外，《精舍碑》又从宗教的角度给统治者以更为灵活的免罪特权。碑铭中说："惟佛之国，黄金界道。于嗟下人誓不相好，胡不归命以自保？惟佛之土，白银为台。于嗟下人为恶不回，胡不稽首以逭灾？彼君子兮，福所履兮。是度撰兮，不日成兮。若神营兮，利群生兮"。就是说，进入台狱的罪犯，唯一的出路就是"归命与佛"，"稽首于佛"。这样逃灾、自保、致福的愿望就可"不日

---

① 《唐律疏议》卷——《职制律》"监主受财枉法"条，中华书局，1983，第220页。

成兮"。因为，台狱因犯大都是些"冒于货贿，贪于饮食"而
"猲犬自噬"的大小官吏，他们虽然触犯刑律，但在判罪处刑上
本来就分别享有"八议"所规定的各种特权，而台狱精舍的设
置，一方面以特定的组织机构完善和落实了这些封建官吏所享有
的法律特权，一方面又在隔断施行这种特权与社会的联系的情况
下，减少了施行这种特权对统治阶级所产生的不利影响，借宗教
的形式，掩盖封建法律的阶级本质。因此，我们可以依据《精
舍碑》所提供的这一重要史料，给《唐律疏议·职制律》的
"八议"制度作一点补充：官吏、皇族犯罪除享有"八议"的法
律特权外，还应当再加一条——信佛免罪。但是欲盖弥彰，更大
程度的开脱罪责也使封建法律的阶级本质及其虚伪欺诈的狡猾面
目更加暴露。

（五）《精舍碑》与礼主刑辅观

　　从西周开始，"礼主刑辅"就一直是统治阶级的立法指导思
想。这一立法指导思想发展到唐代，用《唐律疏议》编订者长孙
无忌的话说，就是"德礼为政教之本，刑罚为政教之用"。[①] 换言
之，就是以礼教防未然，以法绳禁已然。把感化教育和刑罚镇压
紧紧结合在一起，谋求封建国家的长治久安。实践证明，这种法
律思想对唐初的社会安定和生产发展，起过一定的积极作用。

　　何谓"礼"（德）？从《精舍碑》看，唐立法者所谓的礼已
不是先秦儒家的礼，也不是西汉新儒家的礼，而是在西汉新儒，
即儒、法、道诸家思想合糅基础上又掺进新内容——佛教经义的

---

① （唐）长孙无忌等撰：《唐律疏议》序，载卷第一《疏》，中华书局，1983，第3页。

礼（德）。碑文说："信可涤虑洗心，逃殃眞（寘）福，为利甚博，获报无量"。就是说，只有虔诚信奉佛教，才能荡涤内心一切杂念，免除一切灾殃，得到幸福，好处之多，是无法估量的。甚至死后也能"缘证波罗之果"，进入理想世界（涅槃）。显然，这是碑文借佛教经义宣扬"礼主刑辅"的法律思想，是"防未然"在佛教经义渗入法律之后的表现。

精舍在汉朝是指书斋、学舍，是集生徒讲学的地方。《后汉书·包咸传》："因住东海，立精舍讲授"。汉以后，把佛舍即生徒居住或讲学说道的地方，也叫精舍。《晋书·孝武帝纪》："帝初奉佛法，立精舍于殿内，引诸沙门以居之"。《三国志·孙策传》裴松之注引《江表传》："时有道士琅邪于吉，先寓居东方，往来吴会，立精舍，烧香读道书"。精舍，顾名思义，静居的意思，"致一为精，不使杂也"。^①封建立法者认为，只有把人们的思想禁锢在"静居"、"致一"、"不杂"的境域内，才能导民以防犯罪，即防止人民起来造反。所以精舍求佛和礼一样，与刑罚相辅相成，一个"为本"，一个"为用"，把礼治、思想感化和刑罚更为巧妙的结合起来，使其各自发挥作用，以期达到安定社会秩序，巩固封建政权的目的。

尽管碑文竭力宣扬的是佛教经义在辅助刑罚镇慑方面的巨大作用，但是只要我们仔细考察一下碑文的字字句句，不难看出，儒家经义比比皆是。《精舍碑》开宗明义第一句就是："《易》曰：'吉凶悔吝，生乎动也'；《传》曰'祸福无门，惟人所召'。"此外，碑文所引儒家经义还有："小惩大诫"，^②"冒于货

---

① 《广川书跋》语，转引自（清）王昶撰：《金石萃编》第2册，（北京）中国书店，影印本，1985，第6页。
② 《周易》卷八，中华书局，1979，第88页。

贿，贪于饮食"。① "莘蜂不歌"，② "天陞（孽）可逃，自咎难逭"，③ "芬芬泯泯"，④ 等等。在封建立法者眼里，尊儒、尊道、尊佛、都要因时而易，因地而迁，以增强大唐司法的镇压（或怀柔）效能为出发点，以有利于封建国家机器正常运转为归宿。所以，《精舍碑》所反映的佛教思想，已不同于佛教经义的本来面目，而是以佛教教义为表，儒、佛、道三家合糅为里的一种更为适合唐统治者加强法制的新的法律思想。这种法律思想，从唐初开始，一直是统治者的重要法制思想，直至明清，未有改变。

如果追溯这种法律思想的渊源，还可以追溯到汉武帝时期董仲舒所倡导的《春秋决狱》。董仲舒作《春秋决狱二三事》，使儒家经典法典化，视儒家经义为司法审判的依据。这种以儒家经义为准绳的审判制度，实质上是一种给法律涂上宗教色彩的唯心主义审判制度，即"论心定罪"，"志善而违于法者免，志恶而合于法者诛"。⑤ 南北朝时期，由于长期的社会大分裂和频繁的战争，阶级矛盾尖锐复杂，为佛教提供了急剧发展的条件。译经、建寺、凿窟成风，佛教阴影弥漫到社会的各个角落。在这种时代条件下，北魏统治者一方面继续沿用《春秋决狱》，另一方面也竭力推行"囹圄与福堂同居"，以解决疑狱疑案的法律制度。"（显祖）曰：'狱滞虽非治体，不犹愈乎仓卒而滥也？夫人幽苦则思善，故囹圄与福堂同居。朕欲其改悔，而加以轻恕

---

① 《左传》卷二〇《文公十八年》，中华书局，1979，第 1863 页。

② 《诗经》卷一九《毛传》，中华书局，1979，第 600 页。

③ 《尚书》卷八《太甲中》，中华书局，1979，第 164 页。

④ 《尚书》卷一九《吕刑》，中华书局，1979，第 247 页。

⑤ 《盐铁论·刑德》。

耳'"。① 福。"备助吉也,"②"谓诸臣祭祀进其余肉归胙于王"。③
福堂,就是佛堂。在北魏统治者看来,"囹圄与福堂同居"不仅
能够解决"狱滞"现象,减少疑狱冤滥,还可以把犯罪者的思
想束缚在以祷佛求免、以虔诚去恶从善、以拜神化凶为祥的境
界,达到麻痹人民斗志,缓和阶级矛盾,巩固鲜卑贵族政权的目
的。这种制度发展到唐代,不仅改福堂为精舍,而且在狱讼范围
上,超出疑狱疑案,广泛运用于监狱之内。同时,还从组织机构
上使精舍隶属于中央司法机关之一的御史台,成为唐朝监察机构
的有机组成部分。由福堂到精舍,从一个侧面说明礼正式入律,
沿用八百多年的《春秋决狱》,便宣告结束。古代狱政史上的这
一重大转变,标志着封建司法机构、司法制度基本定型,而且严
密化、制度化。

① 《魏书》卷一一一《刑罚志》,中华书局,1999,第1922页。
② 《说文解字注》第一篇上《示部》,上海古籍出版社,1981,第3页。
③ 《经籍纂诂》卷九〇《福禄》,中华书局,1982,第1858页。

三 《盟吐蕃碑》识读

　　人类的历史，从早期直至现今，是一种前进的运动，且是一种多元的文化的前进运动。前资本主义社会的农本经济的特点，固然使之具有闭塞性，然而，闭塞只是相对而言。人类各地区间随经济的交往频繁而打开了闭塞的孔道。所以物质文明、精神文明的发展在这种交往中被创造、演进。法律文明也不例外，多元的法律文明也因而被创造。

　　中国古代是个显例。在古典的文明世界中，在与多国家、多民族、多地区的交往中，从黄河流域到地中海沿岸，最长的东西方两极的文明，以陆上和海上丝绸之路连接起来。期间不仅形成了物质文明与精神文明的交流与创造，也包括法律文明的创新。而中国又以其农本经济的韧性与优越性与其周边的游牧和半游牧国家交往，以其和平外交将周边此类国家吸收到自己的经济文化体系中，促进了世界的和平前进。公元9世纪的唐王朝与吐蕃国的国际和平条约《盟吐蕃碑》，以不可辩驳的史实反映了中国古代的和平外交原则及其对周边文明发展的促进，值得我们研读。

（一）《盟吐蕃碑》① 识读

大唐文武孝德皇帝②大蕃圣神赞普③舅甥二主商议，社稷如一，④ 结立大和盟约，⑤ 永无沦替。⑥ 神人俱以证知，世世代代使其称赞，是以盟文节目题之于碑也。

文武孝德皇帝与（下约缺11字）。□□□□舅甥濬哲鸿被，⑦ 晓今永之□，⑧ 享矜愍之情。⑨ 恩覆其无内外，商议叶同，⑩ 务令万姓安泰，所思如一。成久远大治，再续燕之情，⑪ 重申邻好之义，为此大和矣！今蕃汉二国，所（以下

---

① 碑高1丈1尺，宽2尺5寸。汉字6行，每行84字共504字。字直径寸许。蕃字不计。侧厚1尺6分，20列，每列行字不等。左行，均行书。碑在西藏拉萨伊克招庙大门右。见陆增祥：《八琼室金石补正》卷七一。

② 大唐文武孝德皇帝：指唐穆宗。据陆增祥：《八琼室金石补正》，此碑立于唐穆宗长庆元年（公元821年）五月，穆宗上尊号曰文武孝德皇帝。

③ 赞普：亦作"赞府"、"鑯逋"。吐蕃君长的称号。《新唐书》卷二一六上《吐蕃上》："其俗谓强雄曰赞，丈夫曰普，故号君长曰赞普"。据《新唐书》卷二一六下载，此盟为吐蕃彝泰七年，唐长庆元年所立。

④ 社稷如一：国家像一国一样。

⑤ 大和盟约：指永久性和平盟约。

⑥ 永无沦替：永远不再改变。

⑦ 濬哲鸿被：深沈有智，洪恩覆盖。濬通浚。《书·尧典》："浚哲文明。"孔传："浚，伸，哲，智也。"蔡沈集传："深沈而有智。"鸿，大，通洪。被，覆盖。

⑧ 晓今永之□：碑文中一字已磨泐，即因石纹理而裂开，故为缺字。整句意应为："通晓告知今后的两国友好关系。"

⑨ 亨矜愍之情：享受矜愍民众的感情。亨通享。《易》卷第二《大有》："公用亨于天子。"矜愍，即怜悯。矜，旧字，今写作"矜"。愍，本应为愍，唐碑，忌太宗李世民之名，凡民字，均写作"愍"，以示尊重之意。矜愍，亦作"矜悯"、"矜闵"、"怜悯"。

⑩ 商议叶同：共同协商议定。叶，通"协"。商议叶同，即为协同商议。

⑪ 再续燕之情：再续和好的感情。燕，燕好，和好。《左传》卷四七《昭公十六年》："二三君子以君命贶起，赋不出郑志，皆昵燕好。"杜预注："昵，亲也；赋不出郑国，以示亲好。"

约泐十四字）已西，尽是大蕃境土。彼此不为寝敌，① 不举兵革，不相侵谋封境。或有猜阻，② 捉生问事，□给以衣粮放归。今社稷叶同如一，为此大和。然舅甥相好之义善。□每须通传，③ 彼（泐二字）□一（泐阴九字）。蕃汉并于将军谷交马。其绥戎栅④以东，大唐祗应；⑤ 清水县⑥以西，大蕃供应。须合舅甥亲近之礼，使其两界烟尘不扬，同□寝盗⑦之名，复无惊恐之患。封人撤备，⑧ 乡土俱安，如斯乐业之□（约泐十二字），于日月所照矣！蕃于蕃国受安，汉亦汉国受乐，兹乃合其大业耳！依此盟誓，永久不得移易！然三宝⑨及诸贤圣日月星辰请到为盟。如此盟约，各自契陈，⑩ 刑牲为盟，⑪ 谓此大约。傥⑫不依此誓，蕃汉（约泐十

---

① 彼此不为寇敌：彼此不成为有宿怨的仇敌。寇，今查此字，疑为寝之异体或碑体字。侵通宿，宿怨，宿敌，有旧怨的敌人。《大清一统志》载有此文，其中"寇敌"写作"杀敌"，意即为"仇敌"。

② 或有猜阻：如果还有猜忌、阻拦。指相互不信任。《大清一统志》写作"积阻"，应指积怨阻拦。

③ 每须通传：每当双方需要通报，传达。

④ 绥戎栅：地名。此句本文"绥戎栅已东"，《大清一统志》写作"洮岷之东"。当在洮水、岷山之东。唐时吐蕃疆域很大，直达今天甘肃、青海一些地方，可参阅《中国历史地图》。

⑤ 祗应：《大清一统志》作"供应"。

⑥ 清水县已西：《大清一统志》写作"清水县以西"。清水县在甘肃东南部，汉时置县。

⑦ 同□寝盗：《大清一统志》作"同闻颂德"。

⑧ 封人撤备：封人，官名。掌管防守疆域之事。此句指防守两国边境的官员撤去防守的武装力量。

⑨ 三宝：此处为佛教名词。佛教称佛、法、僧为"三宝"，佛，指创教者释迦牟尼，也泛指一切佛；法，即佛教教义；僧，指继承、宣扬佛教教义的众僧。

⑩ 各自契陈：立约双方各方以自己的文字刻于石碑之上陈述之，以示历史的见证。契通"契"，刻的意思。《吕氏春秋·察今》："遽契其舟。"

⑪ 刑牲为盟：当时立盟约，分为小盟与大盟。小盟用羊犬猴为祭礼的牺牲物，大盟以人马牛驴为祭礼的牺牲物。在盟誓时要设立高高祭坛，奏乐，以佛教诸神为誓。将牺牲物折足裂肠陈列于坛前，并使巫师誓告于神，说："如违背盟誓者，有如此牲。"这是吐蕃国的盟制。因为是国际和约，故此次盟誓使用大盟之约。

⑫ 傥：倘或，假如。《史记》卷六一《伯夷列传》："傥所谓天道，是邪，非邪！"

字）祸也！乃须仇□及为阴谋者，不在破盟之限。① 蕃汉君臣，并稽告立誓，周细为文，二君之验搭比有印。登□□□□□姓名手执。② 如斯誓文藏于王府焉。

〔译文〕

大唐穆宗大蕃国圣神君主舅甥二国国君商议，国家如同一统，缔结永久性和平盟约，永远不再改变。天神与人皆都证知此盟约，世世代代的人民称赞此盟约，因此将盟约的内容和题目均刻于此碑之上。

文武孝德皇帝（唐穆宗）与（以下约泐 11 字）□□□□舅甥深沈有智，洪恩覆盖。通晓告知今后两国的友好关系，怀着怜悯民众的感情，洪恩覆盖国内外，协同商议，务必使百姓安居康泰，思想认识统一。完成永远大治，继续和好亲爱的感情，再次重申睦邻友好的道义，成就这种永久的和平！

现在蕃汉两国，所（缺 14 字）以西，全属大蕃国境土，彼此不为寇敌，不起战争，不相互侵犯图谋对方领土。如有百姓间相互猜忌阻拦，捕捉对方人口，寻衅闹事，则将捕捉到的对方人口给以衣粮，放归回去。现在国家协同如一，成为永久和平关系。但是舅甥间相互安好和善，如须对方通报传递，两国共同在将军谷交换使节、马匹。绥戎栅（洮岷）以东，由大唐国供应使者；清水县以西，由大蕃国供应使者。要符合舅甥间亲近的礼节，使两国边界不再发生战争，共同颂扬和平之德福，再无战争惊恐的忧患。主管边疆的官员撤去边境的军事防备，双方乡土都定安。像这样安居乐业之地方，将被日月的光芒所照耀。吐蕃国

---

① 仍须仇□及为阴谋者，不在破盟之限：《大清一统志》无此语。
② 登□□□□□姓名手执：登录了参与盟誓的双方人员的亲手签名的姓名。

在吐蕃国享受安定，大唐也于大唐国受安乐，这才符合两国大业！依据此盟誓，永久不得改变！佛、法、僧三宝及诸圣贤日月星辰均被邀请来参加盟誓。这样的盟约，双方各以文字刻石陈述流传于后世，并杀大牲立盟。表示这是重要的对神人的大盟誓。倘使今后不依此盟誓，就是蕃汉两国的灾祸啊！如仍有互为仇敌及从事阴谋活动者，就不属破坏盟约的范围，而要受其殃！蕃汉两国的君臣，共同稽首告于天神立誓，详细写出盟约。两国君主签字的验证有玺印为证。并登录参与盟誓的双方人员姓名及各自亲笔签字。此誓文藏于王府！

〔碑侧文〕

　　大唐□□等和好登坛□□□。大唐宰相（泐）正议大夫（泐）朝散大夫中书侍郎同（泐）太中大夫中书侍郎同平章事王播。中大夫尚书户部侍郎同平章事杜元颖。正议大夫兵部尚书肖俛。大唐诸察登坛者名位。金紫光禄大夫右仆射韩皋。朝议郎御史中丞牛僧儒。太中大夫右仆射兼吏部尚书李绛。银青□禄大夫户部尚书杨（泐），□□通议大夫礼部尚书韦绶。□□□□大夫尚书右仆射兼太常卿赵宗儒。太中大夫礼部尚书兼司农卿裴武。正议大夫京兆尹兼御史大夫柳公绰。银青光□大夫工部尚书兼右金吾卫大将军郭从。□□大夫大理卿兼御史大夫刘元鼎。朝议大□□□司□□兼□史中丞刘师老。□□郎□□（泐二行）□监察御史□□□□□，朝议郎□（泐二行）□学□□□（泐）。

〔考证文〕Ⅰ

碑在卫①之伊克招庙大门，右上刻长庆初②唐与吐蕃③会盟之文，至今碑尚完好。其文曰云云。按《旧唐书》，④长庆元年九月，吐蕃遣使请盟，许之。乃命大理卿兼御史大夫刘元鼎充西蕃⑤会盟使，兵部郎中兼御史中丞刘师老为副。元鼎等与论讷罗同赴吐蕃本国就盟，此碑即当时所置也。（《大清一统志》）⑥

〔考证文〕Ⅱ

右吐蕃会盟碑，在拉萨，刻于石柱上。《旧唐书·吐蕃传》长庆元年九月，吐蕃遣使请盟。乃命大理卿兼御史大夫刘元鼎充西蕃会盟使，十月十日，与吐蕃使盟。宰臣⑦及右仆射⑧六曹中

---

① 卫：旧时西藏四部之一。在诸藏之中，故一名中藏；又与康合称前藏。东邻康（一作喀木）境，西接藏界，约当今西藏自治区的拉萨市西部，那曲地区中部和山南地区。

② 长庆初：长庆，唐穆宗年号，指从公元 821 年至公元 824 年。此处"长庆初"系指长庆元年（公元 821 年）。

③ 吐蕃：中国古代藏族政权名。公元 7～9 世纪时在青藏高原建立。是由雅隆（在西藏山南地区）农业部落为首的部落联盟发展而成的奴隶制政权。在赞普松赞干布时，降服苏毗羊同等部，定都拉萨，建官制，立军制，定法律，创文字形成了以赞普为中心的集权的奴隶制贵族统治。8 世纪后半，赞普墀松德赞时，最为强盛，曾辖有青藏高原诸部，势力直达西域河陇地区。9 世纪中赞普达磨死后，统治集团分裂，奴隶、属民起义，吐蕃瓦解。计传位 9 代，历时 200 多年。文献有大量碑铭、文书及汉梵医术、历算、佛经等藏文译本。赞普松赞干部、弃隶缩赞先后与唐文成公主、金成公主联婚，唐蕃通使频繁，经济文化联系至为密切。吐蕃是唐人对这一政权的称谓。吐蕃政权崩溃后，宋、元、明史籍仍沿称青藏高原及当地土著族、部为吐（土）蕃，或称西番（番）。

④ 《旧唐书》：书名。原名《唐书》，因与欧阳修等所撰《新唐书》区别，故称。后晋刘昫监修，作者为张昭远、贾纬等。修于天福五年至开运二年间（公元 940～945 年）。200 卷。纪传体唐代史。清乾隆四十九年（1784 年）列入二十四史，遂与《新唐书》并行。

⑤ 西番：即吐蕃。

⑥ 《大清一统志》：清代官修地理总志。从康熙二十五年（1686 年）开始，编辑《一统志》共有三次：第一次乾隆八年（1743 年）成书，342 卷；第二次乾隆四十九年成书，500 卷；第三次道光二十二年（1842 年）成书，560 卷，因开始于嘉庆年间，故名《嘉庆重修一统志》内容丰富，考订精详，是一本比较完善的全国性地志，为研究我国历史地理的重要参考书。

⑦ 宰臣：即宰相。

⑧ 右仆射：官名，起于秦代。本意为君主左右的小臣，东汉时尚书仆射为尚书令的副手，东汉末分为左、右仆射。唐代不设尚书令，仆射即为尚书省长官。

执法①太常卿②司农卿③京兆尹④金吾大将军⑤皆与焉。仍令元鼎到彼。今宰相以下，各于盟文后自书名。⑥ 二年二月，遣使来定界，六月，刘元鼎自吐蕃使回，奏云：去四月二十四日到吐蕃牙帐。⑦ 以五月六日会盟讫。此即五月六日所盟文也。⑧ 文后本有诸臣题名，此拓本⑨失之。《大清一统志》载有此碑，释文⑩与此多不同。（《平津读碑记》）⑪

〔考证文〕Ⅲ

按，是碑《大清一统志》《西藏志》⑫皆载之，作伊克招唐碑。其文与石本有异，附录之，以备参考。并据《全唐文》⑬所录缘全文而今石文磨泐者以小字旁注之。盖石本间有磨泐不全，志则节录损益以足戒之。非别有一碑也。道光元年，玉研农尚书

---

① 六曹中执法：六曹，官职名。东汉时尚书分六曹治事，隋唐定为吏、户、礼、兵、刑、工六部，称六曹。六曹中执法，即六部主管执法的官员。
② 太常卿：即太常。官名。秦置奉常，汉景帝时改为太常。为九卿之一，掌宗庙之礼仪，兼掌选博士。历代沿制，为专门掌司祭祀礼乐之官。隋至清称为太常寺卿。
③ 司农卿：官职名。北方时设司农寺，历代沿制，掌粮食和储仓廪管理及京朝官禄米供应事务。长官称为司农寺卿。
④ 京兆尹：官名。唐开元初改雍州为京兆府，往往以亲王领雍州牧，而改雍州长史为京兆尹。
⑤ 金吾大将军：金吾，官名。掌管京城的戒备防务。金吾大将军即指主管金吾的主官。
⑥ 自书名：亲自署名。
⑦ 牙帐：少数民族主帅所住的帐篷。
⑧ 此即五月六日所盟文也：指长庆二年五月六日会盟的盟文。
⑨ 拓本：即拓文，把石碑或器物上的文字或图画印在纸上。
⑩ 释文：解释的文字。
⑪ （清）孙星衍辑：《平津读碑记》，疑为《平津馆丛书》之一。凡10集，42种。因为陆增祥《八琼室金石补正》提到"孙文"，即此书。
⑫ 《西藏志》：书名。不著撰人姓名。书分事迹、疆圉等33目。为清乾隆年间之书。该书为以后的《卫藏图识》、《西藏图考》等书所依据。《龙威秘书》中有《西藏记》与此书内容尽同，只目次先后各异，实为一书。
⑬ 《全唐文》：书籍总集名。清嘉庆十九年董浩等编。1000卷，以清内府所藏旧钞《唐文》为蓝本，并采辑《永乐大典》、《文苑英华》、《唐文粹》等书而成。体例仿《全唐诗》。共收唐五代作家3000余人，文18400余篇，并附有作者小传。有扬州刻本。清同治间陆心源有《唐文拾遗》72卷，目录8卷，《续拾》16卷，收入其所刻《潜园总集》中。

驻藏回都，携有墨拓。知余有金石癖，以一本见诒。① 是碑远在西陲，颇为艰致，因即录其文箸于编考。文刻石柱，右半汉书，左半蕃书。左右两侧为汉蕃诸臣题名，亦汉书蕃书相间也。《旧唐书·吐蕃传》：自贞观八年通使中国，其后屡寇屡和。开元二十二年，遣将军李诠于赤岭②与吐蕃分界立碑，今其碑之存佚未知也。长庆元年，命大理卿兼御史大夫刘元鼎与吐蕃盟会使云云。此即长庆元年五月，刘元鼎与吐蕃盟之文。《旧西域志》③及《西藏志》、《卫藏园识》属之德宗，误矣！左右两侧，名虽剥蚀，其可见者，与《新唐书》所载多合。惟兵部尚书肖俛碑作工部尚书；礼部尚书裴武、碑作农卿，当以碑本为正。又案，《新唐书》长庆元年，吐蕃盟策署彝泰末，今此碑末汉蕃皆未署年月，当非盟策，④ 盟策未知勒石否也。（《筠清馆金石记》）⑤

〔《八琼室金石补正》⑥ 考〕

访碑录及吴氏，⑦ 皆以此碑为立与长庆元年五月。案：穆宗上尊号曰文武孝德皇帝，在长庆元年七月。《新唐书·吐蕃传》

① 诒：此处通"贻"。遗留；送给。

② 赤岭：地名，即今之日月山。在青海省湟源县西，以土石皆赤，不生草木得名。古时为中原对西南地区和西域交通要冲。唐代自陇右入吐蕃，均要取道与此。日月山的得名据说取自文成公主入吐蕃的故事传说，至今当地有纪念性的设施。

③ 《旧西域志》：书名，即《西域志》，当指二十四志中西域传的合本。西域，汉以后对玉门关以西地区的总称，始见于《汉书·西域传》。狭义指葱岭以东；广义则凡通过狭义西域所能到达的地区，包括亚洲中、西部印度半岛、欧洲东部和非洲北部在内. 汉武帝派张骞初通西域，汉宣帝始置西域都护。唐在西域设安西、北庭二都护。亚欧海运畅通前，横贯西域的大路长期是东西往来要道，便利了东西方经济、文化的交流。自《汉书》始，各朝史籍均列《西域传》。自19世纪末年以来，西域一名渐废不用。

④ 当非盟策：《筠清馆金石记》作者推断此碑书非长庆元年在北京西与吐蕃会盟之盟书。

⑤ （清）吴荣光：《筠清馆金石记》，据言所集石刻不下两千余通，但可惜未刊印，今不存。

⑥ 陆增祥撰：《八琼室金石补正》：吴兴刘氏希古楼梓成出版，1925，130卷。是继清王昶《金石萃编》之后集金石学大成的巨著。1980年经文物出版社出版。1985年文物出版社出版了断句缩印本。详细介绍请读1985年版李学勤先生写的影印《八琼室金石补正》序。

⑦ 吴氏：即指前引《筠清馆金石记》的编者吴荣光。

云：方盟时，吐蕃以壮骑屯鲁州，^① 灵州^②节度使李进城与战大石山，破之。大石山之战，本纪系于元年十月，其非五月所立，不待言矣！此所谓放盟时者，乃京师西郊之盟，非此碑就盟其国之时也。《新唐书》于大石山战之下云，明年，请定疆侯元鼎与论讷罗就盟其国，《旧唐书》明言二年二月，遣使请定界，以五月六日会盟讫。是京师之盟在元年十月，吐蕃之盟在二年五月。孙吴两家^③误为一耳。《新唐书》又云，元鼎还，虞元帅尚塔藏^④馆客大夏川。^⑤ 集东方节度诸将百余，置盟策^⑥台上，编晓之，且戒各保境，毋相暴犯。策署彝泰七年，吐蕃彝泰七年当唐之长庆元年。此盟于京师之盟策，非盟于吐蕃之盟约也。碑前云，结立大和盟约，后云，如此盟约。则非即盟策可知，亦不得并为一焉！碑多剥陊。^⑦《大清一统志》载有此文，具录于后。弟^⑧二行与字之下，志作"圣神赞普二圣"六字，其下直接濬哲，无舅甥二字。弟三行所字之下，志作守见管封疆洮岷之东属大唐国其塞十五字。弟四行彼字之下，志作"此相倚二国常相往来，两路所遣唐差"十五字。弟五行安下，志作"并无相拢之犯。垂恩万代，则赞美之声遍"十六字。"无如斯乐业"五字。弟六行"不依此"下，志作"言背约破盟者受其殃"九字。无"誓蕃汉"三字。其志于碑异者，一并录之，证之。知作之。盟文节目题之于碑也。作勒石流传之于后也。"今永之□"，作"久永

---

① 鲁州：地名，对山东的一种称谓。唐时辖境相当今山东济宁、泰安、莱芜、泗水一带。
② 灵州：州名。唐时辖境相当于今宁夏中卫、中宁以北地区。为朔方节度使治所。
③ 孙吴两家：指前引孙星衍和吴荣光《筠清馆金石记》。
④ 尚塔藏：当时吐蕃和谈立盟代表。
⑤ 大夏川：大夏，指宁夏一带。
⑥ 盟策：盟书，盟约。
⑦ 陊：堕落，破败。
⑧ 弟：通"第"，此文本中，此后言次第，均作"弟"，为古代次第一字的本字。

之化"。"亨"作"垂","其无内外"之"其"作"并"。"再续燕情之情重申",作"之绩兹者同心以申"。"为此大和矣"作"共成厥美"。"蕃汉"作"汉蕃"。"已西"作"之西","境土"作"地土","寇敌"作"杀敌","猜阻"作"积阻"。给上似题字,志无之。"今"作"令","叶同如一为此大和"作"山川无拢各敬人神"。"善□"作"苦难"。"蕃汉"作"蕃使","绥戎栅以东"作"洮岷之东","祐应"作"供应"。"已西"作"以西","须合"作"须令"。"同□寇盗"作"同闻颂德","复"作"永"。"虑"作"患"。"封人"作"行人"。"兹乃合其大业耳"!志无此句。"依上"多一"各"字。"永久不得移易"作"永不移易"。"然"作"当"。"贤"下无"圣"。"仍须□及为阴谋者不在破盟之限",志无此语。"稽告立誓"作"稽首告立"。"二君"之下作"德万载称扬内外,蒙庥人民感颂矣"与碑迥异。

襄见《筠清馆金石记》载此碑。有跋无文。跋语谓,据《全唐文》所录,以小字旁注之,余无是书,不能辑补焉。碑侧立诸臣名位,《新唐书》云,以大理卿刘元鼎为会盟使,右司郎中刘师老副之。诏宰相与尚书右仆射韩皋,御史中丞牛僧儒,吏部尚书李绛,兵部尚书肖俛,户部尚书杨于陵,礼部尚书韦绥,太常卿赵宗儒,司农卿裴武,京兆尹柳公绰,右金吾将军郭从,及吐蕃使者论讷罗,盟京师西郊。赞普以盟言,约"二国无相寇仇,有禽生问事,给服粮归之。"诏可。大臣豫盟者,悉载名于策。有云,其国敕庐大臣亦列名于策。碑书上蕃下汉,其蕃字为庐臣或即唐臣,不得而知。碑书宰相名位,王播之上尚有二人,其名既泐,以宰相表考之,当是段文昌、崔植也,肖俛已于元年正月罢相,碑仍列于宰相者,当以其曾为宰相之故,特次于宰相之末，而不书同平章事，以区别之。韩皋以下诸臣，皆与史合。惟史不详阶秩及兼官耳。户部尚书杨之下盖泐"于陵"二字。刘师老署衔所缺盖"右郎中"三字，肖俛、裴式署衔亦与史合。吴氏以为不符者，于"兵"字则审之未细，于裴武署衔则读之未全也。碑于刘师老以下尚有二列，史所不载，据吴氏谓，碑有左右两侧，余仅得一，为左为右不可臆定。《新唐书》所载，均已见于此侧，其一侧所书，不知几人，或系虏臣邪！宰相以下十四人当是元年十月在京师豫盟之大臣。刘元鼎以下方为就盟吐蕃之臣。备书之者，重此盟也。史第载京师豫盟之臣，而于就盟诸臣不及详叙，无从知之矣！又案《新唐书》云，唐使者始至，给事中论悉笞热来议盟，大享于牙右，饭举酒行，与华制略等。乐奏秦王破阵曲，又奏凉州胡渭录杂耍曲，百使皆中国人。盟坛广十步，高二尺。使者与虏大臣十余对对莅。酋长百余坐坛下。上设巨榻，钵掣逋升，告盟。一人自旁译授于下。已歃血，钵逋掣不歃。盟毕，以浮屠重为誓。引郁金水以饮，与使者交庆，乃降。此当时盟制也。虏俗小盟用羊犬猴为牲，大盟用人马牛驴为牲。凡牲必折足裂肠陈于前，使巫告神曰，渝盟者有如牲。碑故有刑牲为誓之语。碑有或有猜阻云云，与史所言禽生问事，给粮归者同。

诸考释文本之译文：

〔考证文Ⅰ《大清一统志》〕

碑在前藏拉萨伊克招庙的大门。右上刻长庆初年唐朝与吐蕃国会立盟约之文。至今碑仍完好，碑文如前所述。根据《旧唐书》记载，长庆元年九月，吐蕃派遣使者请求两国缔结和平盟约，唐朝答应。于是任命大理寺卿兼御史大夫刘元鼎担任西蕃会盟使者一职，任命兵部郎中兼御史中丞刘师老为副会盟使，刘元鼎等人与吐蕃官员论讷罗一同赴吐蕃本国签定盟约。这块碑就是当时立盟所刻的盟碑，并设置于该地。

〔考证文Ⅱ《平津读碑记》〕

上面吐蕃会盟碑，在拉萨。盟文刻于石柱上。《旧唐书·吐蕃传》记载：长庆元年九月，吐蕃国派遣使者请求与唐朝缔结会盟和约。唐朝于是任命大理寺卿兼御史大夫刘元鼎担任西蕃盟会使者。十月十日，与吐蕃使者立盟约。宰相以及右仆射、六部中执法官、太常卿、司农卿、京兆尹、金吾大将军都参加了。唐朝仍令刘元鼎到吐蕃，令宰相以下官员各于盟文后面亲自签名。长庆二年二月，吐蕃派遣使者来请求确定两国分界。六月，刘元鼎从吐蕃派遣使者回国，向朝廷奏报说：四月二十四日到吐蕃将军幕帐协商立盟具体措词，至五月六日会盟结束。此碑文即五月六日所立盟约之盟文。《大清一统志》载有此碑文。内中释文与此文有许多不同。

〔考证文Ⅲ《筠清馆金石记》〕

考证。这块碑《大清一统志》、《西藏志》都记载有。写为伊克招唐碑。该两书记载的碑文与石碑文本有差别，所以附录之以备参考。并根据《全唐文》所录全文，然而现今石文已磨损裂漏的，都用小字在旁边注上。这是因为石碑文间或有磨损裂漏不全。《大清一统志》、《西藏志》可能节录有增减而成，并不是另有一块碑。道光元年，玉研农尚书驻藏返回都城，携带有该石碑的拓片。他知道我有收藏和研究金石文字的癖好，把一本拓文赠送给我。这本书远在西部边陲，极难得到碑文拓片。所以我就录此文著于我的编考书中。此碑文刻于石柱上，右半边为汉字书写，左半边为吐蕃字书写。碑的左右两侧面为汉蕃各大臣的题名，也是汉文书写吐蕃文书写相间。《旧唐书·吐蕃传》记载，自唐贞观八年吐蕃通使与中国，其后多次侵犯中国又多次与中国讲和，唐开元二十二年，唐派将军李诠在赤岭与吐蕃划分国界线并立碑。该碑现今保存或佚失都不知。长庆元年，唐朝任命大理寺卿兼御史大夫刘元鼎为与吐蕃会盟使。这就是长庆元年五月，刘元鼎与吐蕃会盟之盟文。过去《西域志》及《西藏志》、《卫藏图识》都认为是德宗时，这个记载是错的。碑左右两侧的题名虽然有剥落侵蚀之处，但其中可以看到的人名与《新唐书》的记载大多符合。只有兵部尚书肖俛，碑文写作工部尚书；礼部尚书裴武，碑文写作农卿。应当以碑文本为正确。又考证：《新唐书》长庆元年，吐蕃盟书签署为彝泰末，现在此碑文无。汉蕃双方都未署明年月，应当不是盟书原文，盟书不知刻石否？

〔《八琼金石补正》考〕

读碑文录文和吴荣光《筠清馆金石记》，都认为这块石碑是立于长庆元年五月。考证：穆宗尊号"文武孝德皇帝"，这时间在长庆元年七月。《新唐书·吐蕃传》说，结盟时，吐蕃国以强壮的骑兵屯集于鲁州。灵州节度使李进城与吐蕃国大战于大石山，攻破吐蕃军。大石山之战，唐本纪记载是长庆元年十月。所以此盟约不是五月所立是不言而喻的。《唐书》所谓"方盟时"，是指京师西郊的盟约，不是指这块碑在吐蕃国立盟之时。《新唐书》在大石山战斗之下记载，第二年，请定疆侯刘元鼎与论讷罗到吐蕃国立盟。《旧唐书》明确记载是长庆二年二月，吐蕃派使者来请求确定两国边界。到五月六日两国会盟完成。这说明京师之盟在长庆元年十月，赴吐蕃之盟在长庆二年五月。孙星衍和吴荣光两家的考证将两次盟约误以为是一次。《新唐书》又说，刘元鼎返还唐朝后，吐蕃国的元师尚塔藏还客居于大夏川，他召集东方节度各将领百余人，将盟书放于盟台上，遍告诸将领，并告戒诸将领各自保卫自己的辖境，不要互相间再以暴力相侵犯。该盟书签署时间为彝泰七年。吐蕃国的彝泰七年是唐朝长庆元年。这盟约是京师之盟约。碑前面盟文说"结此大和盟约"。后面又说，"如此盟约"。那么就可知不是对吐蕃的盟约，也不可将这二次盟约合并为一个，碑文多处有剥落。

《大清一统志》记载有此文，现全录于后。第二行"与"字之下，《一统志》写作"圣神赞普二圣"六字，其下直接"濬哲"，无"舅甥"二字。第三行"所"字以下，《一统志》写作"守见管封疆洮岷之东属大唐国其塞"十五字。第四行"彼"字之下，《一统志》写作"此相倚二国常相往来，两路所遣唐差"十五字。第五行"安"字下《一统志》写作"并无相拢之犯，垂恩万代，则赞美之声遍"十六字。无"如斯乐业之"五字。第六行"不依此"下，《一统志》写作"言背约破盟者受其殃"九字。无"誓蕃汉"三字。《大清一统志》与碑文相异者，一并录于此，证明，并知原作。盟文节目题写在碑，刻石流传于后世。"今永之□"，写作"久永之化"。"享"字写作"垂"。"其无内外"之"其"写作"并"。"再续燕亲之情重申"，写作"之绩兹者同心以申"。"为此大和矣"写作"共成厥美"。"蕃汉"写作"汉蕃"。"已西"写作"之西"。"境土"写作"地土"。"寇敌"写作"杀敌"。"猜阻"写作"积阻"。"给"字上似"諟"字。《一统志》无"之"字。"今"写作"令"。"叶同如一为此大和"写作"山川无拢各敬人神"。"善□"写作"苦难"。"蕃汉"写作"蕃使"。"绥戎栅以东"写作"洮岷之东"。"祗应"写作"互应"。"已西"写作"以西"。"须合"写作"须令"。"同□寇盗"写作"同闻颂德"。"复"写作

"永"。"虑"写作"患"。"封人"写作"行人"。"兹乃合其大业耳",《一统志》无此句。"依"字上面多一个"各"字。"永久不得移易"写作"永不移易"。"然"写作"当"。"贤"字之下无"圣"字。"仍须仇□及为阴谋者不在破盟之限"《一统志》无此句话。"稽告立誓"写作"稽首告立"。"二君"之下写作"德万载称扬内外蒙麻人民感颂矣",于碑文迥异。

以前见到《筠清馆金石记》载有此碑文。有跋而无文。跋语说,根据《全唐文》所录,以小字旁注之。我无《全唐文》,不能辑补。碑侧面列各位大臣名位。《新唐书》说,以大理卿刘元鼎为会盟使,右司马郎中刘师老为副使。下诏令宰相与尚书右仆射韩皋、御史中丞牛僧儒,吏部尚书李绛,兵部尚书肖俛、户部尚书杨于陵,礼部尚书韦绶,太常卿赵宗儒,司农卿裴武,京兆尹柳公绰,右金吾将军郭从,及吐蕃使者论讷罗,结盟于京师西郊。吐蕃赞普以盟言约定两国不再相互寇仇。有捕捉双方人口问事的,都发给衣服粮食,放归。诏书认可。大臣们参与盟约者,全部登载姓名在盟书上。《新唐书》又说,吐蕃国敕虏大臣也将其姓名于盟书上。碑文上面为蕃文下面为汉字。那吐蕃文为"虏臣"也可能就是唐臣,不得知。碑上书写宰相名位,王播以上还有两人,他们的姓名已磨泐掉,根据唐代宰相表考证,应当是段文昌、崔植也。肖俛已于元年正月罢宰相之职,碑文仍列于的原因,应当是他曾任宰相的缘故,特别列于宰相的最后,而又不写"同平章事"。以示区别。韩皋以下诸臣都与史书记载相符合,只是史书不详细记载他们的官阶和兼任官职。"户部尚书杨"之下磨泐的二字应是"于陵"。刘师老署官衔所缺的应是"右郎中"三字,肖俛、裴武所署官衔也与史籍记载相吻合。吴荣光认为与史籍不符的原因,他对"兵"字审查不仔细,对裴武署衔未读全。碑文在刘师老之下还有二列,史书未记载,根据吴荣光的考证，碑文有左右两侧，我现在仅得一侧碑文，是左面还是右面不可臆定。《新唐书》所记载的均已见于此侧，那么另一侧所登录的不知有几人，也可能是吐蕃官员。宰相以下十四人应当是长庆元年十月在京师预备盟约时的大臣。刘元鼎以下之大臣名字才是到吐蕃参加盟约的大臣全部参预者的姓名全都书写于此，说明十分重视这个盟约。史籍详载参预盟约之大臣，而对到吐蕃就盟诸臣未及详细叙，所以无法了解这些人的其他情况。

又考证，《新唐书》载，唐朝使者刚至吐蕃，吐蕃国给事中论悉答热来商议盟约之事，举行盛大的招待宴会于牙右。吃饭饮酒与中国的制度大致相当。酒席间奏的乐曲有秦王破阵曲，又演奏了凉州胡渭录杂耍曲，演奏者百余人，都是中国人。立盟时，修土坛，盟坛宽十步，高二尺。唐使者与吐蕃大臣十余对对莅。吐蕃酋长百余人坐在坛下。坛上设一巨大床，当拿起钵还未举起时，就宣告盟约成。一个人在旁边翻译。已经歃血，即在嘴上涂上牲畜血以示仪式之隆重。钵却慢慢举起不涂血。盟誓完毕，又以佛祖名义重新再设誓。并拿郁金水来饮，与唐使者交杯庆贺，于是吐蕃降。这是当时吐蕃国的盟制。吐蕃国习俗，小盟誓用羊、猴为祭祀的牺牲，大盟誓用人、马、牛、驴为祭祀的牺牲。凡牺牲物，必须折断其足，撕裂肠肚陈列于祭台，并让巫师向神祷告说："违背这个盟誓的人就像这个牺牲物一样死去！"碑文因此有"刑牲为誓"之语。碑文中有"或有猜阻等等"的话，与史籍所说"禽生问事给服粮归"的意思是一致的。

（二）9 世纪的国际条约原始文献

从碑文所载内容可知这是公元 822 年唐穆宗长庆二年唐使者

至拉萨与吐蕃国签署的一份国际和平盟约，属于 9 世纪一份国际公法原始文献。虽然国际法这一概念是 1789 年英国学者边沁首用，他使用 internationallaw 一词，此后学界译为"国际法"，但是世界是多元的，自古以来，各独立主权国家在与邻国相处中总有多边关系存在。古代地中海地区的国家，将地中海地区各国共同适用的法律准则称为万民法，拉丁文为 jusgentium，17 世纪格老秀斯在其著作《战争与和平法》中使用了万民法的概念，英文称为 lawofnations，过去我国译为"万国公法"。18 世纪边沁首用国际法代替"万国公法"一词。但是国际之间的交往是很早就存在的，尤其关于战争与和平的法则早就被相邻而又有战争矛盾的国家间在解决的两个主权国家间纷争中创造出来，那就是签定国际和平条约。迄今为止，史学界发现的最早的国际和平条约的原件是公元前 1295 年由埃及国王拉美西斯二世和赫梯国王哈吐什尔签定的和平同盟条约，原使用当时国际通信所使用的巴比伦楔形文字，刻于底比斯神庙的墙壁上。① 那么证明，据今三千多年前已有国际法文件的存在，而公元 9 世纪刻于吐蕃国伊克昭庙的这份国际法文献的存在也就不足为奇了。

据《新唐书·吐蕃传》载，吐蕃国大约公元 7 世纪初建国，至 9 世纪后叶衰亡，为唐周边国家中对唐侵扰时间最久者。史称："唐兴，四夷……惟吐蕃，回纥号强雄，为中国患最久。……晚节二姓自亡，而唐亦衰焉。"吐蕃与唐的关系在 200 年间是时而与中国结为姻亲，时而以游牧族侵扰，时而结盟，时而又毁盟。唐太宗贞观八年，吐蕃国来朝，赞普弃宗弄赞②派使请求与

---

① 该文件内容可见周一良、吴于廑主编：《世界通史资料选辑》上古部分，商务印书馆，1963，第 16~21 页。

② 我国称松赞干布。

唐通婚。贞观十五年即公元641年，唐太宗以宗室女文成公主和亲，弃宗弄赞到柏海（即今之青海省扎陵湖）亲迎。此后，吐蕃国"遣诸豪子弟入国学、习诗书、请儒者典书疏"，唐高宗即位，吐蕃仍"请蚕种、酒人与碾等诸工"，双边关系友好并接受中原文化及经济影响。但松赞干布死后，因其国内之争纷，吐蕃入侵唐边境。公元670年即高宗咸亨元年，入侵于阗，夺取龟兹国之拨换城，使唐安西四镇废，并灭吐谷浑国而尽有其地。公元708年，唐中宗景龙二年，吐蕃又请求通婚。唐中宗以雍王之女为金城公主和亲，并使各色手工业者随从，将龟兹音乐传入。吐蕃请求将河西九曲作为公主汤沐地而赠送。公元734年唐玄宗开元二十二年，吐蕃国请求订立盟约，将边境划定于河源，即今之青海省西宁市东南。唐并应吐蕃请求，确定赤岭为两国交易马匹进行互市贸易之处，即今日之青海省湟源县西的日月山。当时为中原对西南、西域交通要冲。公元763年唐代宗时吐蕃入侵甚至留居京师十五日才走。唐肃宗代宗时也都曾因吐蕃入侵而与之订立盟约。公元781年，唐德宗建中二年与吐蕃订立盟约再议划定边界："唐地泾州右尽弹筝峡，陇西右极清水，凤州西尽同谷，剑南尽西山，大度水。吐蕃镇守兰、渭、原、会、西临洮，东成州，抵剑南西磨些诸蛮、大度水之西南。尽大河北自新泉军抵大碛，南极贺兰橐它岭，其间为闲田。二国所弃戍地毋增兵，毋创城堡，毋耕边田。"这次盟约划定的边界，唐的辖区包括泾州①之右到弹筝峡，陇西郡②右至清水县，凤州③以西到同谷，剑

① 泾州：唐的方镇，辖所相当今甘肃、宁夏六盘山以东，蒲河以西。
② 陇西：唐时曾改渭州为陇西郡。
③ 凤州：唐时设凤翔府，辖地相当今陕西宝鸡岐山、凤翔、麟游、扶风、眉县、周至等，为长安西边重镇。

南^①以西到大度河。吐蕃国则镇守住兰州、^② 渭州、^③ 原州、^④ 会州。^⑤ 西面到临洮，东面至成州，^⑥ 直至剑南的大度河地区。两国又划出曾交战的武装冲突区从黄河以北到宁夏贺兰山之间为双方退出的交战地，不增兵，不设城堡，不耕边田。但是此后吐蕃也仍时断时续地侵扰唐境。公元 821 年唐穆宗长庆元年，吐蕃国因听到回纥国与唐和亲，便举兵侵犯，被唐军击败，后派使者来请求缔结和平盟约，唐允许，故唐使者与吐蕃使结盟，于唐京师西郊。吐蕃赞普在盟约中提出："二国无相寇仇，有禽生问事，给服粮归之。"即二国再不作为仇敌相侵犯，如有擒捉到对方人员，都发给衣服粮食放归故里。这大约是唐与吐蕃订盟约以来，吐蕃最表示友好结盟的言辞。这次京师之盟签署以后，第二年，吐蕃又邀请在吐蕃国再订和平盟约，划定疆界，唐派使者刘元鼎亲自随吐蕃使者至吐蕃国再签盟约，即《新唐书》所载："明年，请定疆侯，元鼎与论讷罗就盟其国。"又据《旧唐书》记载，长庆二年二月，吐蕃遣使来定疆界，唐使刘元鼎亲赴吐蕃，四月二十四日到吐蕃牙帐，五月六日签定盟约结束，六月刘元鼎返回，吐蕃也同时派使者来朝。往返也将近半年时间，这次盟约与以往最大的不同，在于唐亲派使者到吐蕃国，吐蕃非常重视特别以浮屠名义重新再誓，故盟文以两国文字同刻在石碑上，立于拉萨伊克昭庙内。盟文后署日期为吐蕃彝泰七年。彝泰七年本应对应唐长庆元年，说明在吐蕃所立盟约实际就是长庆元年在京师

---

① 剑南：唐时方镇，辖境为今四川中部二十五州。
② 兰州：唐时辖境仅有今兰州市附近，安史之乱后属吐蕃。
③ 渭州：唐时辖境相当今甘肃陇西、定西、漳县、武山等地，安史之乱后属吐蕃。
④ 原州：唐辖境相当今固原至甘肃平凉，8 世纪后属吐蕃。
⑤ 会州：唐时治所在今四川会理以西，天宝末为南诏占。
⑥ 成州：指成都。

之盟。《新唐书》载，刘元鼎返还京师，吐蕃国元帅尚塔藏还客居大夏川，召集东方节度将领百余人，将盟策置台上，让诸将领遍知晓，并告戒他们各自保住自己守界，不要再侵犯唐境。这次盟约签订以后，双方相安，吐蕃国保持五年来朝一次，唐每次均友好相赠。公元843年，吐蕃赞普病逝，国内为王位继承纷争，其将领尚恐热欲自立为赞普与周边属国争斗，诸部将有起义兵归唐者。如曾属唐辖地而又被吐蕃占领一个世纪的沙洲、甘州、凉州等地，即今敦煌，张掖、张家川等地均与公元850年后又由起义军献归唐朝。但不久，又被回讫所占，公元866年，唐懿宗咸通七年回讫与吐蕃尚恐热战，斩其首，送唐京师，吐蕃亡。从唐史记载可知，这份《盟吐蕃碑》是唐与吐蕃最后订立的一份国际和平条约，也是唯一一份唐使亲赴吐蕃国以两国文字订立的石刻盟约。就两国关系看，此后几十年至吐蕃亡国为止，这份国际和平盟约一直在发挥着作用。

从盟文内容看，这份国际和平条约，体现了和平共处的外交原则。盟文大体分三部分。第一部分：直接说明是两个主权国家间的和平条约，由两国最高级元首共同商议缔结永久性和平条约。此即碑文第一段，文中开首即指出是"大唐文武孝德皇帝、大蕃圣神赞普""二主商议""结立大和盟约，永无沦替"。

第二部分：盟约的主要内容。又可分为四层，即盟约的目的、两国划界、两国边界交易、双方撤去军备。

（1）再次进一步重申立盟约的目的是为了考虑双方百姓的安定康泰，所以要永远安居大治，永为邻居友好，结成永久和平盟约。文中称两国领袖"濬哲鸿被，晓今永之□，亨矜愍之情，恩覆其无内外，商议叶同，务令百姓安泰，所思如一，成久远大治，再续燕之情，重申邻好自义，为此大和矣！"就是说同两国国君"深沈有智慧，洪恩覆盖双方境内。通晓告知于百姓今后两国的友好关系。怀着怜悯民众的感情，洪恩覆盖于国内外，共同协商议定务必要使百姓安居康泰，思想认识统一。完成永远大治，继续和平友好亲爱的感情，再次重申睦邻友好的道义，成就这种种永久的和平！"

（2）再次划定两国疆界，表示今后永不发生战争，不相谋侵犯对方边境。如果发生边境民众的小冲突，捉到对方的入侵者都友好的放归对方。碑文中称："今蕃汉二国，所（以下约缺十四字）已西尽是大蕃境土。彼此不为寝敌，不举兵革，不相侵谋封境。或有猜阻，捉生问事，□给以衣粮放归。今社稷叶同如一，为此大和。"意即："现在蕃汉两国，所（以下缺十四字）以西，全属大蕃国境土，彼此间不再作为仇敌，不再进行战争，不相互侵犯和图谋对方领土。如有百姓间相互猜忌阻拦，捕捉对方人口，寻衅闹事就将捕捉到的对方人口给以衣粮放归回去。现在两国国家间协同如一，成为永久的和平关系。"

（3）定了双方贸易处所，表明双方相互进行马匹交易，并规定了对交易使节的接待事务。碑文称："然舅甥相好之义善。□每须通传，彼（缺二字）□一（约缺九字）。蕃汉并于将军谷交马。其绥戎栅以东，大唐袒应；清水县以西，大蕃供应。"意即："但是，舅甥间应当相互安好和善。如须双方间通报传递，两国共同在将军谷交换使节、马匹。绥戎栅（洮岷）以东由大唐国供应使者；清水县以西，由大蕃国供应使者。"

（4）规定双方在边界上都撤去军事防备，确保安定。碑文称："须合舅甥亲近之礼，使其两界烟尘不扬，同□侵盗之名，复无惊恐之患。封人撤备，乡土俱安，如斯乐业之□（约缺十二字），于日月所照矣！蕃于蕃国受安，汉亦汉国受乐，兹乃合其大业耳！"意为："双方要符合舅甥间亲近的礼节，使两国边界不再发生战争，共同颂扬和平的德福，再无战争惊恐的忧患。主管边疆的官员撤去边境的军事防备，双方乡土都安定。这样安居乐业的地方，将被日月的光芒所照耀。吐蕃国在吐蕃国享受安定，大唐国也在大唐国享受安乐，这才符合两国的大业！"

第三部分：文章结尾，再次盟誓，请佛及诸神为证，并将盟约契刻。表示不依盟约，神灵将降祸于二国。此段文字可见前文译文。从盟约的内容看，它是一份国际间的和平外交条约。它体现了中国古代，尤其是一个盛唐帝国与邻邦相处的一些基本原则即：尊重各国主权和领土完整。这次盟约，唐与吐蕃均无割地赔款等损失，只是在原有疆界基础上再次确定疆界，互不侵犯。在盟约中一再强调了此点：和平共处，保持邻国之间的安定友好，为各相邻国人民的安居而订盟约，甚至为此而撤去军备，保证边境烽火永不再起。和平交易与发展：规定了两国互易关系及双边接待办法。而如史籍所载，这份盟约也确实保证了九世纪初至中叶两个邻国的 40 年和平关系。所以无论在当时以及现今，该盟约都是值得我们认真研读的一篇国际间关系的法律文献。

（三）《盟吐蕃碑》与中国古代文化观

中国古代是一个农耕社会的国家，在长期的农耕生产中，人们认识了人类社会是物质的，这物质存在的最基本的五样是金、木、水、火、土，五样物质要相辅相成，才能和谐共存，故而。涉及到人类间的关系也要和谐才能共进。故中国先秦的哲学家们提出一个符合农耕民族长期存在的和谐社会的和谐观。这种观念此后为中国儒家文化所吸收，影响了中国人观念数千年。

　　最早，在《尚书》中便提出了五行的观念，作为中国古代统治者必读之治国良策，《尚书·洪范》篇对之有详尽的解说。《洪范》篇的记事是周武王初统一天下以后，考虑到要使江山永存，就需要"敬天保民"，向商代明智的贵族箕子讨教如何使民众能和谐相处的办法，箕子为他指出了"洪范九畴"①的大法。

　　原文大意："十三年，武王访问箕子。武王说：'哎！箕子，是上帝以阴阳相配生息繁衍了下界的人民，要他们和谐地居住在一起，我不知道上帝让下界人民各安所居的常理究竟有哪些'？②而箕子则回答说：'上帝把那九种大法传给了禹，因此禹便掌握了这种使人民和睦相处的治国常理。'"而这被中国此后历代君主奉行的治国的"洪范九畴"就是（一）五行；（二）恭敬的做好五方面的事；（三）努力办好八方面的政务；（四）根据日月运行来校定历法，从而正确使用五种记时方法；（五）建立最高的统治原则；（六）推行三种治理臣民的办法；（七）要明确是非，就必须采用一种解决疑难问题的办法；（八）要用心考察各种征兆；（九）要用五种幸福劝人为善，要用六种惩罚警戒人勿作恶。

　　其中，关于五行的说法就是从农耕生产中首先总结出来的。五行就是五用，可以被人们所利用的五种基本物质，即水、火、木、金、土。而这五种物质的利用又是相辅相成的。水向下面润湿，火向上面燃烧，木可以弯曲或伸直，金在熔化后可以根据人的要求变成不同形状，土可以生长庄稼。由对五行的认识，先秦

————————

① 《尚书》卷一二《洪范》："天乃锡禹洪范九畴"即上帝把治理国家的九种大法传给了禹。

② 原文为："惟十有三祀，王访于箕子。王乃言曰：'呜呼！箕子；惟天阴骘下民，相协厥居，我不知其彝伦攸叙。'"其中"相协厥居"就是使他们和谐地居住在一起。

的学者们提出治理国家管理社会的和谐观："夫和实生物，同则不继。以他平他谓之和。故能丰长而物生之。若以同裨同，尽乃弃矣。故先王以土与金、木、水、火杂以成百物。……和乐如一。夫如是，和之至也。于是乎先王聘后于异姓，求财于有方，择臣取谏工，而购于多物，务和同也。声一无听，色一无文，味一无果，物一不购。"①

这段话的意思是："和谐才是创造事物的原则，同一是不能连续不断永远常有的。结合许多不同的东西在一起而使它们得到平衡，这叫做和谐，所以能够使物产丰盛起来，成长起来，而产生出新的东西。假如一定要在相同的东西上，再添加相同的东西，那加到不可再加的时候，便会被抛弃了。所以先王用土跟金、木、水、火相互结合起来，造成百样东西。……和谐安乐，有如一体。像这样才是和谐的极度。因此，先王向不同姓的部族聘娶王后，到不同的地方探索财富，任用大臣选取敢直言的人士，采用多种事物作比较衡量，这都是在求取和谐。同一的声音没有什么可听，同一的色素不能配成文彩，同一的味道不能引得人爱吃，同一的事物就无从较量。"②

余秋雨先生说中国先秦诸子的学说，其实质都是关于社会管理的学说，笔者个人是非常赞同的。我们试读一下从《尚书》到诸子学说中，关于从五行到"和谐"的源于朴素的农耕实践中的唯物观，是如何将从社会物质实存的五样最根本的物质之必须和谐相处才能使世界发展，进而引申到管理社会治理国家的和谐发展观。他们从人类自然规律中总结出世界是多元的不是一元

① 《国语·郑语·史伯论五材》，见中国科学院哲学研究所中国哲学史组、北京大学哲学系中国哲学史教研室编《中国哲学史资料简编》（上册）先秦部分，中华书局，1962，第30页。
② 译文见同前《中国哲学史资料简编》（上册）先秦部分，中华书局，1962，第31~32页。

的，任何想要一元同一的思想是要使事物发展停滞，并必将会导致到衰落或衰亡的。周的太史伯回答郑桓公"周将要衰落了吧？"的问题时，语气肯定地说："周恐怕定要衰落的。"其理由就是当时的周王"离开了和谐的原则而选取同一的原则"。在这种和谐社会观下，他们主张人与人的关系要和睦相处，进而，他们反对侵略战争，主张国与国之间也应相互亲善。即就是在早期人们非常注重祀神活动时，他们也认为在神灵的眼里，人民是最根本的，而反对不和谐的战争。《左传》记载楚武王想要侵犯隋国，故意将楚军装成衰弱的样子来引诱隋军先作出追击行动，隋国的君主隋侯即将出战，而隋的大臣季梁却讲出一番与邻国和谐相处的道理，改变了隋侯的想法。他说："小国所以能够对抗大国，由于小国能守正义，大国却是暴虐的。所谓正义，是对百姓能够忠诚，对神祇能够信实。……人民是神祇的依靠，所以，好的君主必须首先完成对人民的有利的大事，才虔诚地去祭祀神祇。……所以君主必须管好人民的三季农事，整顿好五教（父义、母慈、兄友、弟恭、子孝），亲睦自己的亲族，然后尽力敬祀神祇，才能够使人民都和睦，神祇也会赐福，因而干什么都可以成功。……您应该先整顿好国内的政治，跟兄弟国家互相亲善，或者可以避免灾难的到来。"隋侯听取了他的建议，整顿国内的政治，楚国也因而不敢来侵犯。①

先秦诸子的学说对中国此后社会影响极大，甚至影响到中华民族的民族性格。他们不侵略不远征，不掠夺别的国家与民族，他们一直主张与其他国家与民族和睦相处。翻一翻中国有文字记载的数千年史，我们找不到中华民族对异民族或外国的侵略史，

---

① 《左传》卷六《桓公六年·季梁论祀神》，译文见前引《中国哲学史资料简编》（上册）先秦部分，中华书局，1962，第21～22页。

却能找到与他国和睦相处，友善传播与吸纳多民族文化的大量记载。我们且不说郑和下西洋早于哥伦布发现新大陆 70 年，但中国不是去开发殖民地掠夺他国财富，而是将中国的产物友好的赠送或交易与他国，我们就看本文所介绍的这一篇《盟吐蕃碑》。在唐与吐蕃两个多世纪的交往中，从初唐、盛唐到晚唐，唐从未曾以势欺压邻邦，文成公主与金城公主的和亲是从初唐到中唐的一百多年间，唐王朝当时国力并不薄弱，但当吐蕃君主请求和亲时，唐都允诺了，并因此将中原的农耕、纺织、音乐、文化均传入吐蕃而不求回报。这与先秦诸子的和谐社会观完全吻合，即先秦学者所倡导的："于是乎先王聘后于异姓。""娶于异姓，所以附远厚别也。"所以不能说是以女人为壁垒的。晚唐时缔结这份《盟吐蕃碑》，当时唐与吐蕃均处于衰弱时期，但吐蕃的来犯是被唐击败后提出缔结和平盟约，唐不仅立即同意，并为表示诚意，亲派使者至吐蕃国签署盟约。从和约的文字看，首先是考虑两国人民的安宁、生产。盟文说："怀着怜悯民众的感情……务必使百姓安居康泰，思想认识统一。完成永远大治，继续和好亲爱的感情，再次重申睦邻友好的道义，成就这种永久性的和平！"其次，完全建立在两个主权国家平等基础上。这是一份和平盟约，文中更多强调的是邻国间的友好关系，希望成就的是永久的和平。所以这份盟约也的确是中国古代在多元社会下与邻居和谐相处的见证。文章写到此处，联想到当今世界不断发生国家间的纷争，甚至战争，而中国在当前不论与邻国相处，或是在联合国参加解决国际争端中总是首先以各国人民利益为重，提倡和谐共处，这也是中国传统文化和民族性的特色。故而这篇 9 世纪的《盟吐蕃碑》，作为一份国际法文献，对于当今世界发展中以多元的法律文化视界看多元法律关系也是不无裨益的。

四 《劝慎刑文》及《慎刑箴》
碑铭考释

　　宋代碑铭《劝慎刑文》（并序）① 和《慎刑箴》② 是两篇难得的中国古代法律史文献，后文在《宋史》上曾提及。两文同刻一碑，正面为《劝慎刑文》，反面为《慎刑箴》，均为北宋初年礼部尚书晁迥撰文庞房篆额。《慎刑箴》有书者姓名庐经，推知《劝慎刑文》亦当为庐经所书。此碑全国仅有，现存陕西碑林博物馆。碑文对研究宋代的法律制度、法律思想和唐宋儒家法律文化源流概况、乃至对中华法系刑法观念以及弥补古籍佚失均具有重要价值。多年来它曾使法律思想史界、刑法学界有识之士渴求研究，我受学界有识之士之托写此文，欲使重要法史文献揭开尘封面纱，发挥其真正价值，故虽为抛砖之文，仍求斧正，更望该二文弥补学界研究之阙如。

　　北宋初（太宗至仁宗，1034 年前）的法制建设特点及其法律思想与法制建设之间的关系，在我国现有的中国法制史或中国

---

① 该文刻与石碑上，石高 6 尺 6 寸 8 分，宽 3 尺 6 寸 5 分。文共 33 行，每行 61 字。石碑正书现藏陕西碑林博物馆。
② 该文刻于上注石碑背面，文共 21 行，每行 44 字。

刑法史的教材及专著中，很少作详细研究。关于宋初的法制特点，比较统一和肯定性的看法是，实行严刑重典镇压盗贼。诸如："宋王朝建立之初，宋太祖就是'颇用重典，以绳奸慝'，妄图'用重典以救时弊，故法律之外，徒流或加至于死'"；"重典治盗贼，立'盗贼重法'和'重地法'"；"用重典，猛刑罚"等。然而，读现存于陕西碑林博物馆内的两篇北宋初的石刻碑文《劝慎刑文》及《慎刑箴》，再考其作者生平及影响，可知该二文为北宋初知名法律文献，直接影响最高立法者的法律思想。二文所反映的法律观与前述诸引文的定论有较大不同之处。碑文成碑年代为宋仁宗天圣六年（1028 年）。因年代久远，碑已残断，共缺 65 字。我对碑文及缺字，印证其他正史古籍，在注释中大都做了校补。鉴于此碑为全国仅有，史料价值极高，故做校、补、考、注、译以献学人，冀促进宋代法史研究，也希望有利于刑法学界对我国古代慎刑思想的研究，并望对弥补我国法制古籍文献有所助益。

（一）《劝慎刑文》原文注释

劝慎刑文（并序）

正奉大夫、^① 守礼部尚书、^② 充集贤院学士、^③ 判^④西京留司、御史台柱国、^⑤ 南安郡开国公、^⑥ 食邑四千三百户、^⑦ 食实封陆佰户、^⑧ 赐紫金鱼袋^⑨晁迥^⑩述。

---

① 宋代对文官的任用，分任官与任职。官称为"散阶"、"散官"或"阶官"，共 29 等，每等附有官品。正奉大夫为散官的官称，其官品为正四品以上。

② 宋代中央机关包括三师、三公、尚书省、中书门下、御史台、九寺、秘书省、诸监、太子宫、殿中省。其中尚书省内设有六部尚书，礼部尚书为其中之一的职官。守，本为汉制，意思为试署。唐承汉制，以低职占高职缺称为守。此处表明，宋又承唐制。晁迥以低位散官又担任了高位的有正式编制、有固定职位的职事官礼部尚书。

③ 集贤院为官署名。宋代设昭文馆、史馆、集贤院，称为三馆，掌管秘书图籍等事。集贤院设大学士，以宰相充任；并设学士、直学士、修撰校理等官，无常员。三馆任官职之人是实行召试后，被选定者始可任其职。召试即由皇帝特旨在正式科举考试之外，已中试历任官职者再参加的考试。充，表示兼职充任。此句表明晁迥由召试中选而又兼任集贤院学士之职。

④ 判，宋初未改官制以前，以"判"某官为实职。居散佚者，担任实际事务称为"判"。

⑤ 御史台，唐宋中央监察机构。柱国，宋承前朝体制，设勋官，柱国即为勋官的一种称号。宋代的勋级有十二级，级高者为尊，低者为卑。最高级称上柱国，其次即称柱国，为从二品官员。

⑥ 开国公，宋代爵位。宋代爵位有 12 等，开国公为从高向低计的第四等。《宋史》卷一六九《职官九》"遇恩及宗室祖宗后承袭及特旨者，封国公。"

⑦ 宋仿唐制，赐爵之时，即按爵次食邑，并依爵次高下，定所食户数的多少。宋代的食邑户数虽规定甚高，但未必尽依其制加封。宋的食邑等差据《宋史》卷一七〇《职官十》载为："一万户、八千户、七千户、六千户、五千户、四千户、三千户、二千户、一千户、七百户、五百户、四百户、三百户、二百户。"

⑧ 宋承唐制，除食邑外，又有"实封"之制，称为"食实封"。食实封才有收益，即属实际受租、调的利益。按《宋史·职官志》载："唐室，但食邑者，率为虚设。言实封者，岁入有差。"迨至宋仍依唐制，"空有食采之称，其同画饼之妄"（《职官志》）。食实封数也有规定："一千户、八百户、五百户、四百户、三百户、二百户、一百户。"（《宋史》卷一七〇《职官十·杂制》）。

⑨ 宋代文官的服制有别，以区分官员身份。分为绿、绯、紫三色，紫色为最尊，绯色、绿色次之。史载："本朝之制，文臣自入仕着绿，满二十年换赐绯，及银鱼袋。又满二十年，换赐紫，及金鱼袋。"《宋史·舆服制》。

⑩ 晁迥，字明远（约公元 947～1031 年）。宋人，宋太宗时中进士，出仕，后经历太宗、真宗、仁宗三朝为官，任职至礼部尚书，以太子少保致仕。致仕后仍进升为太子少傅。享年 84 岁。参见《宋史》卷三百五《晁迥传》。

〔译文〕

《劝慎刑文》（并序）

本文由任正奉大夫，且依低位散官担任高职的职事官礼部尚书，并兼职担任集贤院学士，实际任西京留司，享受御史台柱国的勋官待遇，被皇帝特恩封爵为南安郡国公，赐食邑四千三百户，实际享受食实封租调利益陆佰户，官服着装为紫色服制并佩带紫金鱼袋的晁迥所著。

序曰：尝①览朝士②所述《戒杀生文》，服其善，利居□□，③ 续之以赞，④ 而资助之。大旨⑤惜乎生物之性⑥焉！唯人万物之灵，⑦ 厥⑧理尤重。因而别撰《劝慎刑文》，明⑨引善恶报应；亦⑩冀流播。警悟当官之吏，疚心⑪于刑，广树无疆□□⑫也。

---

① 尝："尝"的异体字，此处当"曾经"讲。

② 朝士：朝，朝庭，士，男子能任事之称。《白虎通·爵》："士者，事也。任事之称也。"朝士，指在朝庭上任职之人。

③ 利居□□：此句清人王昶《金石萃编》于"利居"后缺二字，查陕西碑林博物馆碑文，有"政"字可见。

④ 赞："赞"的异体字。

⑤ 大旨：大意，大要。旨通指，意指；《易》卷八《系辞下》："其旨远。"孔颖达疏："其旨意深远。"大指：大意，大要。《淮南子·要略》："执其大指"。

⑥ 性：生命，生机。《左传》卷四四《昭公八年》："今官室崇侈，民力雕尽，怨雠并作，莫保其性。"枚乘《七发》："皓齿蛾眉，命曰伐性之斧。"

⑦ 灵：好。《诗·鄘风·定之方中》："灵雨既零。"郑玄注："灵，善也。"

⑧ 厥：其。《书·禹贡》："（冀州）厥土惟白壤，厥赋惟上上错，厥田为中中。"

⑨ 明：表明；显明。《荀子·非相》："譬称以喻之，分别以明之。"《国策·齐策一》："王曰：'此为判事人明矣，曷为击之？'"

⑩ 亦：此句《金石萃编》有"亦"字，为"亦冀流播"。今碑文"□□流播"。

⑪ 疚心：内心负疚。《秋兴赋》："彼四蹙惑之疚心兮，遭一涂而难忍。"龚自珍《己亥杂诗》："言行较详官阀略，报恩如此疚心多。"

⑫ 广树无疆□□也：此句《金石萃编》于"无疆"后缺二字，查碑文后一空格处有圙字样，疑为"福"字。

〔译文〕

序文道：我曾经阅览过朝中官员所陈的《戒杀生文》，很佩服文章写得好，有利于官员的做官为政，所以续写这篇文章，以表示我对《戒杀生文》的赞助。文章的目的在于呼吁官员们要珍惜生物的生命啊！人是万物中最皎皎者，珍惜人的生命，这个道理就更为重要了。故此，我专门撰写《劝慎刑文》，公然引证一些善恶报应的史实；同时也希望我这篇文章能够传播开来，使当官者能因而警悟，对于滥用刑感到内心负疚，为自己广树无边之福。

文曰：《易》① 称，"君子明慎用②刑，而不留狱。③ 至矣哉，前经格言！"④ 凡断狱者，既明且慎，而不滞留，吏训详悉，无□⑤于此。国家岁举恤刑之诏，赐天下长吏。⑥ 条□⑦甚备，而年祀⑧寖远，⑨ 因循怠忽。⑩ 若能视之如新奉

---

① 《易》：《易经》，又名《周易》，儒家重要经典之一。
② 朋："用"的碑文字体。
③ 狱：狱讼；讼事，指刑事诉讼。《周礼》卷三四《秋官·大司寇》："以两剂禁民狱。"郑玄注："谓相告以罪名者。"引申为罪案。《易》卷六《旅》："君子以明慎用刑，而不留狱。"孔颖达正义："审慎用刑而不稽留狱讼。"
④ 至矣哉，前经格言：此句为主谓倒装句，为强调谓语的作用，而将谓语置于主语之前。如《史记》卷八《高祖本纪》："壮哉，县！"
⑤ 无□于此：今碑文此处缺二字，为"□□于此。"但前□中可见无字样。全句疑为"无过于此"。
⑥ 长吏：称地位较高的官员。《汉书》卷五《景帝纪》："吏六百石以上，皆长吏也。"颜师古注引张宴曰："长，大也；六百石位大夫。"也指地位较高的县级官吏。《汉书》卷一九上《百官公卿表》："县令、长皆秦官……皆有丞、尉，秩四百石至二百石，是为长吏。"
⑦ 条法甚备：此句碑文现缺二字，为"□□甚备"。王昶《金石萃编》有"条"字，列于侧旁。全句应为"条法甚备"。
⑧ 年祀：商代称年为祀。《书》卷一二《洪范》："惟十有三祀。"故古人亦借用，表示年。年祀，年代之意。
⑨ 寖远：同"浸"。"渐"的意思。《汉书》卷二七《五行志》第七中之上："寖深也。"师古曰："寖，渐也。"
⑩ 因循怠忽：因循，沿袭。怠忽，懈怠，忽视。

行，弥笃哀矜，① 服念②不失其职，此乃以恻隐之仁，崇树
胜因，③ □□佗④等万万夐殊矣！⑤

〔译文〕

正文道：《易经》宣称："有道德的君子应明察案情，审慎
用刑，并且不留滞诉讼案件。"前经（指《易经》）的这个格言
好极了。凡是审理刑事诉讼案件的官员们，都应当既明察案情而
又审慎用刑，并且不滞留案件。做官为吏的人，应当详细知悉的
训导，无过于这点。

国家每年颁布恤刑的诏令，赐给天下官员，法律条目十分完
备。但是随着时间的推移，官员们渐渐疲沓懈怠，不重视这些诏
令了。假如官员们能把这些恤刑的诏令看作新颁行的一般，对犯
罪者十分怜悯，在自己的司法工作中不玩忽职守，这就是以仁爱
的思想，创造感化罪犯的条件。佛教的护法神们，营求的是与那
种枉法的行为绝对不同的啊！

　　　□得情勿喜。⑥ 先哲⑦垂戒者，盖□道化之末，而及于

---

① 弥笃哀矜：弥笃，十分深厚。《宋史》卷三三九《苏辙传》："辙于兄……友爱弥笃。"
哀矜，怜悯，《论语·子张》："如得其情，则哀矜而勿喜。"

② 服念：服，事，职务。服念，在任职时应考虑。

③ 崇树胜因：建立有益的条件。崇，增长。《左传》卷一七《成公十八年》："今将崇诸侯
之奸。"树，建立。胜，益也。《管子·揆度》："其胜禽兽之仇。"因，佛教名词。佛教
常以事物相互间的关系来说明它们生起和变化的现象，其中成为事物生起或毁灭的主要
条件叫做"因"。

④ □□佗：此句意不明，疑指佛教的护法神。

⑤ 夐：（广韵），许县切。《说文》："营求也"。

⑥ □得情勿喜：句意为"了解了犯罪案情后，不要幸灾乐祸。"《论语·子张》："如得其
情，咨矜勿喜。"□字疑为"苟"或"如"字。

⑦ 先哲：前代有才德的人。《周书·儒林传序》："自书契之兴，先哲可得纪者，莫不备乎
经传。"

礼;① 礼防之末，而及于刑。刑以辅政，弗获已②而用之也。不当锐意以快其心。③ 然有便宜从事，④ □用其刑者，必须事出权变，⑤ 以去巨蠹，⑥ 安齐民为□，⑦ 非可常用。苟不以此，但好深刻，⑧ 为尽理酷暴，⑨ 为绝伦穷极，⑩ 残忍自徼，⑪ 赫赫之名者，非公也，是私也。违古圣钦哉之训，⑫ 其有滥而不明，轻而不慎，用情乐于杀人者，殃咎响答，⑬ 安可胜纪?⑭ 布在信史，⑮ 可举大端:⑯

---

① 盖□道化之末，而及于礼：此句意为：用博爱、仁义的观点教化人民，教化不行，再用礼来制约。道，即韩愈《原道》中所提的观点，是博爱、仁义的总称，源于儒家的仁爱观。"博爱之谓仁，行而宜之之谓义，由是而之焉之谓道。"化，即教化，感化，转移人心风俗。《礼记·学记》："就贤体远，足以动众，未足以化民。"《诗·周南·关雎序》："美教化，移风俗。"《礼记》卷五〇《经解》："故礼之教化也微，其止邪也于未形。"

② 弗获已：不得已。

③ 不当锐意以快其心：不应当加急用刑来满足个人的愿望。锐，疾、快。

④ 便宜从事：指可斟酌事势所宜，自行处理，不必请示。《史记》卷五三《萧相国世家第二十三》："何守关中……即不及奏上，辄以便宜施行，上来以闻。"便宜，方便，适宜。《南齐书·顾宪之传》："愚又以便宜者，盖谓便于公宜于民也。"

⑤ □用其刑者，必须事出权变：前句□字当为"盖"，全句语气方通。权变，指权宜机变。《史记》卷七〇《张仪列传赞》："三晋多权变之士。"

⑥ 巨蠹：指对国家财富侵吞，为害巨大的人。蠹，本意为蛀虫，引申以喻侵蚀或消耗国家财富的人或事。《韩非子·五蠹》："此五者，邦之蠹也。"

⑦ 安齐民为□：以安定百姓为目的。齐民，旧指平民。《汉书》卷二四下《食货志第四下》："世家子弟富人，或斗鸡走狗马，戈猎博戏，乱齐民。"颜师古注引如淳曰："齐，等也。无有贵贱，谓之齐民，若今言平民矣。"□，应为"宜"，合适。

⑧ 但好深刻：只喜好用刑苛刻严峻。《汉书》卷二四上《食货志第四上》："刑罚深刻，它政悖乱。"

⑨ 为尽理酷暴：是追究法理到达酷暴的地步。尽，穷究；理，法理，法则。

⑩ 为绝伦穷极：是特异到极点。绝伦，特异。

⑪ 残忍自徼：自求残忍。徼，通"邀"，求取。《左传》卷一四《文公十二年》："寡君愿徼福于周公、鲁公。"

⑫ 违古圣钦哉之训：违背古代圣哲要求恭谨处政的训诫。钦哉，恭谨的处理政务。钦，忧思难忘的样子。《诗·秦风·晨风》："忧心钦钦。"

⑬ 殃咎响答：灾祸罪责及申斥。殃，灾难。咎，罪责。响，发出声音，此处引申为申斥。答应为"谷"字，呵斥。《字汇补》："古若刀，音'角'。□上呵也。"

⑭ 安可胜纪：怎能全部记录下来。胜，尽。纪通"记"。

⑮ 布在信史：陈述在确实可信的历史资料上。布，陈述。丘迟《与陈伯之书》："卿布往怀，君其详之。"信史，确实可信的历史。韩偓《余卧疾深村闻一二郎官笑余迂古因成此篇》诗："负美名彰信史，清风扫地更无遗。"

⑯ 大端：主要的头绪。端，头，头绪。《汉书》卷二六《天文志第六》："县（悬）土炭"颜师古注引孟康曰："先冬至三日，县土炭于衡两端。"

〔译文〕

得知案情犯罪后，不要幸灾乐祸。先辈有才德的人这样告戒我们的原因，是因为要我们先以仁义教化人民；教化不成，再运用礼义防止犯罪行为的发生；礼义防范又不成，才动用刑法治罪。刑罚是用来辅助政事的，只有在不得已的情况下，才动用刑罚治罪。做官的人不应当加急用刑以满足自己的愿望。然而遇有可以斟酌情况自行处理的案件，在运用法律时，一定要因时因事机变处理，应以除掉大害，安定人民生活为目的，不可任意滥用法律。如果不遵循这一原则，只是一味的喜好死究法律条文，苛刻严峻，便是穷究法律到残暴的地步了，便是自求残忍。这种人，虽有显耀的名声，却不是执政为公，而是为个人谋求私名。那些违反古代圣哲恭谨办案的训诫，滥用刑罚而不明察案情，轻视人命而不审慎办案，只喜好随性杀人的人，他们遭到的灾祸罪责又怎能一一尽记下来？仅以记载在信史上的材料，摘引出其中一些大的事例列举如下：

有□西汉宁成，① 以郎、谒者② 事景帝。猾贼任威；③ 稍

---

① 有□西汉宁成：该句今碑文于"有"后缺一字，隐约可见女字。《金石萃编》有"如"字。宁成，西汉南阳穰县（今河南邓县）人。景帝时，担任郎、谒者之职，后迁至济南都尉，又迁至中尉，为管巡查京师的官员。执法严峻，为宗室豪强所畏。武帝时，担任内史，是掌管京畿地方治理的官员，被外戚告发，获罪。后逃归，在家乡买田发家。再起为关都尉。参见《汉书·酷吏传·宁成》。
② 郎、谒者：二者均为郎中令下之官职。《秦会要订补·卷一四》："郎中令，秦置，掌宫殿掖门户及主诸郎之在殿中侍卫，故曰郎中令。有丞，属官有大夫、郎、谒者、仆射。"汉承秦制，初，沿用这些官职。郎，掌守门户（《汉书》卷一九上《百官表公卿表第七上》）；谒者，掌兵赞受事（《汉书》卷一九上《百官表公卿表第七上》）。
③ 猾贼任威：为人狡诈，做官虐害百姓，任意滥用权威。猾，狡诈；贼，虐害；任，任性，放任；威，威力。

迁①至济南都尉。② 其治如狼牧羊，号曰"乳虎"。③ 至武帝即位，为内史。④ 而外□□毁成之短，⑤ 成遂抵罪髡钳。⑥

〔译文〕

如西汉的宁成，在景帝时，以郎、谒者官职出仕。此人为人狡诈，做官残虐，任意滥用权威。后来，他逐渐官位升至济南都尉，治理郡中，如狼牧羊，地方上称他为"乳虎"，比喻他像哺乳期的老虎一样能咬噬人。武帝即位，他又调任担任掌管治理京畿地方官员的内史一职，皇帝的姨表亲戚大都讲他的坏话，宁成被处以髡钳刑。

---

① 稍迁：逐渐陞官。稍，逐渐。《史记》卷一〇三《万石张叔列传》："积功稍迁。"迁，古时调动官职叫"迁"，一般指升职。《汉书》卷六四《主父偃传》："偃数上书言事，迁谒者、中郎、中大夫、岁中四迁。"

② 都尉：官名，战国时始置，比将官略低的武官。西汉景帝时改郡尉为都尉，辅佐郡守并掌全郡的军事。

③ 号曰"乳虎"：据《汉书》卷九〇《酷吏传·甯成》载，宁成任关都尉时，因治理严酷，出入关者，号称："宁见乳虎，无直宁成之怒。"老虎产幼虎，护养期间，对人博噬超常，所以用"乳虎"比喻宁成。碑文此处记载，时间上与史籍有误。宁成被称"乳虎"是汉武帝时任关都尉期间的事，而非景帝时任济南都尉时事。

④ 内史：官名。西汉时始置。秦时内史为掌治京畿地方官职，相当于后世京兆尹。汉景帝分左右内史。

⑤ 而外□□毁成之短：此处《金石萃编》于"外"字后均缺二字，故以□□表示。查《汉书》卷九〇《酷吏传·甯成》，应为"外戚多毁成之短。"毁，诽谤。

⑥ 髡钳：古代耻辱刑与刑罚合一的一种刑制。碑文中"髡"字已只留残迹"𦔮"。髡钳，古代剃去头发的一种耻辱刑。《楚辞·九章·涉江》："接舆髡首兮。"汉承前朝制，剃去头发叫髡，用铁圈束项叫钳。在今西安汉景帝阳陵博物馆中存有汉代的钳。《史记》卷一〇〇《季布栾布列传》："乃髡钳季布。"《汉书》卷二三《刑法志第三》："当黥者，髡钳为城旦舂。"

又，周阳由①居二千石②中最为暴酷，后为河东都尉，与其守胜屠公争权；③相告言。④胜屠公自杀而由弃市。⑤

〔译文〕

另外，周阳由任官，是秩俸两千石官员中最暴酷的一个，后来，他担任河东都尉一职，与河东郡守胜屠公争权。相互告发对方，胜屠公不愿接受刑罚惩处自杀身死，而周由阳被处以弃市之刑。

又义纵⑥为定襄太守，掩狱□□罪二百人，⑦及宾客昆

---

① 周阳由：西汉真定（今河北正定南）人。其父赵兼是淮南王的舅父，被封为周阳侯，故改姓为周阳。周阳由在文帝、景帝、武帝时历任官职。武帝时，他是二千石秩俸中最酷暴的官员，常常徇私枉法，后犯法处死刑。

② 二千石：官员秩俸中的一级。秦统一中国，定有统一的秩俸制度。汉承秦制而又有适时的规定。西汉时，一切官吏，上自公卿，下迄少吏，他们的俸给，都是发放谷物，按官职大小，定发谷的多少，并以"石"来定秩次（官等），以斛定俸额。以"石"定秩次，分十六等，每等均附俸额。史籍记载："师古曰：汉制三公号称万石，其俸月各三百五十斛；其称中二千石者，月各百八十斛；二千石者，百二十斛。"（《汉书》卷一九上《百官表公卿表第七上》二千石为汉代时郡守的通称。汉郡守俸禄为二千石，即月俸百二十斛，因之有此称。

③ 与其守胜屠公争权：与他任职处的郡守胜屠公互相争权。胜屠为复姓，王先谦《汉书补注》认为胜屠即申徒。《汉书补注》："先谦曰：'《索隐》、《风俗通》云：胜屠即申徒，案即申屠。'"

④ 相告言：相互告发对方。

⑤ 弃市：古代在闹市执行死刑，并将尸体暴露街头，称之为"弃市"。语出《礼记》卷一一《王制》："刑人于市，与众弃之。"流行于秦、汉、魏、晋各代。

⑥ 义纵：西汉河东（今山西夏县北）人。武帝时，任长陵及长安令，执法严峻。后迁至河内都尉，族灭地方豪强穰氏家族；继续又任定襄太守，一次杀狱中重犯及其家属四百余人；后为右内史，以阻挠"告缗令"（奖励告发逃避资产税的法令）被弃市。

⑦ 掩狱□□罪二百人：此句碑文及《金石萃编》均缺二字。据《汉书》卷九〇《酷吏传·义纵》应为"掩狱中重罪二百余人。"据王先谦《汉书补注》校考，《史记在"重罪"后还有"轻系"二字，以为《史记》的记载正确。今碑文中只缺二字，当是援引《汉书》的结果。《汉书补注》："先谦曰：'《史记》重罪'下有'轻系'二字，是也。狱中不皆重罪，轻系二字不可省。私人相视者尚捕之，轻系者岂得免乎？"掩，承人不备而逮捕。《隋书·杨素传》："素泛海掩至。"

弟私人相视者，亦二百余人，皆捕鞫，^① 奏请杀之。后为右内史，以废格沮事^②弃市。

〔译文〕

又有西汉武帝时的义纵，他担任定襄太守，治狱严酷。一次，他趁人不备，捕狱中罪犯二百多人，以及犯人亲友家属中入狱探视的二百多人全部捕捉，穷治，报请皇帝处死。后来，他担任右内史时，因为废格沮事罪被处弃市之刑。

又王温舒^③为河内太守，好杀行威，捕郡豪，连坐千余□，□奏杀之。^④ 及为右内史，有人告温舒受钱、奸利事，^⑤其罪至族，^⑥ 温舒自杀。

〔译文〕

又有王温舒，出任河内太守，喜好滥用刑罚刑讯囚徒以显示

---

① 鞫：审讯。《史记》卷一二二《酷吏列传》："讯鞫论报。"

② 废格沮事：汉代法律中一种罪名。对官吏不执行诏令，破坏执行诏令、命令的行为，称为"废格沮事"。废，废除；格，标准、尺度，引申为法律；沮，破坏。废格沮事罪在汉代法律中被视为严重的侵犯皇权的重罪。义纵任右内史，武帝派杨可主管推行"告缗令"，义纵捕杨可的使者。武帝派杜式审讯义纵，判之为"废格沮事"罪，处义纵死刑，参见《汉书》卷九〇《酷吏传·义纵》。

③ 王温舒：西汉阳陵人（今陕西高陵）人，少时为盗墓贼，武帝时出仕，累任治狱官吏，为官喜好杀人行威，常任用地方无赖元恶分子为爪牙，执法严酷暴虐，贪赃枉法。担任河内太守时，杀人流血十余里，汉律规定春季禁止行刑，他还叹息不绝。担任中尉时，穷治狱中囚犯，囚犯尽靡烂于狱中。后以贪污罪被告发，自杀而死。死时，家产累计千金。参见《汉书》卷九〇《酷吏传·王温舒》。

④ 连坐千余□，□奏杀之：碑文及《金石萃编》此处均缺二字。据《汉书》卷九〇《酷吏传·王温舒》载："相连坐千余家，上书请大者至族，小者乃死，家尽没入偿臧。"

⑤ 有人告温舒受钱、奸利事：有人控告王温舒接受骑兵正员贿赂和其他以非法手段获取私利之事。当时汉武帝正发兵伐大宛，下诏征豪吏入伍。王温舒藏匿了自己的下吏华成，并收受了他的贿赂，因此被告发。

⑥ 其罪至族：其罪应当处灭族之刑。族，灭族。中国古代刑罚中一种株连罪。《书》卷一一《泰誓》："罪人以族。"孔传："一人有罪，刑及父母兄弟妻子。"

自己的威风。曾捕捉郡中豪富之人，连坐达千余家，全部奏请杀死。待到他担任右内史时，有人告发他收受下属贿赂和其他贪赃枉法以谋私利之事。他的罪行要以灭族刑罚论处，他不得已而自杀了。

又尹齐①为淮阳都尉，所诛灭甚多。及死，仇家欲烧其尸，妻亡去，归葬。②

〔译文〕

又有尹齐担任淮阳都尉，在任期间诛杀人很多。他死后，仇家想要焚烧他的尸体，他的妻子也被吓得逃走了。最后，才把他的尸体葬于家乡。

又严延年③为河南太□，④ 用刑刻急，⑤ 总集属县囚论杀

---

① 尹齐：西汉东郡茌平（山东西部，徒骇河流域）人。武帝时，初任办理文书的小吏，后升至御史，为张汤所赏识。执法不避权贵，迁官都尉，后获罪，再仕为淮阳都尉，病死（《汉书》卷九〇《酷吏传·尹齐》）。

② 妻亡去，归葬：据王先谦《汉书补注》，《史记》卷一二二《酷吏传》记作尸亡去归葬。班固认为荒诞，改为"妻亡去，归葬。"《汉书补注》："先谦曰：《史记》作尸亡去归葬。徐广注，未及敛，尸亦飞去。班氏盖以为诞而易之。"

③ 严延年：字次卿，东海下邳人。少年学习法律，武帝时任郡史、御史椽、侍御史。宣帝即位，他弹劾大将军霍光废昌邑王拥立宣帝的行为为无人臣之礼，属不道罪，朝廷因而为之肃然敬惮。继任丞相椽、长吏、涿郡太守、河南太守。他执法严酷，杀人流血成河。后被人告发，因为他怨怒诽谤政治，坐不道罪，处死刑（《汉书》卷九〇《酷吏传·严延年》）。

④ 河南太□：此句碑文及《金石萃编》均缺一字，查《汉书》卷九〇《酷吏传·严延年》应为"守"字。

⑤ 用刑刻急：用刑苛刻严酷。刻，苛严。《史记》卷六五《孙子吴起列传赞》"（吴起）以刻暴少恩忘其躯。"急，紧。杜甫《缚鸡行》："小奴缚鸡向市卖，鸡被缚急相喧争。"《汉书》卷九〇《酷吏传·严延年》记载，因"延年用刑刻急"，他的好友张敞曾写信规劝他"少缓诛罚"。

之，① 流血数里，河南号曰"屠伯"。② 其母谓延年曰："天道神明，人不可独杀也。我不意③当老见壮子被刑戮。我今东归，与汝扫除墓地□！"④ □□，延年□□事⑤弃市。

〔译文〕

又有（西汉）严延年担任河南太守，用刑严酷。把所辖各县囚犯总集在郡中，定罪处死（杀人）流血几里，河南人因而称他为"屠伯"。他的母亲对延年说："天是神圣明察的，你不可滥杀人。（天将会报应你），我没想到在老年时见自己壮年的儿子被刑杀处死。我现在回东海去，准备给你扫除墓地罢了！"一年多后，严延年果然犯法获罪，被处以弃市之刑。

东汉段纪明为司隶，⑥ 杀苏不韦并灭其族。及纪明为阳球⑦所诛，天下以为苏氏之报焉。

---

① 总集属县囚论杀之：把辖境内所属各县的犯人都集中到郡中定罪处死。论，定罪。《汉书》卷九〇《酷吏传·严延年》载："所欲诛杀……奏可论死，奄忽如神。冬月，传属县囚，会论府上，流血数里。"

② 屠伯：指严延年杀人如屠夫杀六畜。《汉书补注》引邓展曰："严延年杀人，如屠儿之杀六畜。伯，长也。"

③ 不意：未料到。《汉书补注》引师古曰："言素意不自谓如此也。"

④ 与汝扫除墓地□：碑文今缺一字。《金石萃编》、《汉书》卷九〇《酷吏传·严延年》均作"耳"。

⑤ □□，延年□□事：后句碑文今缺二字。《金石萃编》有"延年果坐事"。另外，前缺二字《金石萃编》补填。《汉书》卷九〇《酷吏传·严延年》载："后岁余果败"。

⑥ 司隶：司隶校尉的简称。西汉征和四年（公元前89年）置，元延四年（公元前9年）废。绥和二年（公元前7年）复置，仅称司隶。东汉初又复称司隶校尉。掌京畿七郡捕督奸猾，察举百官以下犯罪。

⑦ 阳球：字方正，渔阳泉州（天津市武清以西）人。性严厉，喜好法家学说，执法严峻。东汉灵帝时，官至司隶校尉，严刑诛杀专权官员王甫等，后被宦官曹节等诬陷，入洛阳狱，诛死。

〔译文〕

东汉的段纪明担任司隶校尉职务时，诛杀苏不韦，并灭掉他的一族人。等到段纪明被阳球诛杀，天下人认为是苏不韦对他的报应。

又胡种为司隶校尉，与王宏有隙，及宏遇李催之难□狱，① 种遂迫促杀之。宏临命诟曰：“胡种乐人之祸，祸将及之。”种后眠，辄见宏以杖击之，因发病，数日而死。

〔译文〕

又有胡种担任司隶校尉，与王洪有矛盾。等到王宏被牵连在李催一案中入狱之后，胡种就逼迫促使处死王宏。王宏临死时骂道：“胡种以别人的灾祸为乐，灾祸也会降临到他的身上。”胡种此后只要合住双眼总见王宏用杖打他，因而生病，几日便死了。

后魏时，御史中尉王显，② 以宿憾，③ 奏中庶子元寿兴诽谤□廷。④ 宣武⑤赐寿兴死。临刑顾谓其子曰：“我棺中可置纸百张，笔两枚，欲讼显于地下。若高祖之灵有知，必取

---

① 及宏遇李催之难□狱：此处碑文缺一字，应为“人”字。

② 御史中尉王显：御史中尉，北魏时改御史中丞为御史中尉，御史台最高官员。王显，北魏阳平乐平（今山西昔阳）人。通医术，明敏有决断之才。文昭太后怀世宗时，他诊脉预断将生男；世宗出生后，初有微疾，经他治疗见效，故深得皇帝恩赏。官位累迁至游击将军，拜廷尉少卿。他居政守职，在御史台任职，弹劾众多，百僚肃然。肃宗即位被削爵，中宦官击伤而死。

③ 宿憾：旧怨。

④ 中庶子元寿兴诽谤□廷：中庶子，战国时设置的官职，后代复沿用，为国君的侍从之臣。诽谤□廷，此句缺字应为“朝”。

⑤ 宣武：北魏世宗，宣武帝元恪。

显。"及孝明①即位，显寻②被杀。

〔译文〕

北魏时，御史中尉王显，因与中庶子元寿兴有旧怨，而弹劾其诽谤朝廷，世宗赐元寿兴死。寿兴临刑前，回头对他的儿子说："在我的棺材中可放百多张纸，两枝笔，我要到地下去控告王显。如果高宗之灵有知，一定会夺取王显的首级。"等到肃宗即位，王显不久便被杀了。

隋时梁敬真为大理司，直□帝③忌鱼俱罗。令敬真治其罪。遂希旨④奏俱罗击贼败衄，⑤ 陷之极刑。未几，敬真有疾，见俱罗为之厉，⑥ 数日而死。

〔译文〕

隋朝时，梁敬真担任大理寺司直，适逢皇帝嫉恨鱼俱罗，让梁敬真治其罪，梁敬真遂从皇帝的旨意，奏称鱼俱罗击讨农民起义民军失败，使其被处以极刑。没多久，梁敬真生病，看见鱼俱罗声色俱厉的指责他不依法办事，几日之后，梁敬真便死了。

① 孝明：北魏肃宗，孝明帝元诩。
② 寻：旋即，不久。《后汉书》卷六七《党锢列传·李膺传》："再迁渔阳太守，寻转蜀郡太守。"
③ 直□帝：碑文缺一字。
④ 希旨：遵旨。希，仰慕，引申为遵循。
⑤ 败衄：失败。衄，挫败。
⑥ 见俱罗为之厉：看见鱼俱罗声色俱厉的职责他。

唐郭霸，① 为监察御史，尝推芳州刺史李□□，② 榜棰□□，③ 不胜而死。其后见□□④从数十骑止其庭曰："汝枉陷我，我今取汝。"霸周章惶怖，⑤ 援刀自刳其腹，斯须蛆烂矣！⑥

〔译文〕

唐朝的郭霸在武则天时任监察御史，曾在审问芳州刺史李思征时，以酷刑拷打来考核李思征的政绩。李思征禁不住拷打而被打死。后来，郭霸看见李思征率领几十名骑兵到他家院中，对他说："你冤枉陷害我，我现在来索取你的性命。"郭霸惊恐万状，拔出刀来自己剖开自己的腹部，不一会儿腹内全是像蛆咬过一样烂掉了。

又崔器⑦为御史中丞，性阴刻乐祸，奏其陷贼官□□死。⑧

---

① 郭霸：为霸的碑文异体字。郭霸，唐庐江（今安徽庐江西南）人。武则天时，官拜左台监察御史、左台殿中侍御史。曾在武则天面前自表忠心说："往年征徐敬业，臣愿抽其筋，饮其血，绝其髓。"讨得武则天欢心得拜官职，当时人称为"四其御史"。巴结谄上，酷刑对下，死后百姓称幸。事载《旧唐书》卷一八六《酷吏传·郭霸》。

② 尝推芳州刺史李□□：此处碑文缺二字，查《旧唐书》应为"思征"。整句意为：曾推问芳州刺史李思征。推，推问，推究。

③ 榜棰□□：此处碑文缺二字。查《旧唐书》卷一八六《酷吏传·郭霸》应为"考禁"。

④ 其后见□□：此处碑文缺二字，查《旧唐书》卷一八六《酷吏传·郭霸》应为"思征"。

⑤ 周章惶怖：惊恐到极点。周章，惊惧的样子；惶怖：惊慌、恐怖。

⑥ 蛆烂：像蛆咬过一样烂掉了。名词做状语。

⑦ 崔器：唐深州安平人。考中明经（法律）科，历官清谨。玄宗时任监察御史，京兆府司录，转都员外郎，后出京为奉先令。肃宗时，为三司使，起草仪注。为人阴刻乐祸，残忍寡恩。曾奏请凡陷入安史之乱被裹挟的官员一律按律处死，使许多被裹挟的仕官人心动摇。

⑧ 奏其陷贼官□□死：此处碑文缺二字。查《旧唐书》卷一一五《列传六五·崔器传》意为奏请把那些陷入贼官之官员应一律处死。《旧唐书》："希旨奏陷贼官准律并合处死"。此处缺字疑为"合处"二字。

后器病，脚肿月余，渐亟，^① 瞑目则见京兆尹达奚珣。^② 器但叩头，口称："大尹，不自由。"如此三日，不止而死。

〔译文〕

又有崔器担任御史中丞，此人生性阴险奸刻以别人的灾祸为快乐。肃宗收复二京后，他奏请让那些被挟迫陷入安史乱军的官员一律按法律处死。后来崔器生病脚肿，一个多月后，病重至极，闭目就看到陷入贼军后请求投降而被他处死的京兆尹达奚珣。崔器只是叩头，口里叫道："达奚大尹，我是不由自主的。"这样叫了三天不止，最后因而死亡。

又舒元舆，^③ 为监察御史，□州^④境有群贼剽劫，^⑤ 而累政□□不获。^⑥ 刺史李繁，潜设机谋悉知贼之巢穴，尽加诛斩。时议责繁不先启闻于廉政，涉擅兴之罪，^⑦ 遣元舆复治之。素与繁有隙，复以初官锐于生事，乃尽反其□□，^⑧ 奏

① 亟：急，急迫。此处引申为加剧。
② 达奚珣：原为京兆尹，后为安庆绪所驱。肃宗收复二京后，求降，为崔器所不许，后被杀。
③ 舒元舆：唐代江州人，以进士登第，文宗时任监察御史，转侍御史、御史中丞、同章平事等职，与李训要好，同知政事。后李训密谋除却宦官仇士良的"甘露之变"，事败，元舆被株连灭族。
④ □州：此处碑文缺一字，查《旧唐书》卷一六九《列传一一九·舒元舆》应为亳州。
⑤ 剽劫：抢劫。剽，劫。
⑥ 累政□□不获：此出碑文缺二字，查《金石萃编》，亦缺。
⑦ 涉擅兴之罪：涉嫌犯有擅兴之罪。唐律分12卷502条，宋版时已被分为502条。12卷又称12篇，其中第6卷为《擅兴律》。该律初起于汉律，隋唐沿之。内容规定军事和兴造方面的违法犯罪，共24条，其中首条即为"擅发兵"，指无紧急情况下，下级官员未向上级官员报告而擅自发兵的罪行。文中此处指李繁涉嫌犯有擅自发兵之罪。
⑧ 乃尽反其□□：此处碑文缺二字，《金石萃编》亦缺二字。

繁滥杀无辜，勅赐繁死。① 及元舆被祸，② 人谓有报应焉！

〔译文〕

又有舒元舆担任监察御史时，亳州境内有百姓抢劫，历任地方官不能破获。刺史李繁暗设密谋，全部探知抢劫者的住所，全部捕获而加以斩首。当时的官员们都谴责李繁不先奏报上司便自行作主捕杀，犯了专权独裁兴事作威的罪行，上级派舒元舆处治这件事。舒元舆平日与李繁有矛盾，便以李繁为新上任之官员，喜好生事为理由，完全污蔑李繁的作为，奏报李繁滥用职权，任意杀死无辜百姓。唐文帝降敕，赐李繁死。等到舒元舆因甘露之变，遭到灭族的灾祸时，人们都说是天有的报应啊！

后唐西方邺为宁江军节度使，为政贪虐。判官谭善达每箴③其失。邺怒，令左右告善达受人金，下狱拷□，④ 遂⑤杀于狱中。无几，寝疾，⑥ 时见善达入其户，⑦ 俄⑧卒于所治。

〔译文〕

后唐的西方邺担任宁江军节度使，此人做官贪婪暴虐，判官谭善达经常规劝他，指责他的过失。西方邺因而很生气，指使手下人诬告谭善达接受别人贿赂，将谭善达下狱，严加拷打，竟至

---

① 勅赐繁死：勅通"敕"。赐死，唐律有八议制，官员犯罪，处死刑不当众执行，称为"赐死"。
② 及元舆被祸：等到舒元舆被灭族。
③ 箴：劝告，规戒。
④ 下狱拷□：此处碑文缺一字。查《金石萃编》亦缺，疑为"掠"字。
⑤ 遂：竟。
⑥ 寝疾：卧病。《礼记》卷七《檀弓上》："成子高寝疾，庆遗人请曰：'子之病革矣。'"
⑦ 户：单扇的门。
⑧ 俄：不久，旋即。《公羊传》卷四《桓公二年》："俄而可以为其有矣。"

将其杀死在狱中。未过多久，西方邺患病，常常看到谭善达进入自己的门内，不久，西方邺就死于任所内了。

恶报之类，有如此者；善报之类，谁曰无之？西汉丙吉，① 以故廷尉监②被诏治巫蛊。③ 吉力拒使者，以保长安□，④ 武帝感悟，⑤ 因赦天下，恩及四海。至宣帝，知吉有旧恩，⑥ 将封侯以报，而吉疾病，帝忧其不起。太子太傅夏侯胜曰："臣闻有阴德者，必饗⑦其乐，以及子孙。今吉非死□也！"⑧ 果病愈。后五岁，代魏相⑨为丞相。

---

① 丙吉：西汉武帝至宣帝时的大臣。字少卿，鲁国（今山东曲阜）人。初为鲁狱吏，后升迁任廷尉监，武帝时，受诏治理巫蛊之狱，设法救护过宣帝性命。后任大将军霍光长史，建议迎立宣帝，封博阳侯，任丞相。事见《汉书》卷七四《魏相丙吉传》。

② 廷尉监：廷尉属官。廷尉，官名，秦始置。汉景帝时改称大理，汉武帝时复称廷尉。掌刑狱，为九卿之一。其属官有正、监、平，皆为司法官。

③ 被诏治巫蛊：被皇帝特诏治巫蛊之罪。巫蛊指以巫术诅咒及用木偶人埋于地下而害人的犯罪行为。汉武帝晚年多病，初信巫术，后又反之，疑自己的病是左右人施行巫蛊所致，故大力惩治巫蛊之狱，此狱专设于都城长安。征和元年，丞相公孙贺被人告发巫蛊之罪，死于狱中。次年，江充诬告太子巫蛊罪，使太子一家数代被绝灭。

④ 以保长安□：此处碑文及《金石萃编》均缺一字。查《汉书》卷七四当为"狱"字。全句指保护长安狱中被无辜株连入狱而不当判死刑的人。《汉书》卷七四《丙吉传》载：丙吉被宣诏治理巫蛊狱，当时宣帝时才出生数月，因是卫太子的孙子，武帝的曾孙，也被株连于太子巫蛊案而入长安狱。丙吉知太子无辜被陷，哀怜宣帝无辜，就挑选稳重女犯养育宣帝。后来，武帝有病，有望气之人告诉武帝长安狱中有天子气，武帝便遣使者持诏书要尽杀长安狱中巫蛊者。使者夜到长安狱而丙吉闭狱门拒绝接纳使者，并说："皇曾孙在这儿，一般人都不可死于无辜，何况皇曾孙呢？"双方相持到天明，使者仍不得入，便返还，向武帝弹劾奏报丙吉之事。武帝听后，也受到感悟，说："天意要这样了！"于是大赦天下，长安狱中的人都因丙吉而得活命。事见《汉书》卷七四《丙吉传》。

⑤ 武帝感悟：即指前述丙吉力保长安狱之事使武帝受到感悟。

⑥ 知吉有旧恩：指宣帝即位后，知道当年丙吉在长安狱护养救助自己之事，以及昭帝死后无嗣，丙吉奏请大将军霍光迎立宣帝之事。

⑦ 有阴德者，必饗其乐：阴德，指暗中有德于人的行为。"饗"通"享"。《汉书》卷七四《丙吉传》："臣闻有阴德者，必享其乐，以及子孙。"

⑧ 今吉非死□也：此处碑文及《金石萃编》均缺一字。查《汉书》卷七四《丙吉传》为："非其死疾也。"缺字应为"疾"字。

⑨ 魏相：西汉大臣，在丙吉之前担任丞相。丙吉在他去世后，继任丞相。事迹见《汉书·魏相传》。

〔译文〕

恶报一类的事，有像以上所述的事例，善报一类的事例，谁又能说没有呢？西汉的丙吉，在武帝晚年时，以曾担任过廷尉监的身份，被武帝下诏治理因巫蛊罪而入狱的长安监狱。丙吉在治狱时，竭力拒纳武帝派来杀狱中无辜囚犯的使者，而保全长安狱中系囚的性命。武帝也因此感动觉悟，于是大赦天下，赦宥之恩，达到全国。到宣帝即位后，知道丙吉在长安狱护养自己的旧恩及建议迎立自己为皇帝的恩情，将要为丙吉封侯以报答他。但此时丙吉生病，宣帝忧心他的病不可治愈，太子太傅夏侯胜说："我听说暗中于人有德的人，一定会得到好报，并且其福气会延及子孙。现在丙吉得的不是会死的疾病啊！"丙吉的病果然好了。五年以后，魏相去世，丙吉代替魏相，担任了丞相。

又于公①者其闾门坏，父老方其治之，于公曰："少高大闾门，令容驷马高盖车。② 我治狱多阴德，未尝有所冤，子孙必有兴者。"至□□国为丞相，③ 永为御史大夫，封侯传世。

---

① 于公：西汉宣帝时丞相于定国之父。东海郯（今山东郯城西南）人。任县狱吏、郡决曹、决狱平等司法小吏。他决狱公平，郡中人为他立生祠，号称"于公祠"，开后世立生祠之端。东海地方有孝妇，年少守寡，无子，奉养婆母十余年如一日，婆母屡次令她改嫁，她都不去。后来婆母为了不拖累儿媳而自杀。太守诬孝妇杀婆母，于公力争，太守不听，于公于是愤而辞去司法小吏之职。太守冤枉杀了孝妇，史称"东海孝妇冤"。后任太守到任，于公为孝妇申诉冤情，使冤情大白，郡中人大大敬重于公。事见《汉书》卷七一《于定国传》。

② 少高大闾门，令容驷马高盖车："少"通"稍"。全句意为稍稍将巷道的门修的高大一些，让四匹马拉的有华盖的高车通过。驷马高盖车是古时显贵们乘的车辆。驷，四匹马。高盖车，有华盖的高大车辆。

③ 至□□国任丞相：此句碑文缺二字。《金石萃编》亦缺二字。据《汉书》卷七一《于定国传》应为"于定"。于定国为于公的儿子，字曼倩，自幼随父亲学习法律，父死，初任狱吏、郡决曹，后升为御史中丞，宣帝时任廷尉。为人谦恭，礼贤下士，执法公平，判决可疑的刑事案件从轻，用法审慎。当时人称赞："张释之为廷尉，天下无冤民；于定国为廷尉，百姓自认为不会被冤枉。"后来于定国又担任御史大夫、丞相，被封为西平侯。汉元帝时告老还乡。事见《汉书·于定国传》。

〔译文〕

又有于公这个人，他住的巷道门坍塌，邻居们正在修葺，于公说："请把巷道门稍稍修得高大一些，让能容纳四匹马并拉有华盖的高车出入。我担任治理刑事案的司法小吏，对犯人暗中施行仁德不少，从未有过冤枉滥用司法职权的事。将来我的子孙中一定会有立业兴旺的人。"到他的儿子定国时，担任丞相，并一直担任御史大夫，被封为西平侯，爵位传世。

　　东汉何敞，① 六世祖比干为汝阴县狱吏、决曹掾。② 平活数千人。③ 后为丹阳都尉，④ 狱无冤囚。武帝征和三年三月辛亥，大阴雨，□有老妪，⑤ 可八十余，求寄避雨，□甚而衣履不沾渍。⑥ 雨止，送至门，谓比干曰："公有阴德，天锡⑦君策，以广公之子孙，当佩印授。"⑧ 因出怀中符策，⑨ 状如简，以授比干。□□本始元年，⑩ 自汝阴徙平陵，代为名族。

----

① 何敞：东汉扶风平陵（今陕西咸阳西北）人，字文高。汉和帝时，任侍御史、尚书，主张宽政爱民。后任汝南太守，曾修治鲖阳旧渠，垦田增加三万余顷，当时人为之刻石颂功。事见《后汉书》卷四三《何敞传》。

② 决曹掾：地方司法小吏。

③ 平活数千人：平，平息。此处指比干与张汤争辩，平息张汤的严法，救活数千人。《后汉书》卷四三《何敞传》："然所济活者以千数。"济活即平活。

④ 都尉：战国时始置，西汉景帝改郡尉为都尉，辅佐郡守并执掌全郡的军事。武帝时又置关都尉、农都尉、属国都尉于各地。西汉实行郡县制，郡为地方最高一级行政级别，郡守为长官，有权处理一郡兵、刑、钱、谷事务。都尉为郡守之副职，故也有一定司法职权。

⑤ □有老妪：此处碑文与《金石萃编》均缺一字，疑为"道"字。

⑥ □甚而衣履不沾渍：此处碑文与《金石萃编》均缺一字，推理应为"雨"字。

⑦ 锡：即"赐"。《公羊传》卷六《庄公元年》："王使荣叔来锡桓公命。锡者何也？赐也。"

⑧ 印授：印和系印的丝组。指官吏的印章。

⑨ 符策：古代占卜用的筹草。《楚辞·卜居》："詹尹乃释策而谢。"

⑩ □□本始元年：此名碑文及《金石萃编》均缺二字，查《中国历史纪年表·汉纪年表》应为"宣帝"。

〔译文〕

东汉何敞的六世祖先比干，任汝阴县狱吏、决曹掾等司法职务，救活过千数以上人命。后来他担任丹阳都尉，狱中没有冤囚。汉武帝征和三年三月辛亥日，天下大阴雨，此时有一位老妇人年约八十余岁，要求在他家避雨。大雨滂沱，但老妇人的衣服鞋子都未沾上泥污。雨停后，比干送老妇人到门口，老妇人对比干说："你暗中助人有阴德，上天会赐给你好的方法来使你的子孙众多，并且你的子孙中一定会有佩带官印的人。"于是，从怀中拿出一个占卜用的箸草，样子像竹筒，把它授给比干。宣帝本始元年，何家从汝阳迁到平陵，此后，世代是名门望族。

又虞诩祖父经，① 为郡县狱吏，按法平允，务存宽恕。尝曰："东海于公，高为里门，而其子定国至丞相。吾决狱六十年矣，虽不□于公，② 子孙何必不为九卿？"故字诩曰升卿。③ 诩后为尚书仆射。④

〔译文〕

又有东汉高官虞诩的祖父虞经，担任郡县参与刑事案审判的

① 虞诩祖父经：虞诩的祖父虞经。虞诩，东汉高官，字升卿，陈国武平（今内蒙宁城西）人。汉顺帝时任司隶校尉，弹劾百官无所畏惧，百官因而侧目以视。因此曾忤逆权势之人，九次被朝廷谴责考核，三次受刑罚，但刚正不阿的本性，至老不屈服。汉顺帝永和初年，升为尚书令。事见《后汉书》卷五八《虞诩传》。
② 虽不□于公：此句碑文缺一字，应为"及"字。《后汉书》卷五八《虞诩传》："虽不及于公，其庶几乎？"
③ 故字诩曰升卿：所以给虞诩取字叫"升卿"。字，以……为字。意动用法。
④ 尚书仆射：官名。尚书一职始设于战国时，或称掌书，尚即持掌之意。秦时为少府属官。汉武帝时，提高皇权，因尚书在皇帝左右办事，掌管文书奏章，地位逐渐重要。汉成帝时设尚书五人，开始分曹办事。东汉时正式成为协助皇帝处理政务的官员，因而大大削弱了三公的权力。东汉时，尚书仆射是尚书令的副手，职权渐重，至东汉末年便分为左右仆射。

司法小吏，执法公平，力求宽简仁恕。他曾说："东海的于公，增高所住道里的大门，他的儿子于定国官至丞相。我断案六十年了，即使赶不上于公清廉公正，也相差不多，我的子孙为什么一定不能做到九卿一级的大官呢？"所以给孙子虞诩起字叫"升卿"。虞诩后来做到尚书仆射。

又袁安①明帝时为楚郡太守。治楚王狱，所申理②者四百余家，皆蒙全济。③章帝时，安位至司徒。④生蜀□□守京。⑤京弟敞为司空。⑥京子汤为太尉。⑦汤子成为左中郎将。⑧成弟逢、逢弟隗皆为公。⑨

〔译文〕

又有袁安，在东汉明帝时担任楚郡太守，审理楚王英谋反

① 袁安：东汉高官。字邵公，汝南汝阳（今河南商水县西北）人。少学《易经》，初任县功曹，为主管登记县府官员功劳的小吏。东汉明帝永平十三年，楚王英谋反。当时袁安担任楚郡太守，不怕阿党附益之法（即地方长官与诸侯王勾结为党之法），放出了四百余家被冤枉的人。后来担任河南尹，治理严明，在职十年，京师皆肃然起敬。东汉章帝时，任太仆、司徒之职。汉和帝即位，窦宪兄弟专政，他不畏权贵，累次上奏章进行弹劾。
② 申理：替蒙冤的人申辩，以求昭雪。《北史》卷六一《列传四九·窦炽传》："炽抑挫豪右，申理幽滞，在州十载，甚有政绩。"
③ 皆蒙全济：都受到他的保全救济。蒙，遭，受；全，保全。《后汉书》卷七六《童恢传》："倾家赈恤，九族乡里赖全者以百数。"济，救济，救助，接济。
④ 司徒：官名。西周始置，春秋时沿置，掌管国家的土地和人民。西汉哀帝时，丞相改称"大司徒"，东汉时改称"司徒"。
⑤ 生蜀□□守京：此处碑文及《金石萃编》皆缺二字。查《后汉书》卷四五《袁安传》。应为"郡太"二字。全句意为生了后来担任蜀郡太守的儿子袁京。
⑥ 司空：官名。西周时设置，春秋、战国沿置。西汉成帝时改御史大夫为大司空。
⑦ 太尉：官名，秦至西汉设置，为全国军政首脑，与丞相、御史大夫并称三公。东汉时太尉与司徒、司空并称三公。
⑧ 左中郎将：中郎，官名，秦置，为皇帝的近侍之官。汉代沿置，属于郎中令（光禄勋）。中郎之长称为中郎将，也通称中郎。汉蔡邕即担任左中郎将。
⑨ 公：中国古代的封爵中五等爵中第一等。中国古代从殷商开始即有封爵制，西周定为公、侯、伯、子、男五等。秦汉时已改为二十等爵制。王者有爵号为王爵。立有功劳的臣下封爵最高称为侯。但侯又有等级之分。此处称公指其封爵位较高。

案，为被冤陷入狱的四百余家人申辩昭雪，使之都得救活命。东汉章帝时，袁安位至三公一级的司徒。他生的儿子袁京官至蜀郡太守；袁京的弟弟袁敞，官至三公一级的司空。袁京的儿子袁汤在汉桓帝时，担任三公一级的太尉之职。袁汤的儿子袁成任左中郎将；袁成的弟弟袁逢、袁隗都官至最高等爵位。

        后魏高允为中书侍郎①转令监评刑三十余载，② 内外称平。③ 每谓人曰："吾在□□时④有阴德，救济人命。若阳极不差，吾寿应享百年矣！"九十八而终。

〔译文〕

    北魏的高允，在世祖时，担任中书侍郎一职，后来皇帝转而让他监理刑审疑案三十多年，朝廷上下都称赞他执法公允。他常常对别人说："我在中书省时，有阴德，救活过人命。如果人们说的阳世报应不错的话，我应当活一百岁啊！"后来，他活到九十八岁而死。

---

① 后魏高允为中书侍郎：后魏，北魏。高允，北魏渤海（今河北景县）人。字伯恭，博通经史天文术数。世祖时，初被征为中书博士，迁侍郎，给太子教授经书。皇帝诏令与司徒崔浩共修国史。后来崔浩因国史案被杀，而高允因太子营救免死。后又诏令与侍郎公孙质、李虚等共定律令。曾建议世祖除田禁，授田于民。文成帝即位，他位至中书令。孝文帝即位，十分推重他，诏令他议定律令。文明太后执政，让他参决大政。高允并建议郡国设立官学。他共经历了五位后帝，历任要职，达五十余年。中书侍郎，官名，晋代始置，为中书省长官中书监、令的副职。
② 转令监评刑三十余载：转而令他监督司法审判权三十余年。北魏世祖太平真君中期，令中书省以春秋经义断疑案。高允时为中书侍郎，故此后掌司法大权三十余年。
③ 内外称平：朝廷内外均称赞他执法公平。
④ 吾在□□时：此句碑文缺二字，查《魏书》卷四八《列传三六·高允传》当为"中书"二字。

唐徐有功，①则天时为司刑丞。②酷吏周兴、来俊臣、丘神勣③等构陷④无辜，皆抵极法。⑤诏下大理□□功皆议出之。⑥前后济救数十百家。累迁□刑少卿。⑦以谏奏枉诛者，三经断死，⑧而执志不渝。酷吏由是少衰，⑨时人比汉之于张焉！⑩先是润州刺史窦孝谌妻庞氏为奴所诬，⑪当坐斩，⑫有功明其无罪。至明皇时，孝谌子希瑊请以已官让有功之子以报旧恩。有功之子由是迁官。

〔译文〕

唐朝的徐有功，在武则天时担任司刑丞的官职。当时酷吏周兴、来俊臣、丘神勣等陷害无辜，对被陷害者都要处以极刑。诏书让把这些人都下到大理寺狱。徐有功都据律上奏，请求放出他们，先后救活数百家。后来徐有功升到大理寺少卿，因为上书时谏阻止滥杀人，曾三次以死相争，执法公平的意志绝不改变，酷吏们也因此稍稍有所收敛。当时人把他比作汉代时的于定国张释

① 徐有功：唐武则天时大臣，举明经科。官位累迁至司刑丞，转司仆少卿。为政宽仁，审判中不实行杖罚。当时酷吏陷害无辜，凡下到大理狱的，他都议请放出，救活数千家。因屡次劝谏冤枉杀人而多次被免官，但仍执法公允不变，事见《旧唐书》卷八五《徐有功传》。

② 司法丞：唐代最高司法机关官员。大理寺设卿、少卿、正、丞等官。

③ 周兴、来俊臣、丘神勣：均为武则天时代的酷吏。事见《旧唐书》卷一八六《酷吏上》。

④ 构陷：罗织陷害。

⑤ 皆抵极法：都达到处死刑。

⑥ 诏下大理□□功皆议出之：此处碑文缺二字，查《旧唐书》卷八五《徐有功传》应为诏下大理寺，有功皆议出之。缺字为"寺、有"。

⑦ 累迁□刑少卿：此句碑文缺一字，应为"司"字，司刑少卿即大理寺少卿，是大理寺官员中仅低于大理寺卿的官职。

⑧ 三经断死：三次以死相争。断死，决死。

⑨ 少衰：稍稍减弱。

⑩ 时人比汉之于张：当时人以汉代的于定国、张释之相比喻。

⑪ 窦孝谌妻庞□□奴所诬：此句碑文缺二字，应为窦孝谌妻庞氏为奴所诬。缺字为"氏、为"。

⑫ 坐：判决。

之。原先润州刺史窦孝谌的妻子庞氏被奴仆诬陷，应当处以斩刑，徐有功察明她无罪。到玄宗时，窦孝谌的儿子希瑊请求皇上把自己的官位让给徐有功的儿子，来报答徐有功旧日的恩情。徐有功的儿子因此升迁官职。

又陆元方，① 则天时为宰相。临终曰："吾阴德□□□矣，② 庶几乎③福不衰！"其后，元方子象先为宰相，景倩为监察御史，景融为工部侍郎，景献为屯田员外郎，景裔为库部郎中，并有美誉。噫！所劝无忘慎刑。勤□□□。④ 区区⑤援引，皆正经正史，敢告⑥深识之士，三复⑦而尽心焉！

〔译文〕

又有陆元方，武则天时担任丞相之职。临终时说："我对别人多有阴德，差不多可以说家中以后的福气不会衰落。"后来，他的儿子陆象先做了宰相；儿子陆景倩担任监察御史；儿子景融担任工部尚书；儿子景献担任屯田员外郎；儿子景裔担任库部郎中，都有好的声誉。

啊！我劝戒大家是要大家不要忘记慎用刑罚，勤政爱民。以上援引的那一点点史料都是来自正式的经典，正式的史料。冒昧

---

① 陆元方：唐武则天时大臣，苏州吴县（今江苏省东南）人。则天时历任监察御史、殿中侍御史、尚书左丞、鸾台侍郎、平章事等职，为官清谨。
② 吾阴德□□□矣：此句碑文与《金石萃编》均缺三字。查《旧唐书》卷八八《陆元方传》应为"于人多"三字。
③ 庶几乎：差不多吧！庶几，差不多。《论语》卷一一《先进》："子曰：'回也，其庶乎！'"乎，在此处为语助词，表示几乎、确乎之意。
④ 勤□□□：此句碑文缺三字。意为勤政爱民，缺字不可补。
⑤ 区区：小，少。《孔丛子·论势》："以区区之众，居二敌之间。"
⑥ 敢告：冒昧的敬告。敢，自言冒昧之词。
⑦ 三复：再三反复。《论语》卷一一《先进》："南容三复白圭，孔子以其兄之子妻之。"

的敬告有远识的先生们，应再三反复思考尽心慎用刑啊！

（二）《慎刑箴》碑文注释

《慎刑箴①并序》

　　正奉大夫，守礼部尚书，充集贤院学士，判西京留司，御史台柱国，南安郡开国公，食邑四千三百户，食实封陆伯户，赐紫金鱼袋晁迥述。河□府②进士卢经书。③ 将仕郎④守凤翔府，⑤ 岐山县主薄⑥庞房篆额。⑦

〔译文〕

本文由任正奉大夫，且依低位散官担任高职的职事官礼部尚书，兼任集贤院学士，实际任西京留司，享受御史台柱国的勋官待遇，被皇帝特恩封爵为南安郡国公，赐食邑四千三百户，实际享受食实封租调利益陆佰户，官服着装为紫色服制并且佩带紫金

---

① 箴：本意是劝告、规戒，此处指箴铭，是文体的一种，即铭刻在器物或碑石上的文字，用于规戒、褒赞的韵文。此处《慎刑箴》是《宋史》卷三〇五《晁迥传》所记载的献给皇帝宋仁宗的五篇文章中之一。

② 河□府：府，中国古代自唐至清行政区划名称。唐京师和陪都所在地的州为府，宋设置渐多，隶属于路。此处碑文缺一字。查顾颉刚、章巽：《中国历史地图集·古代史》地图出版社，1956，知北宋著名的以"河"字开首的府有"河中府"、"河南府"。此处不详。

③ 书：书写。

④ 将仕郎：宋代的官，分为散官和执事官。散官指按级别领取俸禄的，又称散阶或散官。散官分二十九阶，由将仕郎始。职事官是有正式编制，担任固定职务之官。

⑤ 凤翔府：唐至德二年升凤翔郡为府。治所在天兴（即今凤翔），唐末宋初，辖所包括今陕西宝鸡、岐山、凤翔、麟游、扶风、眉县、周至等地。唐宋时长安西边重镇。1913 年废府的设置。

⑥ 主薄：官名。汉代中央及郡县官署均置此官，以典领文书，办理事务。唐宋以后各官署及州县仍存此名，但职任渐轻。

⑦ 篆额：篆，铭刻。额，门额，横额。

鱼袋的晁迥所著。河□府地方人进士卢经书写。身为散官将仕郎，并以低位散官占了高位职官凤翔府所属岐山县主薄一职的庞房篆刻了横额。

　　《书》曰："钦哉钦哉，惟刑之恤哉！"① 又曰："与其杀不辜，宁失不经；② 好生之德，洽于民心。"《礼》曰："刑者，侀也；侀者，成也。一成而不可变，故君子尽心焉！"③ 斯乃古先垂世之文，布在方策④之著明⑤者也。

〔译文〕

　　《书经》说："谨慎呀，谨慎呀！用刑慎重不滥，这是司法者忧念刑法，惟恐滥失，使刑法得中的要戒！"又说："与其错杀无罪之人，宁可因不遵守法律规定而犯错误。"《礼记》说："刑罚就是铸型的模具。铸器经成型，便成为固定的样子。一成之后，再不可更变。所以有道德的人应当在量刑定刑时，审慎尽心啊！"这些都是古代先圣传流于世的文章，刊载在典籍之中，是最显明最重要的教导！

---

① 《书》曰："钦哉钦哉，惟刑之恤哉！"：《书》，指《尚书》。本句见《书》卷二《尧典》。孔颖达疏："忧念此刑，恐有滥失，欲得中也。"钦，恭谨。惟，语助词。整句意为，谨慎呀，谨慎呀！司掌司法权的人要慎重不滥用刑罚啊！

② "与其杀不辜，宁失不经"：与其错杀无辜之人，宁可因不遵守成规法律而犯错误。不辜，无辜者。不经，不遵守成规定法。该句语出《尚书》卷四《大禹谟》。

③ "刑者"一句：全句见《礼记》卷一三《王制·司寇》。整句意为，刑罚，是铸器皿的模型。铸型，就是铸造成固定的形状。一经定型，便再不能更变，所以有道德的人在量刑定刑上应当慎重，尽心啊！刑，同"型"。本谓铸器的模型，引申为定型。

④ 方策：同"方册"。典籍。程大昌《演繁露》卷七："方册云者，书之与版，亦或书之竹简也；通版为方，联简为册。"

⑤ 著明：显明、显出。《礼记》卷五三《中庸》："诚则形，形则著，著则明。"

圣朝顺考古道，^① 以御万邦，建官率属，尤重其事。《汉书》曰："张释之为廷尉，天下□冤民；^② 于定国为廷尉，民自以为不冤。"噫！凡亲民莅政，司刑典狱之官，若能明慎深切，法^③汉之张、于二贤，则仁德之□，无出于此。至如践卿相之位，固当然也。

〔译文〕

圣明的宋朝循着历史发展的轨迹，研求古代帝王治理国家的政治主张，来统治天下。治理官员，率领属下，尤其要推重古人的主张。《汉书》说："张释之担任廷尉，天下没有被冤枉的人民；于定国担任廷尉，老百姓自认为无人会被冤枉。"啊！凡是那些直接接近百姓，处理政务，执掌刑法，管理监狱的官员，如果能够特别明察是非，慎重用刑，学习汉代的张、于二位贤者，那么，由于仁德而带来的好处是再大也没有了。至于个人登至卿、相的地位，本来就是必然的事。

鲁庄公曰："小大之狱，虽不能察，必以情。"^④ 路温舒^⑤

① 顺考古道：沿着历史发展的方向，研究古代帝王治理国家的政治主张。顺：循，沿着。苏轼《赤壁赋》："方其破荆州、下江陵，顺流而东也。"考：思虑，研求。道，规律；一定的政治主张。《论语》卷五《公冶长》："道不行，乘桴浮于海。"《论语》卷一五《卫灵公》："道不同，不相为谋。"
② 天下□冤民：此句现碑文已缺一字。查《金石萃编》与《汉书》，均应为"无"字。
③ 法：效法。《易》卷七《系辞上》："崇效天，卑法地。"
④ "鲁庄公曰"一句：鲁庄公，春秋时期鲁国的国君，其在位时期为公元前693年至公元前662年。此句见于《春秋左传》卷八《庄公十年》，时齐师伐鲁，鲁庄公准备迎战，曹刿请见，与庄公论及鲁国迎战条件时庄公所语。"小大之狱"，指大大小小的刑事诉讼。狱，刑事诉讼。"必以情"，情，实情。晋杜预注曰：必尽己情察审也。
⑤ 路温舒：西汉宣帝时的官员，事见《汉书》卷五一《路温舒传》。温舒为西汉巨鹿人，字长君。精通《春秋》经义，曾任县狱吏，法孝廉，官至廷尉奏曹椽、太守等。宣帝即位，温舒曾上书反对刑讯。认为审狱苛刻，刑罚过重是官员最大的失败。主张治理国家要"尚德缓刑"，反对严刑峻法。

曰："天下之患，莫深于狱。捶□之下，何求而不得？"① 又周勃②有大功，历尊位，威望素震。及坐事被摄，犹叹狱吏之贵。③ 是如愚弱之民，苟婴缧绁，④ 则锻□诬服者，可胜言哉？⑤ 故俗语曰："画地为狱，议不入；刻木为吏，期不对"⑥ 此皆悲痛之词也。

〔译文〕

鲁庄公说过："大大小小的刑事诉讼案件，即使我不能逐一明察，但在审理时，一定要用尽诚心。"路温舒说过："天下的祸害，最严重的，没有比治狱还厉害的了。在狱吏的严刑拷打之

---

① "天下之患"一句：此句即为路温舒上书中之原文。碑文此处现缺一字，查《金石萃编》亦缺。查《汉书》应为"挞"字。

② 周勃：汉初重臣。事见《汉书》卷四〇《周勃传》。沛县人，秦末从刘邦起义，封绛侯。曾从刘邦平定韩王信、陈希、卢绾的叛乱。刘邦认为他"厚重少文，然安刘氏者必勃也"。吕后时，任太尉。吕后死，他与陈平定计，诛杀诸吕，迎立文帝，任右丞相。

③ 及坐事被摄，犹叹狱吏之贵：周勃因迎立文帝有功，久居高位，有人劝周勃说："处尊位以厌之，则祸及身矣。"后周勃被免去丞相之职，回到封地；因常担心被诛，每当地方守尉经过封地时总是披带盔甲，令家人持武器相见。因此被人上书控告他欲谋反。周勃口讷，在狱中又无法自白，很怕狱吏。以后薄太后说情，文帝释放了周勃。周勃出狱后对人说："吾常将百万军，然安知狱吏之贵也！"事见《汉书》卷四〇《张陈王周传》。

④ 苟婴缧绁：假如被系捕囚禁。苟，如果，假如。《孟子》卷一一《告子上》："苟得其养，其物不长。"婴，系在颈上。《荀子·富国》："辟之，是犹使处女婴宝珠，佩宝玉，负戴黄金，而遇中山之盗也。"杨倞注："婴，系于颈也。"缧绁，亦作"累绁"。古时拘系犯人的大索，引申为囚禁。《论语》卷五《公冶长》："虽在缧绁之中，非其罪也。"

⑤ 则锻□诬服者，可胜言哉：此句碑文缺一字，查《金石萃编》亦缺字。疑为"棰"或"楚"字。锻，本意为锤击。《庄子·列御寇》："取石来锻之。"棰，木棍；杖刑。《汉书》卷五《景帝纪》："乃诏有司减笞法，定棰令。"楚，荆杖。《汉书》卷五一《路温舒传》："棰楚之下，何求而不得？"。胜，尽。全句意为，在酷刑拷打之下而自诬服称罪的人又怎能一一说尽呢。

⑥ "画地为狱"一句：语出司马迁《报任少卿书》："故士有画地为牢，执不入；削木为吏，议不对，定计于鲜也。"意为：读书人中有人说过，即使在地上画一圆圈作为牢狱，那么，即使抓捕你也绝不可进入；即使用木头削一个吏，你也绝不可与之对答，应早在未遇刑讯前定计自裁，不遭受刑辱。执，捕捉。鲜，有二解：清人钱大昭据释诂，解释为善也，指定计为善，不遭刑辱；杜预认为不以寿终为鲜，清人沈钦韩以此认为是定计自裁。王先谦《汉书补注》认为二者皆有道理。见王先谦：《汉书补注》第三二卷《司马迁传》。此文之下解释。

下，还有什么样的口供得不到呢？"又有西汉的周勃，有大功，达到尊位，威望声振天下。待到他自己因犯法被捕，还感叹于狱吏权势的高贵。所以，可以想象，一般的愚弱百姓，如果一旦陷于法网，那么，被拷打诬服认罪的，难道能数得清吗？因此，俗话说："即使在地上画一圆圈作为监狱，执捕你你也不要进入；即使是用木头刻成的狱吏，你也绝对不要接受他的审讯。"这些话都是对狱政黑暗的悲愤言辞啊！

　　迥尝接深识钜贤先生之论，□：① "为食禄之士，固当恻隐济众，自求多福。殖②福之法，必须善利及人；善利之要，莫若慎刑最为急务，余皆不足为此□。"③ 先生又云："慎刑之至者，既如其幽圄可恤，当视所治之人，皆如己子，□在乎始末，④ 疚心而辗念焉！⑤ 无怠忽，无苟留，□报应之的，其福称是。⑥ 理贯神明，灼然无疑。"⑦ 又云：

---

① 迥尝接深识钜贤先生之论，□：我曾继承了那些有远见是大贤能的学者的观点，他们说。接，继承。《史记》卷三〇《平准书》："汉兴，接秦之弊。"钜，通"巨"。□，缺字，查《金石萃编》亦缺一字，当为"曰"。翻译时，"曰"前省主语应加上。

② 殖：繁殖，孳生。《国语·晋语四》："同姓不婚，恶不殖也。"

③ 余皆不足为比□：其余的问题都不值得与之并列考虑了。比，并列。《史记》卷二七《天官书》："危东六星，两两相比，曰司空。"□，缺字，查《金石萃编》亦缺一字。与上文相连，缺字应为"矣"。

④ □在乎始末：缺字查《金石萃编》为"必"字。

⑤ 疚心而辗念焉：对他们应感到内心负疚，并且辗转思念。疚心，内心负疚。龚自珍：《己亥杂诗》："言行较详官阅略，报恩如此疚心多。"辗念，辗转思念。徐陵《檄周文》："辗念过曹，犹惑盎餐之惠。"焉，兼词于、之。

⑥ □报应之的，其福称是：原因是报应的标准，那降福的条件，均是与这些相符的。□，缺字，查王昶《金石萃编》，亦缺一字。与下文相承接，缺字应为"盖"字，表示说明原因的虚词，应置于语首，提起下文。的，的当，的确。贺铸《点绛唇》词："掩装无语，的是销凝处。"称，适合，相当。杜甫《丽人行》："珠玉腰被稳称身。"是，此，这，指示代词。《论语》卷一《学而》："夫子至于是邦也，必闻其政。"

⑦ 理贯神明，灼然无疑：这个道理直贯通于神明，明白透彻，毫无疑义。理，道理。《孟子》卷一一《告子上》："故理义之悦我心，犹刍豢之悦我口。"贯，原指用绳子穿起来，引申为贯通、穿通。《论语》卷四《里仁》："吾道一以贯之。"灼然，明白透彻的样子。

"听讼折狱,^① 至于评刑次第之间,^② 必具四德：公清首之,先正自心,勿为势利所迁,一也；明察次之,究其事始,勿至变乱成惑,二也；仁恕又次之,既得其情,哀矜而勿喜,三也；平允又次,^③ 狱具取□,^④ 无庸上下相欧,^⑤ 以刻为明,^⑥ 四也。四者备矣,何庆如□?"^⑦

〔译文〕

我曾接受过有远见卓识的贤明先生的观点,他说："作为国家的官员,本来就应当恻隐、同情、救济人民,以求给自身增加福份；增加福气的办法,一定要与人为善,对人有利。对他人带来的最大善利,莫如以慎刑为最大急务。其余的都不足为比了!"先生又说："慎刑的最重要点在于你既懂得囚徒的可怜,就应当将自己治下的人视为自己的孩子一般。审查案件时,一定要了解案情的始末,内心有负疚感,并且辗转思念之。不要怠忽

① 听讼折狱：讼,诉讼,多用指民事诉讼。《论语》卷一二《颜渊》："听讼,吾犹人也,必也使无讼乎。"狱,诉讼,一般指刑事诉讼。《周礼》卷三四《秋官·大司寇》："以两剂禁民狱。"郑玄注："谓相告以罪名者。"听,折：均表示判断,处理。全句为审理民、刑事案件。
② 至于评刑次第之间：至于判处刑等时。中国古代刑罚分等级,奴隶制五刑等为墨、劓、刖、宫、大辟；封建制五刑为笞、杖、徒、流、死。五等之间又分为级。
③ 平允又次□：公平适当又次一等。平允,公平适当。《后汉书》卷五八《虞诩传》："祖父经,为郡县狱吏,案法平允。"□,缺字,查王昶《金石萃编》亦缺。承接上文缺字应为"之"。
④ 狱具取□：刑具的使用或舍弃。狱具,指刑具。沈家本《历代刑法考·狱考》首位即为刑具考。□,缺字,查王昶《金石萃编》亦缺,承接上文缺字应为"之"字。
⑤ 无庸上下相欧：不须增减用刑的数目使之殴击。无庸,无须。庸,须。《左传》卷二《隐公元年》："公（郑庄公）曰：'无庸,将自及。'"杜预注："言无用除之,祸将自及。"上下,犹言增减。《周礼》卷三八《秋官·司仪》："从其爵而上下之。"郑玄注："上,下,犹丰杀也"。"欧"通"殴"。捶击。《汉书》卷四〇《张良传》："良愕然,欲欧之。"《史记》卷五五《留侯世家》作"殴"。
⑥ 以刻为明：以少用刑罚为明智。刻,消除；减损。《荀子·礼记》："刻生而附死谓之惑。"意谓减损对生者的赡养而增设其死后的丧礼,是惑乱的行为。
⑦ 何庆如□：如此又是那么值得庆贺的事呢? 此句在古汉语中为倒装句式,即属疑问代词作宾语,位于动词前。缺字应为"之"。

职守，不要有意苛刻的拘捕他们。原因是神明报应的标准，降福的条件均是与此相符的。这个道理直贯通于神明，明白透彻，毫无疑义。"先生又说："审理民事、刑事案件，一定要有四项公德：公正清廉居于其首，先要端正自己的思想，不要被势利所改变，这是第一点；明察是非居于其次，发现犯罪嫌疑的起始，便要追究，不要等违法犯罪已酿成祸乱再去管理，这是第二点；仁恕又是其次的，已经审理清楚案情，应当对违法犯罪者持哀怜同情的态度，而不要幸灾乐祸，这是第三点；公平适当又是其次，对囚徒使用刑具，不要自己任意增减殴打数目，应以减少刑讯为明智，这是第四点。具备这四项公德是多么值得庆幸的事啊！"

　　迥①先述《劝慎刑文》，明引经史中善恶之报，达诸②聪□；③今又作此《慎刑箴》，续而助之。敢告英才上智，④必信勤行与诸同志者，⑤更相导论，广树阴德。⑥大则合仁者

---

① 迥：作者晁迥自称。

② 诸：兼词，之于的合音、合义。

③ 聪□：缺字，查王昶《金石萃编》亦缺。承接上文应为"耳"。聪，聪的异体字。指听觉灵敏，引申为有所闻。《诗》卷第四一一《王风·兔爰》："尚寐未聪。"毛传："聪，闻也。"

④ 敢告英才上智：冒昧的敬告那些杰出的人才和崇尚有智慧的人。敢，自言冒昧之词。英才，杰出的人才。《孟子》卷一三《尽心上》："得天下英才而教育之。"上，崇尚。《汉书》卷八一《匡衡传》："治天下者，审所上而已。"

⑤ 必信勤行与诸同志者：我一定要申张自己殷切的企望和传布与我有同样观点的人的原因是。信，通"伸"《三国志·蜀志·诸葛亮传》："孤不度德量力，欲信大义于天下。"勤，殷切盼望《诗》卷第一《召南·江有汜序》："勤而无怨。"孔颖达疏："勤者，必企望之。"行，传布。《史记》卷一〇五《扁鹊仓公列传》："气已上行，至头而动，故头痛。"《左传》卷三六《襄公二十五年》："言之无文，行而不远。"者，此处表示说明原因。

⑥ 更相导论，广树阴德：我们轮流更替相互传导这种观点，广泛地做有德于人的事。更，轮流更替。导，传导。阴德，旧指暗中有德于人的行为。《汉书》卷七四《丙吉传》："臣闻有阴德者，必飨其乐，以及子孙。"

安仁之安，□亦获智者利仁之利也。① 勖哉②当职幸垂
精鉴。③

〔译文〕

我先前已述作了一篇《劝慎刑文》，明确地引证了经史中善
恶报应的实例，奉告给各位。现在我又撰写这篇《慎刑箴》，是
前篇的续作，进而阐明我的观点。我冒昧的警告那些杰出的人才
和我所崇尚的有智慧的人们，我之所以一定要申张自己殷切的企
望和传布给与我有同样观点的人，是为了使我们大家轮流更替相
互传导这种观点，以达到广泛地做有德于人的事情。这样，从大
的方面讲，一个仁爱的统治者，可以因为仁爱而使国家得到安
稳；从小的方面来看，也可以获得聪明人以仁爱治理天下所得到
的好处。共勉吧！担任官职的人们，我希望在你们中，能将这些
精辟的儆戒流传下去。

其箴④曰：

刑之所设　　禁暴防淫⑤　　慎□戒滥⑥

---

① □亦获智者利仁之利也：从小的方面来说也可以获得聪明人以仁爱治理天下所得到的好
处。缺字查《金石萃编》亦缺。与前一句对应，缺字应为"小"。
② 勖哉：（我们）共勉吧！勖，勉励的意思。《诗》卷第二《邶风·燕燕》："以勖寡人。"
③ 当职幸垂精鉴：担任官职的人们，我希望你们中能将这些精辟的教训流传下去。当职，
担任职位的人。幸，希冀。司马迁：《报任少卿书》："阙然久不报，幸勿为过。"垂，流
传下去。《后汉书》卷五二《崔骃传》："何天衢于盛世兮，超千载而垂绩。"精，物之
纯质。鉴，儆戒或教训。《诗》卷第一八《大雅·荡》："殷鉴不远，在夏后之世。"
④ 箴：规戒；劝告。箴铭是一种文体名。箴是规戒性的韵文；铭是古代刻在器皿或碑石上
兼用作规戒或褒赞的韵文。《文心雕龙·铭箴》说：二者"名目虽异，而警戒实同。箴
全御过，故文资确切。铭兼褒赞，故体贵弘润"。此处之箴即指箴铭。
⑤ 禁暴防淫：禁止凶暴，防止邪恶。暴，凶暴；暴虐。《淮南子·主术训》："其次赏贤而
罚暴。"淫，邪恶。《礼记》卷五一《坊记》："刑以防淫。"
⑥ 慎□戒滥：此处碑文缺一字，查王昶《金石萃编》亦缺一字，据上下文分析，缺字应为
"刑"。

利泽惟深　　　如烛于闇①　　　如拯于沉
所以君子　　　必尽其心　　　慎刑本仁
仁者多寿　　　滥□获报②　　　天网不漏
严母先见③　　　于公有后④　　　愿布斯文
置诸座右

皇宋天圣六年岁次戊辰，五月乙未，朔十二日丙午上石，⑤ 立于永兴军，⑥ 至圣文宣王庙。⑦ 陕府西诸州水陆计度转运使，兼本路劝农使，宣德郎，守尚兵部员外部获军赐紫金鱼袋，李周士。⑧

---

① 如烛于闇：如同黑暗中的烛光一样。闇，暗的异体字。

② 滥□获报：此句碑文缺一字，查王昶《金石萃编》亦缺，据上下文分析，缺字应为"刑"。

③ 严母先见：严延年的母亲有先见。故事出于《汉书》卷九○《酷吏传·严延年传》。严延年，汉武帝、宣帝时均任司法官，有吏才，但重刑，杀囚犯血流成河，百姓号称其为"屠伯"。有一年，他的母亲从东海来探望他，准备与他一起过腊月祭祀，得知他严刑杀人，指责他说："天道神明有眼，你多杀人自己也会被处死。我未想到，我年已老，却要见自己的壮年儿子遭遇刑戮。现在，我将离你而东归家，为你提前扫除墓地吧！"说完后，严母便归家，后来一年多后，严延年果然因滥用刑罚而被处死。故东海地方人称赞严母贤德，且有先见，以先见教育儿子。

④ 于公有后：于公因为官慎刑，为东海孝妇申冤故能得善报，有于定国那样的儿子为后代。

⑤ 朔十二日丙午上石：记载此碑立碑的时间，宋仁宗天圣六年（1028年），依中国古代天干地支记年，为戊辰年，五月乙未日，即日出之后第十二日的中午丙午时（11时至12时）立碑。戊辰、乙未、丙午均是中国古代天干十干甲、乙、丙、丁、戊、己、庚、辛、壬、癸，和地支十二支子、丑、寅、卯、辰、巳、午、未、申、酉、戌、亥相配合，循环组成六十甲子，以记载年、月、日、时次序的记时方法。朔月生，即每月初一。朔十二日，即初十三日。

⑥ 立于永兴军：记载立碑的地区，在永兴军。永兴军是宋代地方行政机构路一级的名称之一。宋代地方行政机构为路、府、州、县。路是地方行政机构最高一级。宋初设十五路，以后不断变化。1072年，宋朝分原陕西路的东部为一新增路，称永兴军。其治所在京兆府，即今陕西西安市。

⑦ 至圣文宣王庙：指碑石立于西安市的孔庙之中，中国从汉代起独尊儒术，对孔子追谥号为至圣先师，以后历代传承。唐开元二十七年又追谥孔子为文宣王。宋大中祥符五年即公元1012年又改谥为至圣文宣王。此碑立于1028年，故称"至圣文宣王"。

⑧ 指本碑监督刻字人之一，为当时担任陕西路西部各州主管财政水手的转运使一职，并兼承担劝农使、和承担地方军政的郎一职，又以低位官兼任高位官的中央兵部员外郎，且因军功而获得过官服着装上荣誉权可被皇帝允许佩带紫金鱼袋的李周士。宋代路一级设四要职：经略按抚使，主军政权；转运使，主管财政收入；提点刑狱使，主管司法审判权；提举常平使，主管赈灾、盐铁专卖权。兼，指兼职。守，指以低位官职兼任高位官之权。郎，郎中、员外郎均为六部之下的高级部员。

陕府西诸州水陆计度转运使，兼本路劝农使，中大夫，尚书刑部郎中直史馆上柱国，赐紫金鱼袋，杜詹，安众祥院主悟本大师，惠□监刻字。①

〔译文〕

那个箴言如此说道：设立刑罚的目的，在于要防止暴虐，制止违法犯罪。谨慎的使用刑罚，警戒滥用刑罚，这样做获得的益处非常大。好像在黑暗中的烛光，又像从深渊中拯救溺人者。所以有高尚道德的人，必定要尽心尽力。慎刑是以儒家仁爱思想为根本的。仁爱的人会获得多寿，滥刑的人定会遭报应。老天的法网不会使滥刑者漏网。严延年的母亲预见到自己滥刑的儿子会有恶报，而慎刑的于公也得到天的厚爱而有像于定国那样的后代。我愿写出这样的慎刑箴言，劝戒诸君，将之作为座右铭。

大宋天圣六年值戊辰年五月乙未日即月初十三日丙午时间，此碑立于永兴军至圣文宣王之庙。本碑文的监刻人，任陕西路西各州转运使，兼任劝农使、宣德郎，并以散官兼任兵部员外郎，因军功获恩赐佩带紫金鱼袋的李周士。本碑文监刻人，任陕西路西各州转运使，兼劝农使，刑部郎中，享受直史馆勋位上柱国，被皇帝恩赐佩带紫金鱼袋的杜詹；安众禅院的院主悟本大师惠□。

---

① 指本碑另一些监刻人。即当时担任陕西路西部各州主管财政税收的转运使一职，并兼任劝农使，高级文职阶官、刑部郎中，享受直史馆勋位上柱国，并被皇帝赐可佩带紫金鱼袋的杜詹。还有安众禅院主悟本大师惠□。缺字不可补。

《组织临时政府各省代表会纪事》

考　证

张国福　著

说　明

　　本书系作者对于吴景濂编《组织临时政府各省代表会纪事》一书的考证。兹首先对于"各省代表会"、《组织临时政府各省代表会纪事》以及本书的考证方法，作一简单说明。

(一) 关于"各省代表会"

　　辛亥革命以后，宣布独立的各省都督府派出代表，在上海成立了"各省都督府代表联合会"，简称"各省代表会"；由于其主要任务是组织临时政府，故此后又被称为"组织临时政府各省代表会"。该会后活动于武汉、南京两地。中华民国元年（1912 年）1 月 2 日以后，该会又在南京改称"代理参议院"，至 28 日临时参议院成立为止。

　　1911 年 10 月 10 日辛亥革命爆发后，多数省份相继宣布脱离清王朝的统治而独立。光复各省都督虽同奉湖北军政府的命令，但彼此之间缺少互相联络的方法，这对于组成统一的全国革命政权尤为不利。有鉴于此，11 月 9 日，湖北军政府通电独立各省，请派代表赴武昌，筹组临时政府。11 日，江苏都督程德全、浙江都督汤寿潜致电上海都督陈其美，建议在上海设立临时会议机关，并请各省代表到沪集议。12日，先期到达上海的江苏都督府代表雷奋、沈恩孚，浙江都督府代表姚桐豫、高尔登，又通电独立各省的都督府或谘议局，请派遣代表来沪，组织临时政府。14日，武昌的黎元洪都督也致电各省都督，"请各都督于上海议会，各派代表与会"；陈其美亦通电各省都督，"商请公举代表，定期迅赴上海，公开大会，议建临时政府，总持一切，以立国基而定大局"。

各省接上电后，遂选派代表，陆续抵沪。15日，江苏、上海、福建都督府代表在上海的江苏教育总会召开会议，议决将该会定名为"各省都督府代表联合会"，并决定了其他的一些会务事项。此后至11月29日，为上海代表会议时期。这期间，共有十三个省派出代表：直隶、河南、山东、湖北、湖南、浙江、福建、江苏、奉天、吉林、江西、广东、广西。其中，奉天、吉林代表尚在赴沪途中，江西、广东、广西代表，迳赴武昌。正式与会的八省代表们，在上海公推武昌为中央军政府，并议定全部代表赴武昌继续开会，将上海留作通信机关。

11月30日～12月8日，为武汉代表会议时期。会址设于汉口英租界。各省代表陆续到会后，公推湖南代表谭人凤为议长。期间，各省代表会的主要任务是完成了组织临时政府的筹备工作：制定了《中华民国临时政府组织大纲》；议定了对清政府议和的条件；规定临时政府设于南京，本代表会亦移驻南京，但此前仍认湖北军政府为中央军政府等。

在此期间，留在上海的部分代表以及陆续来沪的部分省代表，也于11月29日～12月10日召开"留沪代表会议"。他们同意临时政府设于南京，但又于12月4日在上海投票选举了中华民国假定大元帅黄兴、副元帅黎元洪；还拟定了《各省都督府代表联合会规则》等。

12月12日～31日，为南京代表会议时期。赴鄂及留沪的各省代表齐集南京，在江苏省谘议局开会，选举汤尔和、王宠惠为正、副议长。加上后来陆续来宁者，共有十八个省的代表与会。这期间，该会的主要任务是选举了孙中山为中华民国临时大总统，并继续修改《中华民国临时政府组织大纲》。

1912年1月1日～27日，为南京代理参议院时期。中华民国成立后，1月2日，议决以各省代表会代行参议院职权，改称代理参议院，选举赵士北为临时议长、马君武为临时副议长。代理参议院期间的主要任务是：选举成立了南京临时政府，拟定了《中华民国临时约法草案》，并制定了一些其他法规。1月28日，临时参议院在南京正式成立，各省代表会的历史告终。

由上可见，作为中华民国创立时期的立法机构，各省代表会对于创建民国及南京临时政府的立法建制，作出了巨大的历史贡献。但长期以来，主要由于资料因素的制约，我国史学界对于该会的专门研究几近阙如。① 因此，作者认为，有必要在书前对于它作上述介绍。

（二）关于《组织临时政府各省代表会纪事》

目前为止的所有关于辛亥革命及中华民国创立的论著，在论及各省代表会时，所依据的历史资料，几乎无一例外的是刘星楠

---

① 著者遍查过我国史学界关于辛亥革命的研究论文，几乎没有一篇论述该会。关于辛亥革命及中华民国史的代表性著作中，论及该会时，多数语焉不详。

的一部遗稿《辛亥各省代表会日志》。①

　　关于该日志，据刘星楠在该文最后的"按语"中称："此篇系根据著者当日在旁听席上所纪录（当时充上海《民立报》驻宁通信员）"。②据查，在1912年1月28日以后成立的南京临时参议院议场席次上，确有"刘星楠"之席位（第四五号）。③但在此前的南京代理参议院时期，还未查到刘星楠与会的记载。而如果说，刘星楠作为上海《民立报》驻南京的通信员，他可能在南京与会旁听的时间，也只是在1911年12月12日～31日的南京代表会时期和1912年1月1日～27日的代理参议院时期，并未参加各省代表会的全过程。再考虑到他的旁听者而并非会议中人的身份，以及他的遗稿的来历不明情况和《辛亥革命回忆录》（第六集）编者的加工可能，所以我认为，刘星楠的《辛亥各省代表会日志》本身以及其内容的真实性问题，是必须要大打折扣的。

　　带着这个疑问，笔者多年来在研究中华民国初期法制史、并选编出版《参议院议事录参议院议决案汇编》一书的同时，就一直在寻找更加准确的关于各省代表会的会议记录。这就是我在中国社会科学院近代史研究所图书馆发现的吴景濂编《组织临时政府各省代表会纪事》（北京，1913年3月铅印本）。④

　　关于《组织临时政府各省代表会纪事》，应作如下说明：

① 中国人民政治协商会议全国委员会文史资料研究委员会编《辛亥革命回忆录》第六集，文史资料出版社，1982，第241～260页。
② 《辛亥革命回忆录》第六集，文史资料出版社，1982，第260页。
③ 张国福选编：《参议院议事录参议院议决案汇编》，"参议院议决案附编""参议院议场席次图"，北京大学出版社，1989。
④ 另据中国国家图书馆编《民国时期总书目》（历史、传记、考古、地理）介绍：该馆亦藏有此书（书目文献出版社，1994年，第195页）。但笔者迄未发现。

1. 关于作者问题

收藏该书的中国社会科学院近代史研究所图书馆注明为"组织临时政府各省代表会编印"。但是，笔者认为它并不是"组织临时政府各省代表会"编印的，而是当时与会的吴景濂自己在一年后编印的。这有本书的《弁言》自然可以证明：

> 自共和宣布迄今，阅一稔矣。国会召集之期已届，正式政府昀将成立。举国亿兆庆永远脱离专制之毒，额手欢跃，喁喁望治。而由今溯昔，饮水思源，则为正式政府之筹备与先导者，临时政府也；代表会者，又临时政府所从出者也。人情惮于发难而难于虑始，矧国体改造，创东亚数千年未有之局，又当平地为山方覆一篑之时。使非在事诸公热心毅力，励坚贞而持坚忍，恐千钧一发，稍纵即逝，乌睹其有成绩如今日者哉！今虽内忧外患，迭乘交迫；国家建设，内部尚多缺点，而肇造之初，筚路蓝缕以启山林之功，则信矣其不可没也。景濂不敏，以承辽右父老子弟之委托，曾历沪上以至金陵，获随诸君子之后，盖自辛亥九月既望七日，迄民国改元，为组织临时政府各省代表会时期。又自民国元年正月一日迄二十七日，为各省代表会代理参议院时期。其间经营草创，奔走转徙，记载简省而大端要领，兹编所胪，固已略备。阅者倘循是以求民国起原，必将慨然于始基缔构之艰，而益各策其精神，摅其智虑，以谋巩固而促进行。夫固不仅掌故所关，可备国史之采择。已也甄录次第，编印既竣，谨附数言，以质来者。中华民国二年三月十日，吴景濂识于北京参议院。

　　因此，从性质上说，《组织临时政府各省代表会纪事》与刘
星楠的《辛亥各省代表会日志》一样，只是一部个人的忆述
作品。

　　关于《组织临时政府各省代表会纪事》的编者吴景濂，他
自己在上述《弁言》中已有所交代。再根据《纪事》书中的记
载，以及吴景濂留下的自己参与组织南京临时政府的经历的回忆
录，[①] 可以看到，吴景濂是作为奉天省谘议局派出的代表之一
（另一代表是刘兴甲），他赶到上海与会时，各省代表会已转到
武汉开会了，因此，从 1911 年 11 月 29 日起，吴景濂参与了上
海的留沪代表会议，后到南京，参加了代表会议，直到 1912 年
1 月 27 日的代理参议院结束。1 月 29 日的参议院会议上，吴景
濂曾提出了辞职书但未被接受。[②] 可见，除了上海代表会议及武
汉代表会议之外，吴景濂一直是作为奉天省的代表的会议中人。
一方面，他的这个身份，比之刘星楠作为记者、仅在南京会议上
的旁听身份，使得《组织临时政府各省代表会纪事》比《辛亥
各省代表会日志》，在真实性上更为可靠。而另一方面，他的这
个经历，特别是他并未参加上海、武汉两代表会议的情况，也使
得他留下的《纪事》仍有不足之处，难以作为各省代表会全过
程的真实记录。

2. 关于《组织临时政府各省代表会纪事》

　　由于各省代表会当时处于流转不定、混杂不一的局面，不可
能留下正式的会议记录了。目前笔者能够查到的是，各省代表会
在当时确实也留下过唯一的一份短短的记录，即 1912 年 1 月 18

---

① 吴景濂：《组织南京临时政府的亲身经历》，《辛亥革命回忆录》第八集，文史资料出版
　社，1982，第 407～412 页。
② 《参议院议事录参议院议决案汇编》，"元月二十九日"条。

日上午的《参议院之议事录》。① 现将这个会议记录与吴编《纪事》"正月十八日"条相对照如下：

参议院之议事录

元月十八日上午九时开会

十三省共到十五人（李磐、汤漪、欧阳振声均请假，林森续假），名具于左：

潘祖彝	吴景濂	刘　彦	王有兰
王正廷	段宇清	陈承泽	赵世钰
刘成禺	谷钟秀	赵士北	彭允彝
周代本	常恒芳	陈陶怡	

赵士北议长主席。

主席宣布广东来电（为请明定服制以挽利权事）。

王正廷提议明定服制案，彭允彝附议。

主席用举手表决法，全体可决提出。

彭允彝请先交审查，俟审查报告后，再行讨究。

主席宣布委任审查员三人，名具于左：

潘祖彝　　刘成禺　　刘　彦

赵世钰报告山陕危急情形，关系全局利害，请讨究设法维持。

讨究结果，公议办法四条见下：

第一、由赵君世钰具理由书，交由参议院议决；

第二、质问大总统；

① 《民立报》1912 年 1 月 23 日第 1 页。

第三、报告黎副总统；

第四、报告和议总代表。

主席提议：拟电催各省参议员从速到院，俾参议院完全
　　　　成立。

王正廷主张宜电催克期到院。

讨究结果：公请电催限元月二十八日以前，各省参议员
　　　　　须一律到院，参议院

即于是日正式成立。

主席宣布南洋亚齐代表谢碧田来书（为要求派参议员
事）。

公决：前已请吕君志伊将华侨大略数目并侨寓地方，列
　　　表交由大会议决。今吕君尚未列表交来，当再催
　　　其速办，以便议决。

十一时议事已毕，主席宣告散会。

《组织临时政府各省代表会纪事》

正月十八日上午九时开议

十三省参议员出席十五人（李骏、汤漪、欧阳振声均
请假，林森续假）：

潘祖彝	刘 彦	吴景濂	王有兰
王正廷	段宇清	陈承泽	赵世钰
刘成禹	谷钟秀	赵士北	彭允彝
周代本	常恒芳	陈陶怡	

临时议长赵士北主席。

主席报告广东来电（为请明定服制以挽利权事）。

王正廷提议明定服制案，请提出讨论，附议一人以上。

主席用举手表决法，多数可决。

彭允彝提议请付审查，多数赞同。

主席委任审查员三人如左：

潘祖彝　　刘成禹　　刘彦

赵世钰报告山陕危急情形，关系全局利害，请讨论设法维持。

讨论结果，公议办法四条如左：

一、由赵君世钰具理由书，交由参议院议决；

二、质问大总统；

三、报告黎副总统；

四、报告和议总代表。

主席提议：电催各省参议员迅速到院，俾参议院完全成立，请讨论公决。

讨论结果：公议电催限正月二十八日以前，各省参议员须一律到院，参议院即于是日正式成立。

主席报告南洋亚齐代表谢碧田来书（为要求派参议员事）。

公决：前已请吕君志伊调查各属华侨人数，并每处应派参议员几人，列表交由大会议决。今吕君尚未列表交来，当再催其速办，以便议决。

十一时宣告散会。

通过上述两份文件的对照，可以看出：尽管参议院的议事录发表于会后的第五天，但这份仅存的唯一记录，与《组织临时政府各省代表会纪事》的相应记录，仍然有一些细微的差异。

这一方面说明,《组织临时政府各省代表会纪事》仍然不应被视作正式的记录而只是个人的忆述,但同时又证明,《组织临时政府各省代表会纪事》的真实价值是不容置疑的。

其次,把《组织临时政府各省代表会纪事》与 1912 年 1 月 28 日以后的《参议院议事录》进行比较,还可以发现,前者特别是南京代表会议和代理参议院时期的记录,与后者在体例、方式与用语等方面,有极大的相似之处。这同时又证明了当时担任北京参议院议长的吴景濂本人整理的这个《纪事》,具有更大的真实价值。而这一点,恰恰是刘星楠的《辛亥各省代表会日志》所不具备的。

(三) 关于本书的考证方法

上述情况说明,吴景濂编《组织临时政府各省代表会纪事》虽有较大的史料价值,但仍有必要对于该书进行历史的考证。

由于各省代表会当时留下的历史资料相当有限,而《组织临时政府各省代表会纪事》又是一份唯一比较完整的记录,因此,笔者目前只能利用有限的资料,去考证《组织临时政府各省代表会纪事》一书的历史真实性问题。

鉴于刘星楠的《辛亥各省代表会日志》一文,也与该书属于同一性质的个人忆述记录,且我国史学界经常将它作为主要的史料,故笔者也将它作为考证《组织临时政府各省代表会纪事》的一种主要佐证资料。即按照会议的时间顺序及日程,对于吴景濂编《组织临时政府各省代表会纪事》每一天的纪事内容,用刘星楠的《辛亥各省代表会日志》之同样的记录进行考证,以证明其可靠与真实性。

此外，当时上海的《民立报》及《申报》等，对于各省代表会也有不少相关的报道和记录。各省代表会成立后，决定以《民立报》发表会议文件，而刘星楠又是《民立报》的驻南京通信员。这些当时的报道和记录，特别是《民立报》的报道和记录，应当视为比后人的忆述资料更为可信的第一手资料。因此，笔者尽可能全部地收集了这些资料，并以之作为考证《组织临时政府各省代表会纪事》的又一种主要佐证资料。

（四）关于附录资料

本书书后附录了两份文件。这些资料都是各省代表会期间通过的关乎中华民国创立的重要文献，但吴景濂编《组织临时政府各省代表会纪事》及刘星楠的《辛亥各省代表会日志》仅仅提到过，并未收录之，而我国学界更无人注意到。

一份是《修正中华民国临时政府组织大纲》。1911 年 12 月 3 日，武汉代表会议议决通过了《中华民国临时政府组织大纲》之后，南京代表会议时期，对于该大纲进行了两次修正。代理参议院时期，又对于该大纲进行了一次修正。这些过程及修改的具体内容，《组织临时政府各省代表会纪事》及《辛亥各省代表会日志》均有记载，但是并没有收录修正后的整个文件。组织南京临时政府，是各省代表会的主要职责和历史使命；而制定、修改《中华民国临时政府组织大纲》又是该会的主要任务。因此，本书后面附录了这个重要文件，该文件原载于南京《临时政府公报》第一号（1912 年 1 月 29 日）及第二号（1 月 30 日）。

另一份是《大中华民国临时约法草案》。该草案是由上列第一份文件发展而来的。

　　1912 年 1 月 2 日的代理参议院会议上，为了规范对于《中华民国临时政府组织大纲》的修改，议定了三条修改手续案。据此，1 月 5 日的会议上，湖北、江西、福建、云南、广东、广西六省代表提出了修改临时政府组织大纲案，湖南、江西、浙江、云南、陕西五省代表又提出临时政府组织大纲应加入人民权利义务一章案，会议讨论后公决：先付审查，审查后，即由审查员拟具修正案；并举定审查员五人：景耀月、张一鹏、吕志伊、王有兰、马君武。

　　上列五位审查员经过二十天的努力，于 1 月 25 日向代理参议院提出了《中华民国临时约法草案》。会上，参议员张伯烈提议：该案关系重要，请先付审查，应委任审查员九人，限四日内审查报告。全体议员举手表决后，主席赵士北宣布委任该案审查员九人：林森、陈承泽、凌文渊、刘成禺、汤漪、王正廷、张伯烈、杨廷栋、平刚。而此时之所以将《修正中华民国临时政府组织大纲》改名为《中华民国临时约法草案》，据与会的谷钟秀（直隶省代表）述："临时政府组织大纲，规定召集国会，限期六个月，恐不及，势须展缓，而根本法上之人权，不得不迅速规定，又不能纳入临时政府组织之范围，于是修改临时政府组织大纲之名称，而为临时约法，将临时政府组织大纲之缺漏者增补之，窒碍者修正之。"[①]

　　在九人委员奉命审查临时约法草案的同时，1 月 28 日，代理参议院结束，南京临时参议院成立。据同日的《申报》第三版报道："中华民国临时约法草案（即宪法）由景耀月、马君武、王有兰、吕志伊、张一鹏五君起草，共四十九条，颇称完

---

① 谷钟秀：《中华民国开国史》，上海泰东书局，1914 年，第 83 页。

备。惟于上下议院未设立以前，参议院异常谨慎，公推九人将各条文详细审查，参酌意见，再为公决"。2 月 1 日、2 日，《申报》第三版又连续刊登了《大中华民国临时约法草案》的全文。本书附录的就是这份文件。

笔者之所以要附录《大中华民国临时约法草案》，主要是因为它完成于代理参议院时期，而《组织临时政府各省代表会纪事》及《辛亥各省代表会日志》均未收录。《大中华民国临时约法草案》，就其重要性而言，它是后来参议院议决的《中华民国临时约法》的基础。

一　组织临时政府各省
代表会纪事考

（1911 年 11 月 15 日 ~ 12 月 31 日）

（一）上海代表会议纪事考

（1911 年 11 月 15 日 ~ 29 日）

1911 年 11 月 12 日

吴景濂编《组织临时政府各省代表会纪事》，从今日开始记录：

《组织临时政府各省代表会纪事》（以下简称《纪事》）第 1 页：

辛亥（民国元年前岁）九月二十二日

江苏都督府代表雷奋、沈恩孚，浙江都督府代表姚桐豫、高尔登，通电武昌、南昌、福州、广州、长沙、云南、安庆、桂林、太原、贵阳、成都、西安、济南、天津、开封、奉天、吉林、齐齐哈尔、兰州、迪化等处（以上各处，有都督府者，均并电都督府、咨议局；无都督府者，只电咨议局），请各省公认伍廷芳、温宗尧二君为临时外交代表，并请各省派遣代表来沪，会议组织临时政府，暂定上海西门江苏教育总会为通讯处。

上述《纪事》的内容，在刘星楠的遗稿中，也有如下记录：

《辛亥各省代表会议日志》（以下简称《日志》，原载《辛亥革命回忆录》第六集，下引《日志》页码，皆同此书）第241页：

> 清宣统三年辛亥，阴历九月二十二日江苏都督府代表雷奋、沈恩孚，浙江都督府姚桐豫、高尔登，通电武昌、南昌、福州、广州、长沙、昆明、安庆、桂林、太原、贵阳、成都、西安、济南、天津、开封、沈阳、吉林、齐齐哈尔、兰州、迪化等处，请各省公认伍廷芳、温宗尧二君为临时外交代表，并请各省派遣代表来沪，会商组织临时政府。

对比两者的文字，只有细微的差异。这说明《纪事》的内容是可信的。

各省代表会发出上述电报后的一二日内，沪军都督府及各省都督府就召开上海会议进行了联络。下列报纸有报道和记录：

《申报》1911年11月13日第一张第二版：

沪军都督府议设临时会议机关启

> 自武汉事起，各省响应，共和政治已为全国舆论所公认。然事必有所取，则功乃易于观成。美利坚合众之制度，当为吾国他日之模范。美之建国，其初各部颇起争端，外揭合众之帜，内伏涣散之机。其所以苦战八年，辛收最后之成功者，赖十三州会议总机关有统一进行、维持秩序之力也。考其第一、第二次会议，均仅以襄助各州议会为宗旨。至第

三次会议，始能确定国会长治久安。是亦历史必经之阶级。
吾国上海一埠，为中外耳目所寄，又为交通便利、不受兵祸
之地，急宜仿照美国第一次会议方法，于上海设立临时会议
机关，磋商对内对外妥善之方法，以期保疆土之统一、复人
道之和平。务请各省举派代表，迅即莅沪集议，盼功盼切。
集议方法、提议大纲如下：

集议方法

一、各省旧时咨议局各举代表一人，常驻上海。

一、各省现时都督府各派代表一人，常驻上海。

以上开两项代表，组织临时会议机关。

一、以江苏教育总会为招待所。

一、有两省以上代表到会，即行开议，续到者，随到
随议。

提议大纲

一、公认外交代表。

一、对于军事进行之方法。

一、对于清皇室之处置。

《民立报》1911 年 11 月 14 日第二页：

黎都督通电各省都督，议组织临时政府，并请各都督于
上海设立议会，各派代表与会。（驻汉口访员由芜湖转电）

民立报转上海军政府鉴：接武昌黎都督篠电，议公同组
织政府，兹事关系全局，鄙意宜合群策以谋，拟在沪开特别
大会，由各都督特派代表，公议建设政府地方，并举临时大
总统总持一切。倘以为然，所派代表及到沪日期，请先行电

复。镇江都督林述庆、总参谋陶骏保叩。

苏州程都督、杭州汤都督致沪都督电云：自武汉事起，各省响应，共和政治已为全国舆论所公认。然事必有所取，则功乃明于观成。美利坚合众之制度，当为吾国他日之模范。美之建国，其初各部颇起争端，外揭合众之帜，内伏涣散之机。其所以苦战八年，卒收最后之成功者，赖十州会议总机关有统一进行、维持秩序之力也。考其第一次、第二次会议，均仅以襄助各州议会为宗旨，至第三次会议，始能确定国会长治久安。是亦历史必经之阶级。吾国上海一埠，为中外耳目所寄，又为交通便利，不受兵祸之地。急宜仿照美国第一次会议方法，于上海设立临时会议机关，磋商对内对外妥善之方法，以期保疆土之统一，复人道之和平。务请分省举派代表，迅即莅沪集议。其集议方法及提议大纲并列于下。计集议方法四条：一、各省旧时谘议局各举代表一人，一、各省现时都督府各派代表一人，均常驻上海；一、以江苏教育总会为招待所；一、（省）两省以上代表到会即行开议，续到者随到随议。又提议大纲三条：一、公认外交代表；一、对于军事进行之联络方法，一、对于清皇室之处置。右举各节，乞速核夺电复为幸。汤寿潜、程德全，马、印。（苏州）

《民立报》1911 年 11 月 14 日第五页：

沪军都督陈通电各省都督文

武昌、长沙、安庆、南昌、苏州、浙江、太原、西安、福州、广州、济南、桂林、云南、贵州军都督鉴：民军倡义伊始，百凡待举。无总机关以代表全国，外人疑虑交涉为难。其美承乏上海，地处冲要，东南孔道，饷械根源，外交重任尤关全局。伍廷芳先生允认外交，经各友邦承认，坛坫有人，全国之庆。其美责重才短，顾此失彼，夙夜惶急，心忧成痗。今接湖北黎都督及镇江林都督两处专电，意谓上海交通较便，组织机关，用为开会之地。闻命之下，距跃三百，亟当遵照办理，用特通电贵省，商请公举代表，定期迅赴上海，公开大会，议建临时政府，总持一切，以立国基而定大局。如蒙认可，迅请电复，不胜悬盼之至。沪军都督陈其美叩，漾。

1911 年 11 月 15 日

今天是各省代表会的第一天会议。《纪事》中对于会议内容，有相当详细的记录：

《纪事》第 1 页：

> 九月二十五日
>
> 江苏都督府代表雷奋，沪军都督府代表袁希洛、俞寰澄、朱葆康，福建都督府代表林长民、潘祖彝，在上海江苏教育总会会议。
>
> 议决事件：
>
> 一、议决定名为各省都督府代表联合会。
>
> 一、议决会所暂借江苏教育总会。
>
> 一、议决每日午前十时至十二时为会议时间，星期不停。

一、议决各种文件由民立报发表。

一、议决公推林长民、雷奋草拟本会暂行规则。

一、议决本会会所及会议时间载登各报广告。

一、议决本会抄写文件、收发函电、管理账目等事，暂托江苏教育总会书记汪伯轩兼任。

但相比之下，《日志》中的相关记录，则十分薄弱：

《日志》第 241 页：

九月二十五日江苏都督府代表雷奋，沪军都督府代表袁希洛、俞寰澄、朱葆康，福建都督府代表林长民、潘祖彝，在上海江苏总会开会，议决本会定名各省都督府代表联合会。

1911 年 11 月 16 日

《纪事》第 1~2 页：

九月二十六日

雷奋、沈恩孚、袁希洛、俞寰澄、朱葆康、林长民、潘祖彝到会。

议决事件：

一、议决请朱葆康逐日到伍代表处，探问外交情形，报告会中。

一、议决据浙电委代表张元济、镇江电委代表马良，即由书记函知，请其莅会，并将昨日议决情形抄陈。

今日会议内容不多，但关于会议的议决事件，《日志》中未有记录：

《日志》第 241 页：

> 九月二十六日雷奋、沈恩孚、朱葆康、俞寰澄、袁希洛、林长民、潘祖彝到会。

各省代表会发出通电、并在上海开会后，有些省派出的代表还在陆续抵沪的途中。为便利于他们及时与会，各省代表会特在《民立报》上登载了广告：

《民立报》1911 年 11 月 16 日第一页：

> ### 各省都督府代表联合会广告
>
> 念五日，江苏、福建、上海各都督府所派代表员会议决定：暂借上海西门外江苏教育总会为会所，每日上午十时起、十二时止为会议时间，凡各省都督府代表到沪者，请准时驾临为荷。

该广告的内容，反映了 15 日《纪事》的一些记录是真实的。

1911 年 11 月 17 日

各省代表会在上海开会后，因此前武昌都督黎元洪亦曾发电，要各省派代表赴武昌开会，故上海代表会就此进行了决议，仍主在上海会议。

《纪事》第 2 页：

九月二十七日

雷奋、沈恩孚、袁希洛、俞寰澄、朱葆康、林长民、潘祖彝，镇江都督府代表马良、陶逊到会。

报告：

一、报告张元济来函辞代表职。

一、沈恩孚报告在苏州都督府阅广东来电称，武昌都督亦曾通电各省，请派代表赴鄂，组织临时政府，并询曾否与沪上代表联合会接洽。

议决事件：

一、议决致电武昌黎都督、黄总司令，述各代表以上海交通便利，多主张在沪开会，倘得同意，请即派代表来沪与会。

《日志》的记录也大体与此相同。

《日志》第 241～242 页：

九月二十七日雷奋、沈恩孚、袁希洛、俞寰澄、朱葆康、林长民、潘祖彝到会，镇江都督府代表马良、陶逊到会。

沈恩孚报告在苏州都督府阅广东来电，武昌都督亦曾通电各省，请派代表赴鄂，组织临时政府。

议决：致电武昌黎都督、黄总司令，本会各代表以上海交通便利，多主张在沪开会，倘蒙同意，请即派代表来沪与会。

1911 年 11 月 18 日

《纪事》第 2 ~ 3 页：

> 九月二十八日
>
> 雷奋、沈恩孚、俞寰澄、朱葆康、林长民、潘祖彝到会。
>
> 报告：
>
> 一、报告河南咨议局电称已派代表李鐜等来沪。
>
> 一、报告山东代表谢鸿焘、雷光宇电告到沪日期。
>
> 议决事件：
>
> 一、议决电催未派代表各省速派代表来沪。

上述会议事项，联系 17 日的记录来看，是可能的。但《日志》没有内容的记录：

《日志》第 241 页：

> 九月二十八日雷奋、沈恩孚、俞寰澄、朱葆康、林长民、潘祖彝到会。

各省代表会在上海开会一周之后，《民立报》对代表会的发起情况及近日的会议纪要进行了报道，证明《纪事》中的上述记录，是基本可信的：

《民立报》1911 年 11 月 18 日第五页：

> 各省都督府代表联合会缘起并连日开会纪要
>
> 各省光复后，各立（省）都督虽同奉军政府命令，尚

少互相联络办法，于是有议请各都督府派人联合商议者。适浙江、苏州代表先已奉命到沪，遂同两省代表名义发起，电致各省，请其即日派员来会。其联络之事，一对外、一对内。对外之事，因旧政府垂倾，所有全国交涉无所汇归，不能不先举外交，继代以与列强接洽，乃推定伍君廷芳、温君宗尧为临时外交官，请由各省公认。对由（内）之事，先求团结，仿美国独立后第一、二次会议为临时政府或临时国会之准备。该电于本月二十二日发去，数日以来，已得山东、广东、福建、镇江各都督府覆电赞成。山东、福建、镇江业经派定代表来沪。吉林、直隶未有都督府，先由谘议局复电赞成。现在代表已到者：苏都督府沈恩孚、雷奋，沪都督府俞寰澄、袁希洛、朱保康，镇江都督府马良、陶骏葆，福建都督府林长民、潘祖彝，浙江都督府姚桐豫、高文登诸君。山东都督府所派谢鸿焘、雷光宇二君，现已在途。其已到诸代表，每日午前十时起，假江苏教育总会，会议进行之法，先暂定名为各省都督府代表联合会。前因鄂、沪电信不通，特派人到鄂，请其即推代表来沪，目下无线电已通，即日已复电询，鄂为起义首功，同盟牛耳，众意属之，大约鄂代表到后，即可提议重要问题云。

1911 年 11 月 19 日

今日会议内容比较简单。

《纪事》第 3 页：

九月二十九日

沈恩孚、朱葆康到会。

报告：

一、接浙江都督电称黎都督电请代表赴鄂，应如何办理。

一、接直隶谘议局电称已派代表谷钟秀、张铭勋来沪。

《日志》第242页：

九月二十九日沈恩孚、朱葆康到会。

1911 年 11 月 20 日

随着革命形势的发展和到沪代表日多，代表会决定以到会省的代表致电武昌，承认以武昌为民国中央军政府，以鄂军都督执行中央政务。关于这一重要决定，《纪事》的记录较为全面：

《纪事》第 3～4 页：

九月三十日

雷奋、袁希洛、俞寰澄、朱葆康、林长民、潘祖彝，山东都督府代表谢鸿焘、雷光宇，湖南都督府代表宋教仁到会。

报告：

一、报告浙江都督电称仍请张元济代表并添请朱福诜、陈敬第、严鹤龄、陈时夏四君与议。

议决事件：

一、议决先由到沪各代表所代表省，分电黎都督、黄总司令，承认武昌为民国中央军政府，以鄂军都督执行中央政务，并请以中央军政府名义，委任各代表所推定之伍廷芳、温宗尧二君为民国外交总副长。

　　附：分致武昌黎都督、黄总司令电

　　（上略）前电请派代表来沪，会议各省联络办法，尚未得复，至盼。现在各都督代表到者：浙、苏、镇、鲁、闽、湘、沪七处，奉、吉、直复电即日派人。已到诸代表先行逐日开会，众议谓独立各省无统一机关，则事事无所汇归，民国前途异常危险，中华民国军政府向来名义既为各都督府所认，目下不能不实现之于国中，以树连帅〔师〕之望，今日公议决定先由等所代表各省，认鄂军政府为民国中央军政府，即以武昌都督府执行中央政务，统筹全局，划一军令，其中央军政府组织，请贵都督府制定大局。所系众望所属，务祈主持。除分电各都督府外，谨此电告，又全国外交总副长前经推定伍廷芳、温宗尧二君驻沪办理交涉，并已电达尊处，祈再以中央军政府名义委任之，全国幸甚（下略）。

　　一、议决将以上情形报告各省，请其承认，并电鄂都督。

《日志》仅有关于其主要内容的记录：
《日志》第242页：

　　九月三十日雷奋、袁希洛、俞寰澄、朱葆康、林长民、潘祖彝到会。山东都督府代表谢鸿焘、雷光宇，湖南都督府代表宋教仁到会。

　　议决：先由到沪各代表所代表省分电黎都督、黄总司令，承认武昌为民国中央军政府，以鄂军都督执行中央政务，并请以中央军政府名义委任各代表所推定之伍廷芳、温宗尧二君为民国外交总副长。

《民立报》也报道了此次会议的决定，并登载了《纪事》中省略的整个电文：

《民立报》1911 年 11 月 22 日第二页：

> 林都督推举代表到沪，会议临时政府宣布宗旨：（一）承认唯一的共和政体，反对联邦政府；（二）承认武昌为都会。

《民立报》1911 年 11 月 22 日第三页：

看看代表

> 武昌黎都督、黄总司令鉴：前电请派代表来沪，会议各省联络办法，尚未得复，至盼。现在各都督府代表到沪者：浙、苏、镇、闽、鲁、湘、沪七处，奉、吉、直复电即日派人。已到诸代表先行逐日开会，众议谓独立各省无统一机关，则事事无所汇归，民国前途异常危险，中华民国军政府向来名义久为各都督府所认，目下不能不实现之于国中，以杨〔扬〕连师之望。今日公议决定先由某等所代表各省认鄂军为民国中央军政府，即以武昌都督府执行中央政务，统筹全局，划一军令，其中央军政府组织，请贵都督府制定，大局所系，众望所属，务乞主持。除分电各都督府外，谨此告。又全国外交总副长，前经推定伍廷芳、温宗尧二君驻沪办理交涉，并已电达尊处，乞再以中央军政府名义委任之，

举国幸甚。浙代表朱福铣，苏代表雷奋，鲁代表雷光宇、谢
鸿焘，闽代表林长民、潘祖彝，湘代表宋教仁，沪代表朱葆
康、俞寰澄、袁希洛叩。

1911 年 11 月 21 日

今日的会议人员增加了江北都督府的三位代表：

《纪事》第 4 页：

> 十月初一日
> 袁希洛、俞寰澄、朱葆康、林长民、潘祖彝、谢鸿焘、
> 雷光宇，江北都督府代表王照、陈官彦、徐钟令到会。
> 报告：
> 一、报告江北蒋都督电称公举陈官彦、徐钟令二君为代
> 表（王照本系江北驻沪全权代表，故亦与议）。

对此，刘星楠也有记录，并有与吴景濂不同的评语，指出代
表会的不当做法：

《日志》第 242 页：

> 十月初一日，袁希洛、俞寰澄、朱葆康、林长民、潘祖
> 彝、谢鸿焘、雷光宇到会。江北都督府代表王照、陈官彦、
> 徐钟令到会。

按：当时镇江都督为林述庆，江北都督为蒋雁行，皆系割据
一隅，僭窃名号，本无派遣代表的资格，而沪上代表会居然接
受，令俱列席，殊属失当。

1911 年 11 月 22 日

今日会议无多少内容：

《纪事》第 4 页：

> 十月初二日，袁希洛、俞寰澄、朱葆康、林长民、潘祖
> 彝、谢鸿焘、雷光宇、徐钟令到会。

《日志》的记录一致：

《日志》第 242 页：

> 十月初二日，袁希洛、俞寰澄、朱葆康、林长民、潘祖
> 彝、谢鸿焘、雷光宇、徐钟令到会。

1911 年 11 月 23 日

湖北都督府代表居正、陶凤集今日到会，经与各省代表商
议，代表会决定各省代表均赴湖北开会，而以伍廷芳、温宗尧仍
为驻沪外交代表，并为此致电各省都督。《纪事》的记录较为
全面：

《纪事》第 4～5 页：

> 十月初三日
>
> 沈恩孚、朱葆康、林长民、潘祖彝、谢鸿焘、宋教仁、
> 雷光宇、徐钟令，浙江都督府代表汤尔和，湖北都督府代表
> 居正、陶凤集到会。
>
> 报告：
>
> 一、报告浙都督照会派朱福诜、汤尔和、陈时夏为

代表。

一、居正报告九月十九日湖北都督府通电各省，请派全权委员来鄂组织临时政府等情，并述此次来意，系与到沪各代表商议同行赴鄂。

议决事件：

一、议决各省代表均赴湖北。

一、议决伍廷芳、温宗尧二君仍为驻沪外交代表，公推朱葆康前往接洽。

一、议决十月初五日为代表赴鄂行期。

一、议决将以上情形通电各省都督。

附：致各省都督通电

南昌、广州、云南、安庆、桂林、太原、贵阳、成都、西安、吉林，都督府鉴：本日鄂、鲁、闽、浙、湘、苏、沪、江北等处代表均到会，议决各省代表均赴武昌，以十月初五日为行期；伍、温二君仍为驻沪外交全权委员。贵处代表请迳即赴鄂。各省都督府代表联合会叩，江。

《日志》对此也有一些记录：

《日志》第242页：

十月初三日沈恩孚、朱葆康、林长民、潘祖彝、谢鸿焘、宋教仁、雷光宇、徐钟令到会。浙江都督府代表汤尔和，湖北都督府代表居正、陶凤集到会。

居正报告：九月十九日湖北都督府通电各省，请派全权委员来鄂组织政府等情，并述此次来意，系与到沪各代表商议，同行赴鄂。

议决：各省代表均赴湖北。

1911 年 11 月 24 日

今日会议内容不多，记录也大致相同：

《纪事》第 5 页：

> 十月初四日
>
> 袁希洛、朱葆康、潘祖彝、王照、徐钟令、陈时夏
> 到会。

《日志》第 242 ~ 243 页：

> 十月初四日袁希洛、朱葆康、潘祖彝、王照、徐钟令到
> 会。浙江都督府代表陈时夏到会。

1911 年 11 月 25 日

今日又由多数代表在沪军都督陈其美饯筵后，决定各省代表
赴鄂，各留一人以上留沪，赴鄂者议组织临时政府事，留沪者联
络声气，以为鄂会后援；并电袁世凯勿再持君主立宪之说：

《纪事》第 5 页：

> 十月初五日
>
> 沈恩孚、袁希洛、林长民、潘祖彝、马良、谢鸿焘
> 到会。
>
> 议决事件：
>
> 一、议决各省代表赴鄂，宜各有一人以上留沪，赴鄂者

议组织临时政府事，留沪者联络声气，以为鄂会后援。

一、议决电袁世凯，以各省代表一律承认共和国体，请勿再持君主立宪之说。

是日，潘祖彝、谢鸿焘二君早退。以上两条，由在会沈、袁、林、马四君提议，是晚在沪军都督陈其美饯筵，经多数代表决议（潘祖彝、谢鸿焘、雷光宇先于是晚赴鄂）。

《日志》的记录较少，且未说明留沪决定系在何种情况所议及致电袁世凯事：

《日志》第 243 页：

十月初五日沈恩孚、袁希洛、林长民、潘祖彝、马良、谢鸿焘到会。

议决：各省代表赴鄂，宜各有一人留沪，赴鄂者议组织临时政府事，留沪者联络声气，以为鄂会后援。

《民立报》同日的一份电报，也表明了各省代表会的前述决定：

《民立报》1911 年 11 月 25 日第二页：

民立报暨沪军政府转武昌军政府鉴：各省公推武昌都督府执行中央军政府，以辖一切事件。伍廷芳、温宗尧二君为全国外交总副长，驻沪办理全国外交事件。闽都督府代表潘祖彝、林长民，不日即可到鄂，有议组织，次第奉布，闽都督孙，江。

1911 年 11 月 26 日

今日各省代表会才接到奉天谘议局电称已派代表吴景濂、刘兴甲来沪。而吴景濂是可能在奉天见到上海会议此前的有关来电的。可见，吴景濂此前的《纪事》虽为个人的事后忆述，也有其可信性：

《纪事》第 6 页：

> 十月初六日
>
> 朱葆康、林长民、沪军都督府代表马君武、陈陶怡到会。
>
> 报告：
>
> 一、报告沪军都督府添派马君武、陈陶怡为赴鄂代表。
>
> 一、报告奉天谘议局电称，已派代表吴景濂、刘兴甲，同吉林谘议局代表赵学臣来沪。

《日志》对此并无记录，可见刘星楠并非会议中人：

《日志》第 243 页：

> 十月初六日朱葆康、林长民到会。沪军都督府代表马君武、陈陶遗〔怡〕到会。

1911 年 11 月 27 日

今日的会议内容不多，记述大致相同：

《纪事》第 6 页：

> 十月初七日

袁希洛、林长民、直隶谘议局代表谷钟秀、张铭勋、河南谘议局代表黄可权到会。

《日志》第243页：

十月初七日袁希洛、林长民到会。直隶谘议局代表谷钟秀、张铭勋、河南谘议局代表黄可权到会。

上海各省代表会作出赴武汉继续会议的决定后，湖北军政府发来两份电报，表明接受其决定，并建议迅速组织临时政府：
《申报》1911年11月27日第一张第六版：

组织临时政府

鄂军都督覆沪军都督电云：来电敬悉，伍君廷芳为外交巨擘，各国领事团既表欢迎，敝军政府亦极表同情。日昨会议正拟电请到鄂办理，可见彼此意见相同。但细绎来电，各国所以未能公然承认者，惟以无临时政府故。是外交总长固急者，组织临时政府则尤岌岌不可缓者也。敝军政府早虑及此，已于本月十九日通电各省，派员到鄂会议，此电想早阅览。昨得湘、赣、粤、桂、黔覆电，即日派员来鄂矣。

兹得来电，嘱议员赴沪会议，谭君人凤及宋君渔父均已有事他往，黄君克强现任军事要任，未克分身，除另举代表居、陶两君约集赴沪接洽外，现在组织临时政府愈快愈妙，伏乞即日速派代表来鄂，至叩至叩，盼复。鄂军都督黎印。

第二电云：军政府转湖北特派员居正、陶凤硝〔集〕

两君鉴：会议定十月初十日，已通电各省，想均悉，除秦、鲁向不通电，湘、粤代表业已抵鄂外，皖、桂、赣均已覆电，全权委员不日来鄂，君等与沪接洽如何，伍、温、张三公暨苏、浙代表何日首途来鄂，盼电告，以便欢迎。再，本日战事，我军大捷。元洪印。

1911 年 11 月 28 日

接到湖北军政府的来电后，各省代表会决定即日赴鄂，组织临时政府，并在上海设立通信机关：

《纪事》第 6 页：

十月初八日

林长民、汤尔和、陈时夏、谷钟秀、张铭勋到会。

议决事件：

一、议决电武昌黎都督，报告赴鄂代表本日起行。

一、议决通电各省都督府、谘议局，报告各省代表赴鄂，议组织临时政府，沪设通信机关于西门江苏教育总会。

一、议决电南昌都督府，报告各省代表已赴鄂，请迳派代表前往。（以下为各省代表会到鄂后纪事）

《日志》的记录也大致相同：

《日志》第 243 页：

十月初八日林长民、汤尔和、陈时夏、谷钟秀、张铭勋到会。

议决：电武昌黎都督，报告赴鄂代表，本日启行。

议决：通电各省都督府谘议局，报告各省代表赴鄂议组织临时政府，沪设通信机关于西门江苏教育总会。

关于各省代表会近日的上述行动情况，《民立报》也有一般的报道：

《民立报》1911 年 11 月 29 日第三页：

联合会代表之行动

各省都督府自接江浙两省发起电后，陆续派遣代表来沪会议，组织临时政府，以谋统一。其未光复诸省，则暂由谘议局派人。计前后到者直隶、河南、山东、湖北、湖南、浙江、福建、苏州八省，江苏省内清江、镇江、上海各都督府亦有代表与会，奉天、吉林覆电，代表业已在途，江西、广东、广西三省则以鄂省先有请派代表赴鄂之议，迳行派赴武昌。以上十三省皆赞成组织临时政府，统驭全国之说。其余各省多因电信不通，故无从达。各代表会议，公推武昌为中央军政府，通电各省亦皆承认。湖北代表提议各省既推武昌为中央军政府，各代表应赴武昌会议，各代表咸赞成之，惟沪上仍留通信机关。前昨两日已首途者，直隶、山东、河南、湖北、浙江、苏州、上海代表各两人，湖南、福建代表各一人云。

（二）武汉代表会议纪事考
（1911 年 11 月 30 日 ~ 12 月 8 日）

1911 年 11 月 30 日

今日各省代表会在汉口英租界召开第一次会议，《纪事》与

《日志》的记录，大体相同，但前者更为全面：

《纪事》第6~7页：

> 十月初十日，午后七时，汉口会议
>
> 潘祖彝、谢鸿焘、雷光宇，湖南都督府代表谭人凤、邹代藩，湖北都督府代表孙发绪、时象晋、胡瑛、王正廷到会。公推谭人凤为临时议长。
>
> 报告：
>
> 一、胡瑛报告：民军自汉阳失利，北方即有人来商和平解决，驻汉英领事亦出为介绍，向两方商议停战。停战问题分为两层：一长期停战，以全国为范围，应与清内阁电商；一短期停战，只就武汉一隅而言，即与清军统冯国璋商议。现英领事已交到冯军统所开停战条款，请诸君讨议。至长期停战，据英领事云，黎都督须能代表各省，方可议及。
>
> 一、潘祖彝报告：九月三十日代表会在沪议决：认鄂军政府为中央军政府，执行中央政务。曾于十月初一日致电黎都督并通电各省，请电鄂承认黎都督既执行中央政务，自可代表各省。湖北代表答称，鄂军政府尚未接到此电。
>
> 议决事件：
>
> 一、议决由临时议长致函黎都督，追述代表会在沪时，曾经议决公认鄂军政府为中央军政府，兹请黎君以大都督名义执行中央政务。
>
> 一、议决答复清军统冯国璋停战条款。
>
> 一、推定孙发绪、王正廷、潘祖彝起草代表会议事规则。

《日志》第243~244页：

十月初十日潘祖彝、谢鸿焘、雷光宇到会。湖南都督府代表谭人凤、邹代藩，湖北都督府代表胡瑛、时象晋、孙发绪、正王廷到会。公推谭人凤为临时议长。

胡瑛报告：民军自汉阳失利，北方即有人来商和平解决，驻汉英领事亦出为介绍，向两方商议停战。停战问题，分为两层：一长期停战，以全国为范围，应与清内阁电商；一短期停战，只就武汉一隅而言，即与清军统冯国璋商议。现英领事已交到冯军统所开停战条款，请诸君讨议。至长期停战，据英领事云，黎都督须能代表各省，方可议及。

议决：由临时议长致函黎都督，追述代表会在沪时，曾经议决公认鄂军政府为中央军政府，请黎君以大都督名义，执行中央政务。

议决：答复清军统冯国璋停战条款。

1911 年 12 月 1 日

今日会议议决了一些开会事项，《纪事》对此有较多记录：
《纪事》第 7 页：

十月十一日
雷奋、袁希洛、马君武、陈陶怡、安徽都督府代表王竹怀、许冠尧续到。
议决事件：
一、议决每日早十时开会，散会时间视议事多寡，随时酌定。
一、通过议事细则。

但《日志》却无会议内容的记录：

《日志》第 244 页：

> 十月十一日雷奋、袁希洛、马君武、陈陶怡到会。安徽都督府代表王竹怀、许冠尧到会。

1911 年 12 月 2 日

今日会议决定了组织临时中央政府的重要事项，以《纪事》的记录为全面：

《纪事》第 7~8 页：

> 十月十二日
>
> 广西都督府代表张其锽续到，公推谭人凤为议长，孙发绪为书记。
>
> 议决事件：
>
> 一、议决如袁世凯反正，当公举为临时大总统。
>
> 一、议决由代表会刊发安慰武昌军民布告。
>
> 一、议决推袁希洛、阮毓崧赴南京，商议停战事。
>
> 一、议决先规定临时政府组织大纲。
>
> 一、议决选举临时政府组织大纲起草员三人，当选人如左：
>
> 雷奋 马君武 王正廷。
>
> 一、议决于明日下午六时开议临时政府组织大纲。

《日志》中仅有简单的记录：

《日志》第 244 页：

　　十月十二日雷奋、袁希洛、马君武、陈陶怡、谷钟秀、黄可权、汤尔和、陈明夏到会。广西都督府代表张其锽，浙江都督府代表陈毅、黄群，安徽都督府代表赵斌到会。

　　议决：先规定临时政府组织大纲，并推雷奋、马君武、王正廷为起草员。

1911 年 12 月 3 日

今日议决《中华民国临时政府组织大纲》，仍以《纪事》的记录为全面：

《纪事》第 8 ~ 11 页：

　　十月十三日

　　直隶谘议局代表谷钟秀，河南谘议局代表黄可权、浙江都督府代表汤尔和、陈时夏、陈毅、黄群，安徽都督府代表赵斌续到。

　　议决事件：

　　一、议决中华民国临时政府组织大纲二十一条，照录全文并各省代表签名如左：

中华民国临时政府组织大纲

第一章　临时大总统

　　第一条　临时大总统，由各省都督府代表选举之，以得票满投票总数三分之二以上者为当选。代表投票权，每省以一票为限。

第二条　临时大总统有统治全国之权。

第三条　临时大总统有统率海陆军之权。

第四条　临时大总统得参议院之同意，有宣战、媾和及缔结条约之权。

第五条　临时大总统得参议院之同意，有任用各部部长及派遣外交专使之权。

第六条　临时大总统得参议院之同意，有设立临时中央审判所之权。

第二章　参议院

第七条　参议院以各省都督府所派之参议员组织之。

第八条　参议员每省以三人为限，其派遣方法，由各省都督府自定之。

第九条　参议院会议时，每参议员有一表决权。

第十条　参议院之职权如左：

一、议决第四条及第六条事件；

二、承诺第五条事件；

三、议决临时政府之预算；

四、检查临时政府之出纳；

五、议决全国统一之税法、币制及发行公债事件；

六、议决暂行法律；

七、议决临时大总统交议事件；

八、答复临时大总统咨询事件。

第十一条　参议院会议时，以到会参议员过半数之所决为准，但关于第四条事件，非有到会参议员三分之二之同意，不得决议。

第十二条　参议院议决事件，由议长具报，经临时大总统盖印，发交行政各部执行之。

第十三条　临时大总统对于参议院议决事件，如不以为然，得于具报后十日内声明理由，交会覆议。

参议院对于覆议事件，如有到会参议员三分之二以上之同意，仍执前议时，应仍照前条办理。

第十四条　参议院议长由参议员用记名投票法互选之，以得票满投票总数之半者为当选。

第十五条　参议院办事规则，由参议院议订之。

第十六条　参议院未成立以前，暂由各省都督府代表会代行其职权，但表决权每省以一票为限。

第三章　行政各部

第十七条　行政各部如左：

一、外交部；

二、内务部；

三、财政部；

四、军务部；

五、交通部。

第十八条　各部设部长一人，总理本部事务。

第十九条　各部所属职员之编制及其权限，由部长规定，经临时大总统批准施行。

第四章　附则

第二十条　临时政府成立后，六个月以内，由临时大总
　　　　　统召集国民议会，其召集方法，由参议院议
　　　　　决之。

第二十一条　临时政府组织大纲施行期限，以中华民国
　　　　　　宪法成立之日为止。

各省代表签名：

湖北代表孙发绪、时象晋、胡瑛、王正廷，山东代表谢
鸿焘、雷光宇，福建代表潘祖彝，湖南代表谭人凤、邹代
藩，安徽代表赵斌、王竹怀、许冠尧，广西代表张其锽，浙
江代表陈毅、陈时夏、汤尔和、黄群，江苏代表马君武、雷
奋、陈陶怡，直隶代表谷钟秀，河南代表黄可权。

《日志》中记录的《中华民国临时政府组织大纲》内容与上
述一致：

《日志》第244～246页：

　　十月十三日谭人凤、潘祖彝、谢鸿焘、雷光宇、时象
晋、王正廷、孙发绪、胡瑛、邹代藩、赵斌、王竹怀、许冠
尧、张其锽、谷钟秀、黄可权、陈毅、黄群、汤尔和、陈时
夏、马君武、雷奋、陈陶遗到会。

议决：中华民国临时政府组织大纲

附录：临时政府组织大纲

第一章　临时大总统

第一条　临时大总统，由各省都督府代表选举之，以得
　　　　票满投票总数三分之二以上者为当选。

第二条　临时大总统有统治全国之权

第三条　临时大总统有统率海陆军之权。

第四条　临时大总统得参议院之同意，有宣战、媾和及
　　　　缔结条约之权。

第五条　临时大总统得参议院之同意，有任用各部部长
　　　　及派遣外交专使之权。

第六条　临时大总统得参议院之同意，有设立临时中央
　　　　审判所之权。

第二章　参议院

第七条　参议院以各省都督府所派之参议员组织之。

第八条　参议员每省以三人为限，其派遣方法，由各省
　　　　都督府自定之。

第九条　参议院会议时，每参议员有一表决权。

第十条　参议院之职权如左：一、议决第四条及第六条
　　　　事件；二、承诺第五条事件；三、议决临时政
　　　　府之预算；四、检查临时政府之出纳；五、议
　　　　决全国统一之税法、币制及发行公债事件；
　　　　六、议决暂行法律；七、议决临时大总统交议
　　　　事件；八、答复临时大总统谘询事件。

第十一条　参议院会议时，以到会参议员过半数之所决为准，但关于第四条事件，非有到会参议员三分之二之同意，不得决议。

第十二条　参议院议决事件，由议长具报，经临时大总统盖印，发交行政各部执行之。

第十三条　临时大总统对于参议院议决事件，如不以为然，得于具报后十日内声明理由，交令复议。参议院对于复议事件，如有到会参议员三分之二以上之同意，仍执前议时，应仍照前条办理。

第十四条　参议院议长由参议员用记名投票法互选之，以得票满投票总数之半者为当选。

第十五条　参议院办事细则，由参议院议订之。

第十六条　参议院未成立以前，暂由各省都督府代表会代行其职权，但表决权每省以一票为限。

第三章　行政各部

第十七条　行政各部如左：一、外交部；二、内务部；三、财政部；四、军务部；五、交通部。

第十八条　各部设部长一人，总理本部事务。

第十九条　各部所属职员之编制及其权限，由部长规定，经临时大总统批准施行。

第四章　附则

第二十条　临时政府成立后，六个月以内，由临时大总

统召集国民议会，其召集方法，由参议院议
决之。

第廿一条　临时政府组织大纲施行期限，以中华民国宪
法成立之日为止。

1911 年 12 月 4 日

今日的各省代表会又作出赴南京继续开会，并在此地选举大
总统，组建中央政府等重大决定。《纪事》的记录最为全面：

《纪事》第 11 ~ 12 页：

十月十四日

报告：

一、报告英领事得无线电称，南京已下，特派人来会
道贺。

议决事件：

一、议决临时政府设于南京。

一、议决各省代表开临时大总统选举会于南京。

一、议决各省代表于七日内齐集南京。

一、议决有十省以上之代表到南京，即开选举会。

一、议决临时大总统未举定以前，仍认鄂军都督府为中
央军政府，有代表各省军政府之权。

一、议决仍推伍廷芳、温宗尧为民国外交总副长。

一、议决将以上情形通电各省，并请未派代表各省速派
代表，于七日内会于南京。

一、议决推举代表中有军事学识者，调查武昌防守情
形，报告于代表会，共商各省军事上进行方法。

一、议决由代表会公电南京，准备联军北伐。

《日志》的记录既少也不规范：
《日志》第 246 页：

> 十月十四日全体代表到会。
>
> 报告：英领事得无线电称，南京已下，特派人来会道贺。
>
> 议决：临时政府设于南京，各省代表开临时大总统选举会于南京。有十省以上之代表到南京，即开选举会，临时大总统未举定以前，仍认鄂军都督府为中央军政府，有代表各省军政府之权。

关于武汉代表会议的决定，《民立报》也有简单的报道：
《民立报》1911 年 12 月 4 日第一页：

> 今日各省代表会议决，先电告各省，临时政府未成立前，各省均认武昌为中央行政机关，并请各省先行电举总理，组织内阁。
>
> 此间已得赣、苏、闽等省电云：各省代表提议临时政府未成立前，应认武昌为中央机关，敝省极赞成云云。

1911 年 12 月 5 日

赴南京以前，代表会还有一项使命是决定与北方代表的和议问题。对此《纪事》与《日志》均有大致相同的记录：
《纪事》第 12 页：

十月十五日

四川都督府代表周代本续到。

议决事件：

一、议决密电请伍廷芳来鄂，与北使会商和平解决，并公举胡瑛、王正廷为之副。

一、议决对北使开议条件：

（一）推倒满洲政府；

（二）主张共和政体；

（三）礼遇旧皇室；

（四）以人道主义待满人。

《日志》第 246 页：

十月十五日全体代表到会。四川都督府代表周代本到会。

议决：密电请伍廷芳来鄂，与北使会商和平解决，并公举胡瑛、王正廷为之副。

议决：对北使开议条件：一、推倒满洲政府；二、主张共和政体；三、礼遇旧皇室；四、以人道主义待满人。

1911 年 12 月 6 日

今日会议继续讨论停战议和问题，《纪事》与《日志》的记录大致相同：

《纪事》第 12～13 页：

十月十六日

议决事件：

一、议决答复停战条件，不承认清内阁所派北方居留之各省人有代表资格，并不得以区域方向，混称为南军、北军。

（一）停战三日期满，续停战十五日。

（二）停战期内民军不攻清军，清军不攻民军。

（三）以上所言民军，包含秦晋及北方起义各军在内。

（四）黎大都督委派代表，与清内阁代表唐绍仪讨论大局。

附：清内阁电开停战条件

一、停战三日期满，续停十五日。

一、北军不遣兵向南，南军也不遣兵向北。

一、总理大臣派北方居留各省代表人前往，与南军各代表讨论大局。

一、唐绍仪充总理大臣之代表，与黎军门或其代表人讨论大局。以上所言南军，秦晋及北方土匪均不在内。

《日志》第 246~247 页：

十月十六日全体代表到会

议决：答复停战条件，不承认清内阁所派北方居留之各省人有代表资格，并不得以区域方向混称为南军、北军。

附录：清内阁电开停战条件

一、停战三日，期满续停十五日；

二、北军不遣兵向南，南军亦不遣兵向北；

三、总理大臣派北方居留各省代表人，前往与南军各代表讨论大局。

四、唐绍仪充总理大臣之代表，与黎军门或其代表人讨论大局。

五、以上所言南军，秦晋及北方土匪，均不在内。

议决：答复条件：（一）停战三日，期满续停战十五日；（二）全国清军民军均按兵不动，各守其已领之土地；（三）清总理大臣派唐绍仪为代表，与黎大都督或其代表人讨论大局。

关于《纪事》中记录的武汉各省代表会近日作出的上述重要决议案，《申报》的一些报道也可以作为证明：

《申报》1911年12月15日第一张第五版、第六版：

武昌代表会议决案（第二特派员函述）

自十一日至十四日

一、议决十五日以前，各代表一律不离武汉；

一、议决代表中有军事学识者，调查武昌防守情形，报告于代表会，共商各省军事上进行办法。

一、议决由代表会公电南京，速率联军北伐。

十五日

一、议决密电请外交总长伍廷芳来鄂，与北使会商和平解决，并推举胡瑛、王正廷二君为副。

一、议决对付北使开议之条件：（一）推倒满洲政府；（二）主张共和政体；（三）礼遇旧皇室；（四）以人道主义待满人。

十六日

一、议决答复停战条件。

一、议决在鄂各代表定礼拜一齐集南京。

一、议决黎大都督通电各省，促其兴师北伐。

一、议决临时政府组织大纲二十一条，由各省代表签名（大纲已录前报）

一、议决临时政府设于南京。

一、议决由各省代表开临时大总统选举会于南京。

一、议决各省代表限七日以内会齐于南京。

一、议决将会议情形通电各省，并请未派代表之省分，即派代表，准七日内行抵南京。

一、议决有十省以上之代表到南京，即开选举会。

一、议决临时大总统未经举定以前，仍认鄂军都督府为中央军政府，有代表各省军政府之权。

一、议决仍推伍廷芳、温宗尧二君为外交总副长。

1911 年 12 月 7 日

今日会议继续讨论停战问题，并就留沪代表会的推举大元帅事表示态度，决定明日赴宁。《纪事》的记录最为全面：

《纪事》第 13 页：

十月十七日

报告：

一、报告西报电称，上海有十四省代表推举黄兴为大元帅，黎元洪为副元帅。

一、报告接伍廷芳复电称，不能来鄂。

议决事件：

一、议决改正停战条件：

（一）停战三日期满，续停战十五日期内，全国民军、清军均按兵不动，各守其已领之土地。

（二）清总理大臣派唐绍仪为代表，与黎大都督或其代表人讨论大局。

一、议决由黎大都督电沪都督，查实如另有人在沪联合推举大元帅、副元帅等名目，请其宣告取消。

一、议决派雷奋赴沪，力请伍廷芳来鄂，另由黎大都督致电速驾。

一、议决各代表于十八日同船出发赴南京。

《日志》则没有提到停战的讨论情况：

《日志》第247页：

十月十七日全体代表到会

报告西报电称，上海有十四省代表推举黄兴为大元帅，黎元洪为副元帅。

议决：由黎大都督电沪都督，查实如另有人在沪联合推举大元帅、副元帅等名目，请其宣告取消。

议决：各代表于十八日同船出发赴南京。

1911 年 12 月 8 日

《纪事》第 14 页：

> 十月十八日
> 各代表同船赴南京。
> 附：代表会移鄂后留沪代表会议纪事。

（三）留沪代表会议纪事考

（1911 年 11 月 29 日 ~ 12 月 10 日）

1911 年 11 月 29 日

今日吴景濂等到上海，以下关于留沪代表会议的情况，当以其《纪事》为详（但是在吴的《纪事》一书中，这部分的记录，字体明显小于其他各次会议记录，与书中的附录相同，说明吴氏想以此表明他本人并不以此为"正统"；而刘星楠的记录则相反）：

《纪事》第 14 页：

> 十月初九日
> 林长民、吴景濂、刘兴甲到会。

《日志》第 247 页：

> 留沪代表，按照原议，只是一个通信机关。
> 十月初九日林长民、吴景濂、刘兴甲到会。

1911 年 11 月 30 日

留沪代表会议的第一次会议，就要求赴鄂的各省代表返回上海，或折回上海开会：

《纪事》第 14 页：

> 十月初十日
>
> 林长民、居正、吴景濂、刘兴甲到会。
>
> 纪事：
>
> 一、致武昌黎都督转各省代表电称，鄂军情急，恐难开议，请同返沪会议（此电未达到）。
>
> 一、致九江都督府电称，汴、直、苏、浙代表于初八夜，乘襄阳丸赴鄂，过浔时，祈请其折回上海。

《日志》对此内容，并无记录：

《日志》第 247 页：

> 十月初十日林长民、居正、吴景濂、刘兴甲到会。

1911 年 12 月 1 日

今日会议，继续重申昨日要求，《纪事》记录最全：

《纪事》第 14~15 页：

> 十月十一日
>
> 沈恩孚、林长民、宋教仁、陶凤集、吴景濂、刘兴甲，浙江都督府代表屈映光到会。
>
> 纪事：

一、致武昌黎都督转各省代表电称，武昌如能开议，即当以武昌所议为准，否则请来沪开议（此电未达到）。

一、通电各省都督府谘议局称，各省代表早经多数赴鄂，鄂垣军务正紧，恐难开议，现由留沪代表电请折回，同人在沪先行准备，各代表一到，便当开会，筹议进行。

附：致各省都督及谘议局通电

长沙、安庆、南昌、苏州、清江、镇江、九江、福州、广州、桂林、云南、贵阳、西安、济南、太原各都督府，奉天、吉林、开封、天津、兰州、齐齐哈尔各谘议局公鉴：汉阳昨失，饷械均先时移置武昌，民军现仍力守。各省代表早经多数赴鄂，鄂垣军务正紧，恐难开议。现由留沪代表电请折回，组织临时政府之议决，不因汉阳之失而阻。目下大局安危不在一时一地之胜负，实在统一机关之成否，同人在沪先行准备，各代表一到，便当开议，一切进行，共矢不懈。南京垂下，大势并不动摇，仍望诸公力持。至汉阳失败之因，据内部人来沪报告，乃由于军权、军令之不一。得此惩毖，足使我民自知病痛所在，忍受砭石。尚乞诸公有所鉴戒，临时政府行将成立，过此以往，军事之部署，政权之作用，有待于我全国国民之用命，以求得其最可宝贵之真自由于无穷也。附布腹心，伏祈鉴察。留沪代表宋教仁、林长民、居正、陶凤集、吴景濂、赵学臣仝叩，真。

《日志》仍没有内容的记录：

《日志》第248页：

十月十一日沈恩孚、林长民、宋教仁、陶凤集、吴景濂、刘兴甲，浙江都督府代表朱福诜、屈映光到会。

1911 年 12 月 2 日

今日两者记录相同：

《纪事》第 15 页：

十月十二日

王照、张铭勋、屈映光到会。

《日志》第 248 页：

十月十二日王照、张铭勋、屈映光到会。

1911 年 12 月 3 日

留沪代表会开始讨论全国性的问题了：

《纪事》第 15 页：

十月十三日

沈恩孚、林长民、居正、陶凤集、吴景濂、刘兴甲，湖南都督府代表廖名搢、刘揆一到会。

纪事：

一、接直隶谘议局保安会电称，资政院议决向法国借款九千万佛朗，请火速分电力阻。

一、发复电称，已请外交代表伍廷芳，向法国宣示国民不承认之意见。

但《日志》仍无内容记录：

《日志》第 248 页：

> 十月十三日沈恩孚、林长民、居正、陶凤集、吴景濂、刘兴甲到会，湖南都督府代表廖名搢、刘揆一到会。

1911 年 12 月 4 日

上海代表会当时议决了武汉代表会都未讨论的大问题，《纪事》对此有全面记录：

《纪事》第 15 页：

> 十月十四日
>
> 各省代表沈恩孚、俞寰澄、朱葆康、林长民、马良、王照、欧阳振声（宋教仁代理者）、居正、陶凤集、吴景濂、刘兴甲、赵学臣、朱福诜，苏都督程德全、浙都督汤寿潜、沪都督陈其美，及章炳麟、章驾时、蔡元培、王一亭、黄中央、赵竹君、顾忠琛、彭锡范到会。
>
> 纪事：
>
> 一、议决票举假定大元帅、副元帅，都督及各代表有投票权，投票结果如左：
>
> > 大元帅黄兴，十六票当选；
> >
> > 副元帅黎元洪，十五票当选。
>
> 一、议决暂定南京为临时政府所在地。
>
> 一、议决将以上各项，电告鄂都督并通电各省。
>
> 一、议决公推马良、王照、居正三君，至黄兴君处，报

告本日会议情形。

附：致鄂都督电

武昌黎都督大鉴：真电当已达，临时政府前经拟定武昌，现在南京光复，鄂军务适紧，援鄂之师、北伐之师待发，急需统一之人。同人公议：不得已暂定南京为临时政府所在地，公举黄君兴为假定大元帅，举阁下为假定副元帅，兼任鄂军都督，藉免动摇而牵大局。侯赴鄂代表返沪同到南京，再行正式发表。所有编制，日内并力准备，俾得进行无滞。事机紧急，不得不从权议决，务乞鉴察，并恳转致到鄂各省代表，请即日来沪会议一切，不胜翘企。寿潜、德全、其美暨留沪各省代表公叩，寒。

这种行动，是越俎代庖之举，而且有非法性。刘星楠在《日志》中记录了主要内容，并发表了他的不满之见；而这种见解，是与会的吴景濂是不可能发表的：

《日志》第248～249页：

十月十四日沈恩孚、俞寰澄、朱葆康、林长民、马良、王照、欧阳振声、居正、陶凤集、吴景濂、刘兴甲、赵学臣、朱福诜到会。江苏都督程德全、浙江都督汤寿潜、沪军都督陈其美到会。章炳麟、章驾时、蔡元培、王一亭、黄中央、赵竹君、顾忠琛、彭锡范到会。

议决：暂定南京为临时政府所在地。

议决：票举大元帅、副元帅：大元帅黄兴，十六票当选；副元帅黎元洪，十五票当选。

按：此次选举，完全是宋教仁、陈其美二人恐怕武昌真成了中央政府，于同盟会不利，所以鼓煽留沪的一部分代表，扮演了这一幕滑稽戏。他们二人的本心确是忠于同盟会，然自此事发表后，同盟会的声誉却因之一落千丈。

各省代表赴鄂者与留沪者，原是一体，他们二人只利用留沪一部分，而瞒着赴鄂代表，瞒着鄂军政府，皆不令闻知，其谬一也。江苏都督，浙江都督，沪军都督，皆令其到场投票，淆乱职权，蔑视其他各省都督，其谬二也。开会时，加入不伦不类、毫无根据之章炳麟、章驾时、蔡元培、王一亭、黄中央、赵竹君、顾忠琛、彭锡范诸人，令其列席，令人怀疑这一伙人到底是干甚么的，其谬三也。

又按：是日到会之湖南人欧阳振声，并不是湖南都督府或谘议局的代表，而是宋教仁个人委派的代表。教仁只是代表之一，而居然委派代表的代表，此等举动，既不合理，又不合法。

总之，宋教仁为人，眼高识暗，志大才疏，说话则夸张不伦，办事则杂乱无章，自身取祸则有余，担当天下大事则不足。

关于上海代表会的这一举动，《民立报》也有记载：
《民立报》1911 年 12 月 5 日第三页：

选举假定大元帅

各省都督府代表联合会前经拟定以武昌为临时政府，现在南京已下，鄂省军务适紧，乃复决定暂设南京。昨日，浙江汤都督、江苏程都督、沪军陈都督均至代表会出席，赞成此事，并与驻沪各代表投票，公举黄兴君为假定大元帅，又举黎元洪君为副元帅，黎君兼任鄂军都督，仍驻武昌。其已经赴鄂代表，业由沪会电请回沪，不日到齐，再赴南京，举行正式典礼。现援鄂之军，北伐之军待发，急需统一之号令，故从权先举云。

1911 年 12 月 5 日

今日会议有假定的中华民国大元帅（黄兴）出席，会议还为各省代表会议决了会议规则：

《纪事》第 16 页：

十月十五日

各省代表俞寰澄、朱葆康、林长民、陶逊、欧阳振声、王照、居正、陶凤集、吴景濂、刘兴甲、廖名搢、刘揆一、赵学臣，苏都督程德全、沪都督陈其美及顾忠琛、彭丙一、胡子笏、田桐、龚梓、钮惕生、成国屏到会。

纪事：

一、欢迎大元帅到会。

一、通过代表联合会规则，照录全文如左：

各省都督府代表联合会规则

一、本会以中华民国各省各都督府所遣代表者组织之。

一、向来属于支那版图内未归中华民国之省分及藩属，亦得暂派代表与会，俟设立都督府后改派或追任之。

一、本会目的在于会议组织中华民国临时政府。

一、中华民国临时政府之首领称大元帅，副首领称副元帅。由本会用记名投票法分次选举之，以得票最多者为当选。

一、各都督得以便宜亲至本会与会，其表决权及选举权，与本会会员无异。

一、关于组织临时政府事，大元帅主持之，但得由大元帅交本会会议。

一、每省议决权，以三权为限，其所遣在三人以上者，应由该省代表中公推三人当之，但会议讨论中，代表咸得发言。

一、本会会期，以每日午前十时至十二时为常会，紧急会议不在此限。

一、本会设会长一人，主持会中事务，由会员公举。

一、本会设庶务二人，书记二人，由会长聘用。

一、本会于组织临时政府事务完了之日解散。

一、本规则未尽时宜，由会员随时提议修改。

《日志》并没有记录上述会议规则：

《日志》第249页：

十月十五日俞寰澄、朱葆康、林长民、陶逊、欧阳振声、王照、居正、陶凤集、吴景濂、刘兴甲、廖名搢、刘揆一、赵学臣到会。江苏都督程德全、沪军都督陈其美及顾忠琛、彭锡范、田桐、胡子笏、钮永健、成国屏到会。

欢迎大元帅莅会。

关于大元帅就职、莅会之事，《申报》也进行了报道：

《申报》1911 年 12 月 6 日第一张第五版：

欢迎黄大元帅就职

昨日（十五日）上午十点钟，为欢迎临时政府大元帅，特开大会于江苏教育总会。江苏程都督、上海陈都督及各省都督府代表，均准时莅会。俟黄大元师莅止，即开会行欢迎礼。一时欢呼声如雷动。先由程都督雪楼起述：昨日自大元帅举定后，即邀同陈君英士，亲往黄大元帅行辕，道欢迎意，恭请莅会，大元帅谦辞不肯承任，经德全等再三劝驾，仅允到会，重行选举。既沪军都督起谓，昨日之选举，万不可作为无效，况大元帅责任重大，关系全国，方今北虏未灭，军事旁午，非有卧薪尝胆之坚忍力者，不足肩此钜任，故其美以为舍克强先生外，无足当此者。于是黄大元帅起辞谓：才力不胜，拟举首先起义之黎元洪为大元帅，再由各都督中举一副元帅，且谓兴并愿领兵北伐，誓捣黄龙，以还我大汉河山而后已，至于组织政府，则非兴所能担任者也。嗣由各代表相谓：现今事机危迫，战事未息，黄大元帅苟不服从众请，其如全国人民何。黄大元帅复辞谓：孙中山将此回国，可当此任。后由某君起谓：开会已两时之久，西伯利亚铁道所装之军械已通过二百余里，京汉铁路之兵亦已行近百余里矣，方今军务倥偬，时间异常宝贵，孙君诚为数十年来

热心革命之大伟人，然对外非常紧急，若无临时政府，一切
交涉事宜俱形棘手，况大元帅为一时权宜之计，将来中华底
定，自当由全国公选大总统，是故某以为黄元帅于此时，实
不必多为推让。于是黄大元帅乃允暂时勉任。众遂起立，三
呼大元帅万岁、中华民国万岁，遂散会。

1911 年 12 月 6 日

今日接到武汉会议来电，准备同赴南京开会：

《纪事》第 16～17 页：

　　十月十六日

　　朱葆康、林长民、欧阳振声、陶凤集、廖名搢、刘揆

　　一、李鎏，江西都督府代表吴铁城到会。

　　纪事：

　　一、接在鄂代表会寒电，报告在鄂议决各事，并称公决
临时政府设于南京，七日内各省代表当齐集南京会议。

　　一、将鄂代表会议决情形，通电未派代表各省。

　　附：致未派代表各省通电

　　南昌、成都、太原、西安、兰州、贵阳、齐齐哈尔都督
府公鉴：组织临时政府，业经决定南京，顷接赴鄂代表寒
电，七日内即由鄂赴宁会议，嘱再电达未派代表各省都督
府，请迳派员前往南京会齐，以免周折。事机紧急，望从速
照派，不胜翘企。留沪代表公叩。

对此内容，《日志》仍无记录：

《日志》第249页:

　　十月十六日朱葆康、林长民、欧阳振声、陶凤集、廖名搢、刘揆一到会。河南谘议局代表李鏊、江西都督府代表吴铁城到会。

《民立报》也登载了武汉与上海间的来往电报,证明了《纪事》的真实性:

《民立报》1911年12月7日第二页:

中华民国万岁

　　△临时政府设于南京

　　△在鄂各省都督府代表来电

　　上海都督府转代表联合会鉴:湘、鄂、桂、豫、鲁、直、闽、浙、皖、苏代表公决:临时政府设于南京,定组织大纲二十一条,七日内各省代表必会于南京,有十省以上代表到会,即选举临时大总统,并公决,未举临时大总统以前,仍认鄂都督府为中央军政府,有代表各省军政府之权,仍推伍、温二公为外交总副长。请粤、赣、滇、蜀、晋、陕、甘、黔、东三省迅即派定代表,迳赴南京,不胜祷盼。各省都督府代表会公叩,寒。

　　△留沪各省都督府代表复电

　　武昌都督府转各省代表公鉴:寒电敬悉,遵即通电未派代表各省,迳派往南京,在沪同人亦遵即准备,七日内当可齐集,并望速行。留沪代表公叩,谏。

1911 年 12 月 7 日

今日会议无内容，两者的记录相同：

《纪事》第 17 页：

> 十月十七日
>
> 袁希洛、朱葆康、林长民、欧阳振声、王照、居正、廖名搢、刘揆一到会。

《日志》第 249 页：

> 十月十七日袁希洛、朱葆康、林长民、欧阳振声、王照、居正、廖名搢、刘揆一到会。

1911 年 12 月 8 日

《纪事》第 17 页：

> 十月十八日
>
> 沈恩孚、朱葆康、居正、吴景濂、刘兴甲、赵学臣、李鏊到会。
>
> 纪事：
>
> 一、接云南都督府电称，已派代表吕志伊来沪。

《日志》第 249 页：

> 十月十八日袁希洛、朱葆康、林长民、欧阳振声、王

照、居正、廖名揩、刘揆一到会。

1911 年 12 月 9 日

《纪事》第 17 页：

十月十九日

陶凤集、廖名揩、吴铁城，江西都督府代表林子超
到会。

《日志》第 249 页：

十月十九日陶凤集、廖名揩、吴铁城到会。江西都督府
代表林森到会。

1911 年 12 月 10 日

上海代表会最后接受武汉代表会的意见，决定留沪代表同赴
南京。

《纪事》第 17 页：

十月二十日

朱葆康、欧阳振声、王照、居正、陶凤集、吴景濂、刘兴
甲、廖名揩、刘揆一、赵学臣、李鏊、吴铁城、林子超到会。

纪事：

一、接武昌黎都督效电，报告在鄂代表会议决案。

一、留沪代表决定于二十一日赴南京。（以下为各省代
表会到宁后纪事）

《日志》仅有不多的一次会议内容记录，说明了可能未出席此会的刘星楠对它的成见：

《日志》第249页：

> 十月二十日朱葆康、欧阳振声、王照、居正、陶凤集、吴景濂、刘兴甲、廖名搢、刘揆一、赵学臣、李鏊、吴铁城、林森到会。
>
> 议决：各代表于二十一日同赴南京。

（四）南京代表会议纪事考
(1911年12月12日~31日)

1911年12月12日

武汉、上海两地的代表陆续汇集于南京，《纪事》记录了这些代表，以及12日林长民代表在车站被刺的事件：

《纪事》第17~18页：

> 赴鄂代表会及留沪各代表于十月二十一、二十二、二十三等日，先后到宁，齐集江苏谘议局。兹将各省代表姓名列左：
>
> > 江西代表吴铁城、林子超、赵士北、王有兰、俞应麓，浙江代表汤尔和、陈时夏、黄群、屈映光，湖北代表马伯援、杨时杰、居正、陶凤集、时象晋，湖南代表廖名搢、邹代藩、刘揆一、欧阳振声（宋教仁代理

者），奉天代表吴景濂，河南代表李蟠、黄可权，山西
代表仇亮、乔义生、景耀月，福建代表林长民、潘祖
彝，江苏代表雷奋、陈陶怡、马良、袁希洛，广西代表
马君武，广东代表王宠惠、邓宪甫，四川代表周代本、
萧湘，直隶代表谷钟秀，安徽代表赵斌、王竹怀、许
冠尧。

十月二十二日

因福建代表林长民到宁时，被人指为汉奸，在车站行刺
未中，致电福州孙都督，请为剖白。

作为《民立报》驻宁通信员的刘星楠，此时开始可能在南
京了。故此后的记录当与《纪事》出入不大，他还对林长民事
件发表了评论：

《日志》第249~250页：

十月二十二日江西代表吴铁城、林森、赵士北、王有
兰、俞应麓，浙江代表汤尔和、陈时夏、黄群、屈映光，湖
北代表马伯援、杨时杰、陶凤集、居正、时象晋，湖南代表
廖名搢、邹代藩、刘揆一、欧阳振声，奉天代表吴景濂，河
南代表李蟠、黄可权，山西代表仇亮、乔义生、景耀月，福
建代表林长民、潘祖彝，江苏代表雷奋、陈陶遗、马良、袁
希洛，广西代表马君武，广东代表王宠惠、邓宪甫，四川代
表周代本、萧湘，直隶代表谷钟秀，安徽代表赵斌、王竹
怀、许冠尧，齐集南京，在江苏谘议局开会。

福建代表林长民到宁时，被人指为汉奸，在车站枪击未中。

议决：由代表会致电福建都督孙道仁，请代林君剖白。

按：江西代表林森，系福建侯官人，与长民同乡同姓同宗，然素有嫌隙。某日在同盟会本部开会，林森曾讦发长民系福州著名的宪政党员，现在他长期涸跡代表会内，显然是宪政党一种作用。此语为陈其美所闻，遂派青帮打手，向长民打了一枪，并不是要他的死命，而是催他赶快离开南京代表会。长民遂辞职回闽。

湖南都督谭延闿，此时又推举黎元洪为中央政府代表（湖南省代表最早赴鄂）：

《民立报》1911 年 12 月 12 日第二页：

各省都督及各军政分府鉴：中央政府代表，敝处公推黎都督任之，会议地点，自以南京为宜，伍、温两公为外交总副长，敝处均极赞成。诸大都督如悉同情，即乞分电鄂、宁、沪，以便早日进行，俾内外观瞻均有所属，大局幸甚。湘都督延闿。（长沙电）

1911 年 12 月 14 日

南京代表会的第一天，决定了一些重大事项，《纪事》记录如下：

《纪事》第 18 页：

十月二十四日开会

纪事：

一、选举议长，汤尔和当选。

一、选举副议长，王宠惠当选。

一、推举潘祖彝暂任书记。

一、议长指定林长民、谷钟秀起草议事细则。

一、临时政府组织大纲，经奉、晋、赣、粤四省代表签名追认。

议决事件：

一、议决本月二十六日开会选举临时大总统。

但《日志》的记录较为简单：

《日志》第250页：

十月二十四日全体代表到会。

选出议长汤尔和，副议长王宠惠。

临时政府组织大纲，经奉、晋、赣、粤四省代表签名追认。

议决：本月二十六日开会选举临时大总统。

对于今日会议的讨论情况，《申报》也有另一番报道，盖此不必为《纪事》所录：

《申报》1911年12月16日第一张第五版：

△据南京消息，二十四日晨，各省代表在谘议局内开会，讨论议和问题，莅会者为：江苏、江西、湖北、湖南、广东、安徽、福建、浙江、陕西、山西、云南、贵州十二省代表，其讨论之要点，即为中国应行民主立宪抑用君主立宪问题，惟会议之结果，当时并未宣布，但闻在会各员大半主张建设共和政体云。

1911 年 12 月 15 日

上海代表会此前假定的大元帅、副元帅，为南京代表会所认
可，并为此修改了临时政府组织大纲：《纪事》第 18～19 页：

> 十月二十五日
>
> 浙江代表陈毅由鄂续到。
>
> 报告：
>
> 一、浙江代表陈毅报告，袁内阁代表唐绍仪到汉时，黎
> 大都督代表已与会晤，据唐代表称，袁内阁亦主张共和，但
> 须由国民会议议决后，袁内阁据以告清廷，即可实行逊位，
> 并谓伍代表廷芳如不能来鄂，可移在上海开议云云。
>
> 议决事件：
>
> 一、议决缓举临时大总统，承认上海所举大元帅、副
> 元帅。
>
> 一、议决临时政府组织大纲追加一条如左：
>
> > "临时大总统未举定以前，其职权由大元帅暂任
> > 之"。
>
> 一、推定林长民、马君武二君赴沪，请黄大元帅即日
> 莅宁。

《日志》的记录大体相同：

《日志》第 250 页：

> 十月二十五日全体代表到会，浙江代表陈毅由鄂续到。
>
> 浙江代表陈毅报告，袁内阁代表唐绍仪到汉时，黎大都

督代表已与会晤，据唐代表称，袁内阁亦主张共和，但须由国民会议议决后，袁内阁据以告清廷，即可实行逊位，并谓伍代表廷芳如不能来鄂，可移在上海开议云云。

议决：缓举临时大总统，承认上海所举大元帅、副元帅。

议决：临时政府组织大纲追加一条如左："大总统未举定以前，其职权由大元帅暂任之。"

《申报》对此也有补充报道：

《申报》1911 年 12 月 16 日第一张第五版：

江苏都督程德全、浙军都督汤寿潜、沪军都督陈其美及民政总长李钟珏等，均于二十四日晚十二时，由沪乘坐专车，前赴金陵，会同各省代表公举临时大总统，兼商援鄂北伐诸大问题，并先于二十五日向各代表询问，前在上海公推之黄大元帅，各省是否公认。一时各代表全体承认，毫无间言。现定于二十六日下午一时，公推临时大总统，以一事权。

1911 年 12 月 16 日

修改临时政府组织大纲：

《纪事》第 19 页：

十月二十六日

议决事件：

一、议决临时政府组织大纲追加条文后，增加一项如左：

"大元帅不能在临时政府所在地时,以副元帅代
行其职权"。

一、议决致电闽都督,挽留闽代表林长民(因闽都督
来电称林君有他要事,其代表一职当归潘君专任云云)。

一、议决致函徐总司令,质问谋刺林代表者如何究办。

《日志》第250页:

十月二十六日全体代表到会。

议决:临时政府组织大纲追加条文后,增加一项如左:
"大元帅不能在临时政府所在地时,以副元帅代行其职权。"

各省代表会还决定延缓选举临时大总统的日期(原定此日):
《申报》1911年12月18日第一张第三版:

驻宁各省代表会电

武昌、长沙、南昌、九江、安庆、苏州、湖北、上海、
杭州、福州、广东、桂林、云南、贵阳、重庆、西安、太
原、济南都督府,盛京、吉林、齐齐哈尔、开封、兰州、天
津诸议局均鉴:各省代表会本月二十六日在南京选举临时大
总统,现因特别事故,暂延时日,专此布闻。各省代表会
叩,径。

1911年12月17日

各省代表会又改举黎元洪为大元帅,黄兴为副元帅、代行大

元帅职权：

《纪事》第19～20页：

十月二十七日

陕西代表赵世钰、马步云、张蔚森续到。

议决事件：

一、黄克强君来电，力辞大元帅之职，并推举黎大都督为大元帅，当经公决，即举黎大都督为大元帅，仍举黄克强君为副元帅。

一、议决黎大元帅暂驻武昌，由副元帅代行大元帅职权，组织临时政府。

一、公推时象晋、陈毅、陶凤集，赴鄂面谒黎大元帅，并先将议决情形电达。

一、公推马良、欧阳振声赴沪，欢迎黄副元帅来宁。

刘星楠对此有记录和评议：

《日志》第251页：

十月二十七日全体代表到会。陕西代表赵世钰、马步云、张蔚森续到。

报告黄克强君来电，力辞大元帅之职，并推举黎大都督为大元帅。当经改举黎元洪为大元帅，黄兴为副元帅。

按：前于十月十四日公举黄兴为大元帅，黎元洪为副元帅，相距尚不到半个月，突然又将黄、黎二人姓名倒置。古人云，置君如奕棋，此则举元帅如奕棋，狐埋狐搰，真儿戏也。

议决：黎大元帅暂驻武昌，由副元帅代行大元帅职权，组织临时政府。

《民立报》的一则报道，与会议内容不同，当仍以前者为准：

《民立报》1911 年 12 月 17 日第一页：

今日十四省代表在南京开大总统选举会，公举黄大元帅暂行代理中华民国大总统之职（南京特电）。

对于此次重新选举，《申报》报道最详：

《申报》1911 年 12 月 21 日第一张第六版：

重举正副元帅

二十九日上午十时，南京专函云：前日各省代表因接黄兴君来电，力辞大元帅之职，特在谘议局重行选举。因浙省代表欲将元帅名称改为总统，互相讨论咸云：总统一席，须由议会举出。又因黄兴君未曾出席，遂致停议。现在十四省代表已经议定举黎元洪为正元帅，摄行大总统事，黄兴为副元帅。正元帅为武汉战事，一时不能离鄂，暂由副元帅代为执行，拟在上海发表。至黄元帅何时来宁，组织临时政府，刻尚未接电音云。

1911 年 12 月 18 日

代表会派出代表迎接黎元洪来南京就职：

《纪事》第20页：

　　十月二十八日

　　议决事件：

　　一、议决加推仇亮，会同时、陈、陶三君赴鄂。

　　一、议决赴沪代表马良事忙不能分身，公推袁希洛代之。

　　一、议决函请程都督豫备元帅府，并推黄群、居正二君与程都督接洽。

《日志》无此内容，当仍以前者为准：

《日志》第251页：

十月二十八日全体代表到会。

1911 年 12 月 19 日

代表会继续准备迎接黎元洪来南京：

《纪事》第20页：

　　十月二十九日

　　广西代表章勤士续到。

　　议决事件：

　　一、议决议和全权代表伍廷芳，前由黎大都督得代表会之同意委任之，其委任状应由各省代表签名。

　　十月二十九日晚临时会议

　　报告：

　　一、报告黄克强君来电称，宜电请黎大元帅来宁组织临时政府。

议决事件：

一、议决应俟黎大元帅复电到后，再议办法。

一、议决清军进攻山西事，即电伍代表诘问清使唐绍仪。

《日志》仍无内容，作者可能为与会旁听，故应以《纪事》为准：

《日志》第251页：

十月二十九日全体代表到会。广西代表章勤士续到。

1911年12月20日

代表会又准备由黄兴来宁组织政府：

《纪事》第21页：

十一月初一日

议决事件：

一、议决汤议长因病在沪，王副议长因议和事留沪，应举代理议长，当举定景耀月为代理议长。

一、议决电催黄克强君来宁。

十一月初一日晚临时会议

湖北代表王正廷续到。

议决事件：

一、议决备公函，由各省代表签名，公请黄克强君即速来宁，组织临时政府，公函交王正廷带沪面投。

《日志》对此也有所记录：

《日志》第251页：

> 十一月初一日全体代表到会。湖北代表王正廷续到。
>
> 汤尔和因病在沪，王宠惠因议和事留沪，当即另举景耀月代理议长。
>
> 议决：备公函请黄克强君即速来宁，组织临时政府。

1911年12月21日、22日

《纪事》第21页：

> 十一月初二日
>
> 停会。

> 十一月初三日
>
> 停会。

1911年12月23日

代表会征得了黎元洪的同意，由黄兴代行职权：

《纪事》第21页：

> 十一月初四日
>
> 议决事件：
>
> 一、议决黎大元帅来电，承受大元帅名义，并委任副元帅代行其职务，即公推袁希洛赍电赴沪，面达黄克强君。

《日志》第 251 页：

十一月初四日，全体代表到会。

报告黎大元帅来电，承受大元帅名义，并委任副元帅代行其职务。

1911 年 12 月 24 日
代表会派代表赴沪欢迎孙中山先生：
《纪事》第 21～22 页：

十一月初五日

赵士北、吴铁城由沪来电称，孙中山先生将到沪，请派代表欢迎，当由代理议长指定马伯援、王有兰、许冠尧三君，赴沪欢迎。

《日志》第 251 页：

十一月初五日全体代表到会。

报告接到沪电，称孙中山先生将到沪，请派代表欢迎，由代理议长指定马伯援、王有兰、许冠尧三君赴沪欢迎。

1911 年 12 月 25 日
《纪事》第 22 页：

十一月初六日

停会。

1911 年 12 月 26 日

代表会决定选举临时大总统日期，并要各省继续作战。两者对此内容记录相同：

《纪事》第 22 页：

十一月初七日

湖南代表谭人凤续到。

报告：

王正廷报告，前带公函赴沪，请黄克强君来宁，已承答允，惟未定确期。及中山先生到沪后，克强君面告王君宠惠及正廷谓：宜速由代表会定期开会，选举临时大总统，至和议一时恐难解决，选举会之期必不可再缓。

议决事件：

一、议决十一月初十日开会，选举临时大总统。

一、议决通电各省，作战计划仍宜继续进行，并推定谭人凤、马君武、王正廷三君面谒徐总司令，商议作战计划。

《日志》第 251～252 页：

十一月初七日全体代表到会，湖南代表谭人凤续到。

王正廷报告，前数日黄克强君已允来宁组织政府，迨孙中山先生抵沪后，黄君又变更主张，请速由代表会选举临时大总统。

议决：十一月初十日，开会选举临时大总统。

议决：通电各省，作战计划仍宜继续进行，并推定谭人凤、马君武、王正廷三君面谒徐绍桢，商议作战计划。

1911 年 12 月 27 日

《纪事》第 22 页：

十一月初八日

议决事件：

一、议决初十日选举会，请程都督、徐总司令到会监视。

一、议决初九日先行推举临时大总统候补者，联合两省代表得推举一人。

1911 年 12 月 28 日

关于临时大总统的选举，两者记录相同：

《纪事》第 22 ~ 23 页：

十一月初九日

云南代表吕志伊、段宇清、张一鹏续到。

议决事件：

一、选举临时大总统，用无记名投票法。

一、推举临时大总统候补者。

《日志》第 252 页：

十一月初九日全体代表到会。云南代表吕志伊、段宇清、张一鹏续到。

议决：选举临时大总统，用无记名投票法。

议决：推举临时大总统候补者。

各省代表会正式发布选举公告：

《民立报》1911 年 12 月 28 日第二页：

南京电报

民立报各报公鉴：十月念四日，由各省代表决议同念六日在宁开临时大总统选举会，旋于同念五日以特别事故，议决暂延时日，临时另行布告等因，今本会议决于十一月初十日上午九时在宁开正式选举会，选举临时大总统，特此布告。各省代表会叩，阳。（自南京发）

《申报》1911 年 12 月 28 日第一张第三版：

驻宁各省代表会电：各省都督府、谘议局、各报馆公鉴：十月二十四日由各省代表决议二十六日在宁开临时大总统选举会，旋于二十五日以特别事故，决议暂延时日，临时另行布告等因，今本会议决于十一月初十日上午九时在宁开正式选举会，选举临时大总统，特此布告。各省代表会叩，阳。

又电：本会定期于本月初十日上午九时开正式选举大会，选举临时大总统，此不独创立共和政府之第一要着，抑亦吾国亘古未有之盛事也，凡我国民，应于是日悬挂国旗，以志庆典。

1911 年 12 月 29 日

关于临时大总统选举会的记录。《纪事》比《日志》更为全面：

《纪事》第 23～24 页：

> 十一月初十日上午九时开临时大总统选举会
>
> 奉天代表吴景濂，直隶代表谷钟秀、张铭勋，河南代表李鑒，山东代表谢鸿焘，山西代表景耀月、李素、刘懋赏，陕西代表张蔚森、马步云，江苏代表袁希洛、陈陶怡，安徽代表许冠尧、王竹怀、赵斌，江西代表林子超、赵士北、王有兰、俞应麓、汤漪，浙江代表汤尔和、黄群、陈时夏、陈毅、屈映光，福建代表潘祖彝，广东代表王宠惠、邓宪甫，广西代表马君武、章勤士，湖南代表谭人凤、邹代藩、廖名搢，湖北代表马伯援、王正廷、杨时杰、胡瑛、居正，四川代表萧湘、周代本，云南代表吕志伊、张一鹏、段宇清到会。
>
> 议长汤尔和主席。
>
> 监选员刘之洁（程都督、徐总司令均在沪，特派刘君代表），监视先开推举票，揭示被推为临时大总统候补者三人如左：
>
> 孙文、黎元洪、黄兴。
>
> 各省代表投票选举临时大总统，每省一票，到会代表十七省，共计十七票，投票结果如左：
>
> 孙文得十六票，满投票总数三分之二以上，当选为临时大总统。

选举毕，续开临时会。

议决事件：

一、议决各省代表具签名书，交正副议长，到沪欢迎临时大总统来宁。

一、议决通电各省都督府，请每省选派参议员三人来宁，组织参议院；参议员未到院以前，由本省代表暂留一人乃至三人，代行参议员职务。

一、议决照临时政府组织大纲，参议员系由各省都督府所派，至各省谘议局所派代表，仍称某省代表，得列席于参议院。

一、议决华侨要求派代表案，应俟规定参议院章程时提出公议。

附：致各省都督请选派参议员通电

各省都督府鉴：现临时政府依次成立，代表责任已毕，立须组织参议院。据临时政府组织大纲，参议院由每省都督府选派参议员三人组织之。即请从速派遣参议员三人，付与正式委任状，赳日来宁。参议员未举定以前，每省暂留代表一人乃至三人驻宁，代理其职权。再参议员须择精通法政、富于经验者。特此奉告。各省代表会叩。

《日志》第 252 ～ 253 页：

十一月初十日山西代表景耀月、李素、刘懋赏，陕西代表张蔚森、马步云、赵世钰，江苏代表袁希洛、陈陶怡、雷奋、马良，安徽代表许冠尧、王竹怀、赵斌，江西代表林森、赵士北、俞应麓、王有兰、汤漪，浙江代表汤尔和、黄群、陈时夏、陈毅、屈映光，福建代表潘祖彝，广东代表王宠惠、邓宪甫，广西代表马君武、章勤士，湖南代表谭人凤、廖名揖、邹代藩、刘揆一、欧阳振声，湖北代表马伯援、杨时杰、王正廷、胡瑛、居正，四川代表萧湘、周代本，云南代表吕志伊、段宇清、张一鹏，山东代表谢鸿焘、雷光宇，河南代表李鎜、黄可权，直隶代表谷钟秀，奉天代表吴景濂到会，由议长汤尔和主席。监选员刘之洁（是日监选员，原定程德全、徐绍桢二人，因风闻是日有人在议场投掷炸弹，故均于初九日逃避赴沪），监视先开推举票，揭示被推为临时大总统候补者三人如左：孙文、黎元洪、黄兴。各省代表投票选举临时大总统，每省一票，到会代表十七省，共计十七票，投票结果如左：孙文得十六票，满投票总数三分之二以上，当选为临时大总统。

议决：各省代表具签名书，交正副议长，到沪欢迎临时大总统来宁。

议决：通电各省都督府，请每省选派参议员三人来宁组织参议院；参议员未到院以前，由本省代表暂留一人乃至三人，代行参议员职务。

议决：照临时政府组织大纲，参议员系由各省都督府所派，至各省谘议局所派代表，仍称某省代表，得列席于参议院。

《民立报》与《申报》的以下报道，也补充了《纪事》的记录：

《民立报》1911 年 12 月 30 日第二页：

南京紧要电报

各省都督府、谘议局及民立、天铎、新闻、神州、中外时事、时、申各报馆鉴：本日在宁开临时大总统选举会，到者十七省，孙中山先生当选为临时大总统，特此布告。各省代表团叩。（自南京发）

今日各省代表团于上午九时开正式选举临时大总统会，到会者为直、奉、鲁、汴、鄂、湘、粤、桂、闽、晋、陕、滇、赣、皖、蜀、苏、浙十七省代表，共四十五人，每省投一票，孙文得十六票，当选为民国大总统。（同上）

△按右电为本馆特派员所发

昨夜（初九）在南京代表团开预选临时大总统会，投票选举有被选资格者，惟未开箱议定。翌日举行正式选举时，用无记名投票法。今晨（初十日）十时起开正式选举会，刘之杰代程都督开箱检票，由汤议长声明。此项选举为四千年来历史上别开生面，众欢呼拍掌。及开昨夜票箱，有被选资格者得孙君文、黎君元洪、黄君兴三人。当即分票于十七省代表，由议长按省分次序，逐呼省名，挨次投票。开票之结果，孙君文得十六票，黄君兴得一票。众呼中华共和万岁三声。是时音乐大作，在场军学各界互相庆贺，喜悦之情达于极点，且此次会场秩序始终严整，为从来所未有。

△按此电为另一特派员所发。

南京电报

民立报转孙中山先生鉴：今日十七省代表在南京行选举临时大总统典礼，先生当选，乞即日移驾来宁，组织临时政府，并由本会议长汤尔和、副议长王宠惠至沪欢迎，特此奉告。各省代表会叩，蒸。

孙逸仙先生鉴：本日各省代表会已举定先生为临时大总统，务希速临，以慰军民之盟。江浙联军全体公叩，蒸。

（以上南京电）

《申报》1911年12月30日第一张第三版：

南京各省代表会今日（初十）上午九时正式选举临时大总统，共到代表十七省，鄂、湘、粤、桂、苏、浙、皖、赣、闽、晋、陕、滇、蜀、汴、鲁、奉、直并华侨，计四十五人，以汤尔和为主席，有被选举权者孙文、黎元洪、黄兴三人，共投十九（十七）票，孙文得十六票，当选为民国大总统，黎元洪0票，黄兴一票。

南京各省代表会电各省都督府、谘议局、各报馆公鉴：本日（初十）在宁开临时大总统选举会，到会者十七省，孙中山先生当选为临时大总统，特此布告。各省代表会叩，蒸。

第一张第四版：

各省代表欢迎孙总统

南京各省代表团公电云：陈都督速转孙中山先生鉴：今日十七省代表在南京行选举临时大总统典礼，先生当选，乞即日移驾来宁，组织临时政府，并由本会议长汤尔和、副议长王宠惠至沪欢迎，特此奉告。

《申报》1911 年 12 月 31 日第一张第五版：

选举大总统会纪事

　　初十日上午九时左右，十七省代表及来宾等陆续涖止。十时七分，鸣铃开会，代表共到四十五人（尚有贵州代表张君在宁未来），监选举三人（系程都督所派），来宾三十余人（大半军界中人）。先举定正主席汤尔和、副主席王宠惠、书记袁希洛，即由汤议长报告我国数千年君主专制政体种种流毒，直至今日始享共和幸福等语，大众鼓掌。旋由监选人开箱，验推举票（即有被选举权者）孙中山得五票，黎元洪、黄克强各一票（按来函谓系两省合一票，但与省数不符，俟函询续报）。至是主席始发正式选举票（五彩颜色），每省一张。各代表互商良久，始各填写投入箱中。经监选人开箱验视，孙中山得十六票，黄克强得一票，孙文当选为共和民国临时大总统。会场欢呼声如雷震，西乐亦大奏。随即摇铃闭会，各代表并摄影而散。

　　各省代表姓氏：

　　湖北：胡瑛、谭人凤、王正廷、马伯援、杨时杰、居正；湖南：邹代藩、廖名搢、张通典、宋教仁（欧阳振声代表）；广东：丘心容、王宠惠、邓宪甫；广西：章勤士、马君武；福建：潘祖彝；山西：刘懋赏、景耀月、李素；陕西：张蔚森、马步云；云南：吕志伊、张一鹏、欧宇清；江西：王有兰、林子超、汤漪、赵士北、俞应麓；安徽：赵斌、许冠尧、王竹怀；江苏：袁希洛、陈陶怡；四川：萧湘；浙江：陈毅、汤尔和、屈映光、黄群、陈时夏；直隶：
张铭勋、谷钟秀；奉天：吴景濂；山东：谢鸿焘；河南：李
磬。共计四十五人。

开会次序：

一、摇铃就席；二、议长报告开会事由；三、监选人开
箱验推举票；四、报告被推举人；五、发正式选举票及选
举；六、投票入箱；七、监选人开箱验举票；八、监选人报
告被选举人；九、同人三呼大总统万岁、中华民国万岁、共
和万岁；十、摇铃散会。

1911 年 12 月 30 日

代表会答复北方代表的要求：

《纪事》第 24 页：

十一月十一日

议决事件：

一、议决唐使要求开国民会议一节，应即致电伍代表，
请答复唐使：以本月初十日十七省代表在宁开会，选举临时
大总统，已足见国民多数赞成共和，毋庸再开国民会议。

《日志》第 253 页：

十一月十一日全体代表到会。

议决：清内阁代表唐绍仪要求开国民会议一节，应由本
会致电伍廷芳代表，请其答复唐代表：本月初十日十七省代
表在宁开会，选举临时大总统，已足见国民多数赞成共和，

毋庸再开国民会议。

1911 年 12 月 31 日

代表会决议明日起改元，并修改临时政府组织大纲

《纪事》第 24~25 页：

十一月十二日

议决事件：

一、大总统特派黄克强君到会，议改用阳历，并以中华民国纪元。经议决：自阴历十一月十三日起，即阳历元旦，改用阳历，以中华民国纪元，称中华民国元年正月一日。

一、滇、湘、鄂代表吕志伊、宋教仁、居正提出临时政府组织大纲修正案，经议决如左：

原文第一章临时大总统下，加"临时副总统"五字。原文第一条，删改为："临时大总统、副总统，皆由各省代表选举之，代表投票权，每省以一票为限。"原文第五条删改为："临时大总统制定官制官规，并任免文武职员，但任命国务各员，须得参议院之同意。"原文第十七条全删。

未及议决各条如次（时已夜半，公议散会，未及议决各条，订期续议）：原文第三章行政各部，拟改为国务各员。原文第十七条，拟改为"国务各员执行政务，临时大总统发布法律及有关政务之命令时，须副署之"。原文第十八条、第十九条拟删除。原文第二十条召集国民议会下，拟加入"制定民国宪法"六字，追加关于大元帅、副元帅之职权条文，拟删除。

《日志》的记录相同，但缺少最后一部分：

《日志》第 253 页：

　　十一月十二日全体代表到会。

　　大总统特派黄克强君到会，议改用阳历，并以中华民国纪元。经议决自阴历十一月十三日起，即阳历元旦，改用阳历，以中华民国纪元，称中华民国元年一月一日。

　　滇湘鄂代表吕志伊、宋教仁、居正提出临时政府组织大纲修正案，经议决如左：

　　原文第一章"临时大总统下"加"临时副总统"五字。

　　原文第一条，修正为："临时大总统、副总统，皆由各省代表选举之，代表投票权，每省以一票为限。"

　　原文第五条修正为："临时大总统制定官制官规，并任免文武职员，但任命国务各员，须得参议院之同意。"

代表会议决后，通电改元：
《申报》1912 年 1 月 2 日第一张第五版：

　　南京参议院通电

　　各省都督府、谘议局、各报馆鉴：今日议决改用阳历，并以中华民国纪元，明日即为中华民国元年正月一日，临时大总统即于是日到宁，发表临时政府之组织，请即公布。各省代表会代理参议院公叩，文。

　　南京黄大元帅通电

　　各省都督鉴：今日（十二）参议院议决改用阳历，并以中华民国纪元，明日即为中华民国元年正月一日，请公布。黄兴叩，文。

二 组织临时政府各省代表会
代理参议院纪事考

（1912 年 1 月 1 日 ~ 27 日）

1912 年 1 月 1 日

临时大总统在代表会举行受职仪式，《纪事》的记录最为全面：

《纪事》第 27 ~ 29 页：

> 中华民国元年正月一日临时大总统行受职礼
>
> 临时大总统孙文由沪莅宁，各省代表到车站欢迎。午后十时，大总统行受职礼。各省代表暨海陆军代表齐集总统府，奏军乐后，大总统宣布誓词，各省代表上印绶，大总统盖印、宣言，各省代表致词，海陆军代表颂词，奏军乐，礼毕。

> 附录：
>
> ### 大总统誓词

> 倾覆满洲专制政府，巩固中华民国，图谋民生幸福，国民之公意，文实遵之，以忠于国，为众服务。至专制政府既倒，国内无变乱，民国卓立于世界，为列邦公认，斯时文当解临时大总统之职。谨以此誓于国民。

大总统宣言书

中华民国缔造之始，而文以不才，膺临时大总统之任，夙夜戒惧，虑无以副国民之望。夫中国专制政治之毒，至二百余年来而滋甚，一旦以国民之力踣而去之，起事不过数旬，光复已十余行省，自有历史以来，成功未有若是之速也。国民以为于内无统一之机关，于外无对待之主体，建设之事，刻不容缓，于是以组织临时政府之责相属。自推功让能之观念以言，文所不敢任也；自服务尽责之观念以言，则文所不敢辞也。是用黾勉从国民之后，能尽扫专制之流毒，确定共和，普利民生，以达革命之宗旨，完国民之志愿，端在今日。敢披沥肝胆，为国民告：国家之本，在于人民。合汉、满、蒙、回、藏诸地为一国，如合汉、满、蒙、回、藏诸族为一人。是曰民族之统一。武汉首义，十数行省先后独立。所谓独立者，对于满清为脱离，对于各省为联合，蒙古、西藏意亦同此。行动既一，决无歧趋，枢机成于中央，斯经纬周于四至。是曰领土之统一。血钟一鸣，义旗四起，拥甲带戈之士遍于十余行省。虽编制或不一，号令或未齐，而目的所在则无不同。由共同之目的，以为共同之行动，整齐划一，夫岂其难。是曰军政之统一。国家幅员辽阔，各省自有其风气所宜。前次清廷强以中央集权之法行之，以遂其伪立宪之术。今者各省联合，互谋自治，此后行政期于中央政府与各省之关系调剂得宜，大纲既挈，条目自举。是曰内治之统一。满清时代藉立宪之名，行敛财之实，杂捐苛细，民不聊生。此后国家经费，取给于民，必期合于理财学理，而尤在改良社会组织，使人民知有生之乐。是曰财政之统一。以上数者，为政务之方针，持此进行，庶无大过。若夫革命主义，为吾侪所倡言，万国所同喻。前此虽屡起屡踬，外人无不鉴其用心。八月以来，义旗飚发，诸友邦对之抱平和之望，持中立之态，而报纸及舆论尤每表其同情，邻谊之笃，良足深谢。临时政府成立以后，当尽文明国应尽之义务，以期享文明国应享之权利。满清时代辱国之举措及排外之心理，务一洗而去之；持平和主义，与我友邦益增亲睦，使中国见重于国际社会，且将使世界渐趋于大同。循序以进，不为侥获。对外方针，实在于是。夫民国新建，外交内政，百绪繁生。文顾何人，而克胜此！然而临时政府，革命时代之政府也。十余年来，以至今日，从事于革命者，皆以诚挚纯洁之精神，战胜其所遇之艰难。即使后此之艰难远逾于前日，而吾人惟葆此革命之精神，一往无阻。必使中华民国之基础确立于大地，然后临时政府之职务始尽，而吾人始可告无罪于国民也。今以与我国民初相见之日，披布腹心，惟我四万万之同胞鉴之。

各省代表致词

维中华民国建设元年元月元旦，民国第一期大总统孙文蒞任。燕、辽、鲁、豫、湘、鄂、秦、晋、苏、浙、皖、赣、闽、粤、蜀、滇、桂公民代表等，迎迓祝颂而致之辞曰：惟汉曾孙失政，东胡内侵，淫虐猾夏，帝制自为者，垂三百年。我皇汉慈孙呻吟深热，慕法兰西、美利坚人等平之制，用是群谋众策，仰视俯划，思所以倾覆虐政，恢复人权，乃断头戡胸，群起号召，流血建义，续法美人共和之战史。今三分天下，克复有二。用是建立民国，期成政府，拣选民主，推置总统。佥意能尊重共和，宣达民意，惟公贤；扩清专制，巩卫自由，惟公贤；光复禹域，克定河翔，举汉、满、蒙、回、藏群伦，共覆于平等之政，亦惟公能贤。用是投轨度情，征压纽之信，众意所属，群谋佥同，既协众符，欢忻拥戴。要知我国民久困钳制，疾首蹙额，望民主若岁。今当公轩车莅任，苍白扶杖，子女加额，焚香拥篲，感激涕零者何也。忻舞自由，敦重民权也。用是不吝付四百兆国民之太阿，寄二亿里山河之大命，国民之委托于公者，亦已重哉。继自今，惟公翼翼毋违宪，毋拂舆意，毋任威福，毋崇专断，毋昵非德，毋任非才。凡我共和国民，有不矢忠矢信，至诚爱戴。轩辕金天，列祖列宗七十二代之君，实闻斯言。代表等受国民委托之重，敢不尽意。谨致大总统玺绶，俾公发号施令，崇为符信，钦念哉。

《日志》第 253 页：

中华民国元年一月一日（辛亥十一月十三日）全体代表到会。

临时大总统孙文由沪莅宁，各省代表到车站欢迎。午后十时，大总统行受职礼，各省代表暨海陆军代表齐集总统府。大总统宣布誓词及宣言，各省代表上印绶，大总统盖印，各省代表致词，海陆军代表致颂词。

《民立报》也有相关的报道：

《民立报》1912 年 1 月 1 日第五页：

大总统赴宁就职

各省代表会举定孙中山先生为临时大总统后，以组织临时政府刻不容缓，特由正副会长汤、王二君来沪恭迓。闻孙大总统已决定今晨十时专车赴宁就职，临时政府亦即日可以成立，并暂以南京为临时国都云。

《民立报》1912 年 1 月 2 日第一页：

紧要电报

今日大总统任职誓词曰：颠覆满清专政政府，巩固中华民国，图谋民生幸福，国民之公意，文实遵之，以忠于国，为众服务。至专制政府既倒，国内无乱，民国卓立于世界，为列邦公认，斯时文当解临时大总统之职。谨以此誓于国民。中华民国元年元旦。

《民立报》1912 年 1 月 4 日第一页：

各省代表祝大总统莅任词

维中华民国建设元年元月元旦，民国第一期大总统孙文莅任，燕、辽、齐、豫、湘、鄂、秦、晋、苏、浙、皖、赣、闽、粤、蜀、滇、桂公民代表等，迎迓祝颂而致之词曰：惟汉曾孙失政，东胡内侵，淫虐猾夏，帝制自为者垂三百年。我皇汉慈孙呻吟深热，慕法兰西、美利坚人平等之制，用是群谋众策，仰视俯画，思所以倾覆虐政，恢复人权，乃断头戳胸，群起号召，流血建义，续法美人共和之战史。今三分天下，克复有二。用是建立民国，期成政府，拣选民主，推置总统，佥意能尊重共和，宣达民意，惟公贤；扩清专制，巩卫自由，惟公贤；光复禹域，克定河朔，举汉、蒙、满、回、藏群伦共覆于平等之政，亦惟公能贤。用是投匦度情，征压纽之信，众意所属，群谋佥同。既协众符，欢忻拥戴。要知我国民久困钳制，疾首蹙额，望民主若岁。今当公轩车莅任，苍白扶杖，子女加额，焚香拥彗，感激零涕者何也。忻舞自由、敦重民权也。用是不吝付四百兆国民之太阿，寄二亿里山河之大命，国民之委托于公者亦已重哉。继自今，惟公翼翼，毋违宪法，毋拂舆意，毋任威福，毋崇专断，毋眠非德，毋任非才。凡我共和国民，有不矢忠矢信至诚爱戴者。轩辕金天，列祖列宗七十二代之君实闻斯言。代表等受国民委托之重，敢不益意，谨致大总统玺绶，俾公发号施令，崇为符信，钦念哉。

1912 年 1 月 2 日

今日会议决定内容较多。《纪事》的记录有：

《纪事》第 29～30 页：

正月二日

报告：

一、书记报告：代理议长景耀月因病辞议长职。

一、浙江代表报告：浙江省参议员未派到以前，暂留黄群、屈映光二人，代行参议员职务，余均返浙。议决事件：

一、议决汤议长返浙，王副议长留沪，均已离代表会。代理议长景君复因病辞职。应另举临时议长、副议长。

一、举定赵士北为临时议长，马君武为临时副议长。

一、议决嗣后以代表会代行参议院职权。

一、议决据武昌电称北军违约进攻阳夏，急电伍代表与唐使交涉。

一、议决皖、苏、浙、闽、桂五省代表提出临时政府组织大纲修正案三条如左：

（一）原文第一条删改为："临时大总统、副总统，皆由各省代表选举之，以得票满投票总数三分之二以上为当选。代表投票权每省以一票为限。"

（二）原文第五条删改为："临时大总统，得制定官制、官规，兼任免文武职员。但制定官制及任命国务各员及外交专使，须得参议院之同意。"

（三）原文第六条后增列一条为第七条（原文第七条改为第八条，余递推），条文为："临时副总统于大总统因故去职时，得升任之。如大总统有故障不能视事时，得受大总统之委任，代行其职权。"

一、决议正月三日开会选举临时副总统。

一、决议修改临时政府组织大纲手续案三条。

《日志》的记录，内容比《纪事》稍少一些，但主要内容也有：
《日志》第254页：

一月二日全体代表到会。

议决：以代表会代行参议院职权。

举定赵士北为临时议长，马君武为临时副议长。

皖、苏、浙、闽、桂五省代表提出临时政府组织大纲修正案，经议决如左：

原文第一条，修正为："临时大总统、副总统，皆由各省代表选举之，以得票满投票总数三分之二以上为当选，代表投票权每省以一票为限。"

原文第五条修正为："临时大总统，得制定官制官规，兼任免文武职员，但制定官制及任命国务各员及外交专使，须得参议院之同意。"

原文第六条后，增加一条为第七条（原第七条改为第八条，余递推），条文为："临时副总统于大总统因故去职时，得升任之。如大总统有故障不能视事时，得受大总统之委任，代行其职权。"

议决：一月三日开会，选举临时副总统。

关于选举副总统的电报，代理参议院登载下列：

《申报》1912 年 1 月 4 日第一版第三张：

南京参议院电

各省都督府、谘议局、申报、时报、民立、神州、新闻、时事、天铎各报馆公鉴：文日议决临时政府添设临时副总统，今决定明日上午十时开正式会，选举临时副总统，特此电闻。代表会代理参议院叩，纪元第二日。

1912 年 1 月 3 日

代理参议院关于副总统的选举及大总统交议的国务员人选，《纪事》的记录如下：

《纪事》第 30 ~ 31 页：

正月三日上午十时，开临时副总统选举会。

奉天代表吴景濂，直隶代表谷钟秀，河南代表李鎜，山东代表谢鸿焘，山西代表景耀月，陕西代表张蔚森、马步云、赵世钰，江苏代表袁希洛，安徽代表许冠尧、王竹怀，江西代表林子超、赵士北、王有兰、俞应麓，浙江代表黄群，福建代表潘祖彝，广东代表邓宪甫，广西代表马君琥、章勤士，湖南代表邹代藩、廖名缙、刘揆一，湖北代表马伯援、杨时杰、胡瑛、居正，四川代表周代本，云南代表吕志伊、张一鹏、段宇清到会。

临时议长赵士北主席。

监选员徐绍桢。

各省代表投票，选举临时副总统。每省一票，到会十七省，共计十七票。投票结果如左：

黎元洪得十七票，全场一致当选为临时副总统。

选举毕，续开临时会。

议决事件：

一、议决大总统交议中央行政各部及其权限案。

一、大总统莅院发表国务员，得多数同意，其国务员姓名列左：

陆军总长黄兴海军总长黄钟英外交总长王宠惠

司法总长伍廷芳财政总长陈锦涛内务总长程德全

教育总长蔡元培实业总长张謇交通总长汤寿潜

《日志》关于选举副总统的记录，与《纪事》基本相同；但关于国务员的人选，最后有所变化：

《日志》第254～255页：

一月三日张蔚森、马步云、赵世钰、袁希洛、许冠尧、王竹怀、林森、赵士北、王有兰、俞应麓、黄群、潘祖彝、邓宪甫、马君武、章勤士、邹代藩、廖名缙、刘揆一、马伯援、杨时杰、胡瑛、居正、周代本、吴景濂、谷钟秀、李鐾、谢鸿焘、景耀月、吕志伊、张一鹏、段宇清到会。临时议长赵士北主席。

举行临时副总统选举会，监选员徐绍桢。

各省代表投票选举临时副总统，每省一票，到会十七省，共计十七票。投票结果如左：

黎元洪得十七票，当选为临时副总统。

议决：大总统交议中央行政各部及其权限案。

大总统莅院，发表国务员名单如左：

内务总长宋教仁　外交总长王宠惠　财政总长陈锦涛

陆军总长黄兴　海军总长黄钟英　司法总长伍廷芳

教育总长汤寿潜　实业总长张謇　交通总长程德全

旋因多数参议员反对宋教仁，遂将宋教仁取消，经同意通过如左：

内务程德全　外交伍廷芳　财政陈锦涛　陆军黄兴

海军黄钟英　司法王宠惠　教育蔡元培　实业张謇
交通汤寿潜

　　上述《纪事》与《日志》中，关于国务员的构成人员有所
不同。经查《临时政府公报》第三号（1912年1月31日），临
时政府的各部长为：陆军部总长黄兴、海军部总长黄钟英、司法
部总长伍廷芳、外交部总长王宠惠、财政部总长陈锦涛、内务部
总长程德全、教育部总长蔡元培、实业部总长张謇、交通部总长
汤寿潜。这个名单，与《纪事》的记录一致，说明它是可信的。
　　关于选举副总统事，当时的报纸也有报道：
　　《民立报》1912年1月6日第四页：

副总统之选举记

　　十五日上午十时二十分，在南京各代表开选举副总统大
会。计到监选二人，代表三十四人，来宾二十八人。临选人
为刘君之洁、庄君蕴宽。先举定正主席赵君士北、副主席潘
君训初。即由正主席起立，请各代表及来宾一律脱帽，以表
敬礼，随宣言中华民国成立之始，庶政待理，大总统虽已举
定孙公中山，而政事究属过繁，以事实上论，宜举副总统助
理一切，前由参议院议决，于今日选举副总统，查有被选举
资格者，为黎君元洪、黄君兴二人。请代表诸公留意。言至
此，即将有被举资格者之名单粘贴壁上。次由副主席挨次发
给选举票，每省一张，并将票受人名片取回，以作证据。当
时各代表并未互商，各自举笔直书既毕，由正主席起立高唱
江西代表投票，该代表即至主席前，向监选人行礼，然后投

票，再向监选人行礼毕，就坐原位。于是正主席又递唱浙江、湖北、直隶、奉天、河南、山西、福建、广西、广东、江苏、四川、云南、安徽、陕西、山东等省，逐一投票毕，监选人启箱检视，选举票十七张，均举黎元洪君为副总统，乃报告正主席。由正主席向各代表宣明姓氏，大众鼓掌，一律起身执帽欢呼：副总统万岁！中华民国万岁！共和万岁！并大奏军乐，始散会。

《申报》1912 年 1 月 4 日第一张第三版：

南京各省代表会电

各省都督府、谘议局、上海申报、时报、民立、神州、天铎、时事、新闻各报馆鉴：本日十时开会选举副总统，黎公元洪当选，特此布闻。各省代表会叩，纪元第三日。

但关于临时政府各部长的人选，《申报》报道均与上述不同，盖此可能为酝酿人选：

《申报》1912 年 1 月 3 日第一张第三版：

临时政府之新组织

十二日黄副元帅莅宁，即有组织临时政府之说。现孙总统至宁履任后，闻已与参议院人员（即各省代表）及各大领袖议商，拟公推黄兴为总理大臣，伍廷芳为外交卿、徐绍桢为陆军卿（徐现充北伐总司令，故又以黄总理暂时兼任)、程璧光为海军卿、汤寿潜为民政卿、陈锦涛为财政卿、张謇为农工商卿、王宠惠为司法卿、蔡元培为学务卿。大致俱已妥洽，不日将由大总统正式发表。

1912 年 1 月 4 日

《纪事》第 31 页：

正月四日

议决事件：

一、议决各省代表具签名书，公推杨时杰，赍呈黎副总统。

一、议决参议院印文曰"中华民国参议院印"。

1912 年 1 月 5 日

《纪事》第 31～33 页：

正月五日

议决事件：

一、鄂、赣、闽、滇、粤、桂六省代表提出修改临时政府组织大纲案，湘、赣、浙、滇、秦五省代表提出临时政府组织大纲应加入人民权利义务一章案。公决先付审查，审查后即由审查员拟具修正案。举定审查员五人如左：

景耀月、张一鹏、吕志伊、王有兰、马君武

一、议决参议院暂行议事规则十五条，照录全文如左：

参议院暂行议事规则

第一条 议长拟定议事日程，报告各议员。

第二条 本院每日自上午九时至十二时开会,为通常会议。遇有紧急事件,应特别开会者,为临时会议。

第三条 到会议员有三分之二以上之省分,即可开议。

第四条 会议有发言者,须先起立,同时不得有二人以上之发言。

第五条 议员于闭会时,必须本人到会。如有事故不能到会时,须提出理由,经议长之许可。如无故不到,继续至三次者,得停止其发言权三次。继续不到十次者,除名,并通告该省派人补充。

第六条 凡缺席议员,不得反对缺席所议决事件。

第七条 议员在开会中,应严守会场秩序,有违犯前项者,议长得停止其发言权。

第八条 凡政府及本院议员提出议案时,非经审查不得议决。但紧急动议,由议员公认为无须审查者,不在此限。

第九条 关于法律议案,必经三读始能表决。其他或二读或一读,依事之轻重定之。

第十条 审查员由议员中推举,分常任及特别二种。常任审查员,分科担任应审查事件;特别审查员,审查临时指定事件。

第十一条 本院开会中,国务员及政府委员,准许其陈述事由,但不列表决之数。

第十二条 议员得质问政府委员及要求其说明。

第十三条 表决以多数为决案,其可否同数时,依议长之所决。

第十四条 本院星期日不会议,但遇有紧急事件,不在此限。

第十五条本规则自决议之日施行。

前述两日，只有《纪事》的记录，故无从加以考证，暂认为其真实。

1912 年 1 月 8 日
《纪事》第 33～36 页：

正月八日

江西都督府派代表王有兰、汤漪为参议员。

议决事件：

一、议决政府交议军需公债章程案，照录全文如左：

中华民国军需公债章程

弁言

窃以民国肇兴，抢攘屡月，临时政府虽立初基，而北虏未摧，南服多事，饷糈筹拨，固难缓乎须臾。政费繁兴，又日见其推广。凡停战期内之筹备，迄和局解决后之设施，均非厚集资财，何以宏兹伟业。故两方胜负之所判，实只财政丰啬之攸关。当此军事倥偬，尚乏整顿经营之余力，全持募捐微末，亦无永久继续之功能。倘或一篑功亏，垂成坐败，神州铸错，大局沦胥，固非维持人道之本心，抑岂冀望和平之始愿。此公债票发行之所由亟亟也。查公债募集，为文明各国之通例。特吾国未经仿行，又以旧时政府其信用不孚于国民，故国民亦不知公债之利益。今则新国方兴，与民更始，昭示大信，中外咸知。筹备者无侵吞销耗之可虞，受买者有利息报酬之可冀。而且分期缴纳，定限归还，少数固无细流土壤之嫌，多数更有名誉奖励之法定章具在。取法至良，国民各尽急公好义之诚，则兆庶早获幸福安宁之赐，况自武汉起义，响应四方，凡须眉壮士，巾帼英雄，热血喷于九霄，头颅轻于一掷，舍生命而苏汉种，出死力以挫淫威，顾人方薄血肉以甘为前驱，而我独守赀财而不为后盾，以生视死，宁勿赧颜。况列强环视，同守中立之盟，世界公言群赞共和之治。现既三分有二，薄海观成，如或以财政之困难，致坠千钧于一发，以中较外，更属何心所愿。诸公同矢匈奴未灭之心，共仰卜式输财之谊，内慰英魂于地下，外耸观听于邻封〔邦〕，联十四省财赋之区，毋分畛域，合四百兆神灵之裔，重整河山，将见犁庭扫穴之功，等诸拉朽摧枯之例。倘其利迷见睫，祸悔噬脐，诚恐伊戚之自贻，实非人谋之不善。呜呼，不世之奇勋，争手腕不争喉舌。最终之胜利，在铁血，尤在金钱。用缀弁言，聊为警告，凡诸条例具列左方：

第一条　此项公债定名为中华民国军需公债。

第二条　此项公债于民国元年正月八日经南京参议院议决，由临时大总统批准发行。

第三条　此项公债以一万万元为定额。

第四条　此项公债以国家所收钱粮作抵，将来免厘加税实行时，则改以所加之税作抵。

第五条　此项公债专以充临时军需及保卫治安之用

第六条　此项公债由中央政府财政部发行，分派各省财政司劝募。

第七条　此项公债照票面价额实收，无折无扣。

第八条此项公债以阳历周年八厘行息。

第九条此项公债自发行后第二年起，每年偿还该债五分之一，至发行后第六年还清。

第十条每年偿还债本，以抽签法决定。其抽中之票号目额数，刊列广告，俾众周知。

第十一条此项债票分千元、百元、十元、五元四种。

第十二条此项公债以百元作英金九磅计算，凡缴金款者，当于预约收据及债票上加盖图章，详细注明，将来还本付息，照付金款。

第十三条此项债票为不记名债票，持有票者无论何人，政府均认为债主。

第十四条抽签处设在中央政府财政部。

第十五条凡抽之票，持票者可在各处公债处或其他代理处换现，或将该票作为纳税及钱粮之用。

第十六条本债六年期满，准再展限二年。凡各抽中之债票，务须于此限内，在各公债处或代理处换现，或作为纳税及粮钱之用。过此二年期限之后，作为废纸。

第十七条每债票连有小票，名为息票，计十二张，至付息期凭以取息。

第十八条凡到期各息票，须于到期后六个月内换现或作纳税及钱粮之用，过期后作为废纸。

第十九条债票已经抽中其未到期之息票，均即作废，并须缴还公债处或代理处销毁。

第二十条每年付息二次，阳历二月二日为上半年付息期，八月二日为下半年付息期。民国元年八月二日为第一次付息期。

第二十一条民国三年二月二日为军需公债第一次还本期。

第二十二条各票正面用华文,背面用英文。

第二十三条各票钤盖中央财政部图章,并由民国临时大总统、副总统及财政部总长署名。

第二十四条此项公债于民国元年正月二十八日先由上海发出预约收据,并陆续寄往各省各埠,俟认款缴足再行换给正式债票。

第二十五条各省财政司所设公债处及其他代理处,作为发行及经理此项公债之用。

第二十六条凡购认债票之时,购认者须于一星期内缴付认定总数四分之一,即由本地公债处发给收据,名为预约收据。其余四分之三,分三次汇缴,每次延一个月,限三个月内缴清。

第二十七条债款交清后,由中央财政部换给正式债票。

第二十八条缴还预约收据,换给正式债票,应由购票者往原购公债处或代理处亲自换领。其愿由经手人代为换领者听,惟须先具授权代理证书,以昭信实。

第二十九条预约收据,除由本人用以易换正式债票外,无他作用。

第三十条凡购债票之人,其有愿将所认全数或半数于第一期缴款时缴付者,应由公债处计其先期交付之时日,按照数目,发给利息。

第三十一条购办此项公债,不分国籍。凡中外人民一律准购。

第三十二条凡热心应募公债,或热心劝募公债者,由各省公债处禀请中央财政部,照公债奖励章程给奖。此项奖励章程，现在筹议，一俟议妥，再行颁布。

今日的《日志》，仅有下列简单的记录：
《日志》第 255 页：

　　一月八日议诀：政府交议军需公债章程案（章程原文从略）

1912 年 1 月 9 日
《纪事》第 36 页：

　　正月九日
　　议决事件：
　　一、议决广东代表邓宪甫提议华侨遣派参议员案，推吕志伊先行调查各属华侨人数，并拟定每处应派参议员几人，报告于参议院后，再行决议。
　　一、议决和局已将破裂，公推马君武、陶凤集二君质问陆军部作战计划如何。

但《日志》仅有其中第二项的记录：
《日志》第 255 页：

　　一月九日江西都督府派代表王有兰、汤漪为参议员。
　　议决：和局已将破裂，公推马君武、陶凤集二君质问陆军部作战计划如何。

1912 年 1 月 10 日

《纪事》第 37～38 页：

正月十日

报告：

一、马君武报告：陆军部作战计划已定，分五路进兵，如和局破裂，即行宣战。

议决事件：

一、议决参议院暂行办事规则十二条，后附守卫规则四条。照录全文如左：

参议院暂行办事规则

第一条 本院设秘书厅，置秘书长一人，秘书员四人，任办事之责。

第二条 秘书厅办事，受议长之监督。

第三条 秘书厅办事，分为四科，即以秘书员分任各科长：甲、文牍科；乙、记录科；丙、庶务科；丁、会计科。

第四条 秘书长管理秘书厅一切事务，督率各科人员，分任各事，并有保管本院印信之责。

第五条 文牍科掌管撰缮本院一切公文函件，并有收发保存之责。

第六条 记录科掌管本院会议速记及制成议事录，并印刷分配事宜。

第七条 庶务科掌管本院一切庶务，并随时承受议长及秘书长指任事宜。

第八条 会计科掌管本院收支簿据及编制本院预算、决算事宜。

第九条秘书长、秘书员，均由议长遴选充任，但须经参议院公同认可。

第十条各科应用科员，由秘书长酌量事务之繁简，商请议长委任。

第十一条秘书长如有事故时，须商请议长指定某科长代理其职务。若科长以下人员有事故时，即由秘书长指定相当之员代理。

第十二条各科办事细则，由秘书长会同各科拟定，交由议长核定行之。

参议院守卫规则

一本院设守卫长一名、守卫兵四十二名，专司守卫事宜。

二守卫长有督率守卫兵分任守卫之责。

三守卫兵分班守卫，其分班次第，以守卫长命令行之。

四本院开会时，守卫兵听议长之命令，有维持秩序之责。

一、议决请政府制定历本，将阴阳历并列颁行全国。

附：致大总统书

大总统钧鉴：敬启者，改用阳历，前经大总统派员交议，当经本院议决，并通电各省。今应急颁布历书，以崇正朔，而便日用。兹经本院开会议决如下：（一）由政府于阴历十二月前编印历书，颁发各省；（二）新旧二历并存；（三）新历下附星期，旧历下附节气；（四）旧时习惯可存者，择要附录，但吉凶神宿，一律删除。以上四条，既经取决多数，相应函请饬部施行。专此，敬请勋安。参议院启，元月十日。

一、议决以五色旗为国旗，请大总统颁布各省。

附：致大总统书

大总统钧鉴：敬启者，昨得黎副总统电开：国旗及军商各旗式，应即划归一律，请速颁发，以便遵行等因。兹经本院开会集议，现在长江一带均以五色旗为国旗，即决以五色旗为国旗定式，请即饬部颁行各省施行。其军商各旗，暂时仍旧，俟议定后，再请颁布。专此，敬请勋安。参议院启，元月十日。

《纪事》中的上述内容，《日志》仅记录了其中一条，并进行了解释：

《日志》第255页：

一月十日马君武报告，陆军部作战计划已定，拟分五路进兵，如和局破裂，即行宣战。

按：所谓五路进兵，系以鄂湘为第一军，由京汉路前进；宁皖为第二军，向河南前进，与第一军会合于开封、郑州之间；淮扬为第三军，烟台为第四军，向山东前进，会于济南；秦皇岛合关外之兵为第五军，山陕为六军，向北京前进。第一、二、三、四军既达第一之目的，复与第五、六军会合，共破敌巢。

1912 年 1 月 11 日

今日会议内容，两者记录有所差异：

《纪事》第 39 页：

正月十一日报告：

一、江西代表赵士北，经广东都督电派为参议员，即将江西代表名义取销。

一、湖北代表居正函称已就内务次长职，请将代表名义取销。

《日志》第 255 页：

一月十一日江西都督府代表赵士北，经广东都督府电派为参议员，即将江西代表名义取销。湖北代表居正函称已就内务次长职，请将代表名义取销。

议决：以五色旗为国旗，请大总统颁布各省。

《日志》中的第二条，应为《纪事》中的 1 月 13 日条，以后者为准。

1912 年 1 月 12 日

今日《纪事》的内容较多，而《日志》缺少，应以前者为准：

《纪事》第 39 ~ 40 页：

正月十二日

湖南参议员刘彦、彭允彝、欧阳振声到院。

议决事件：

一、议决咨请政府限制招兵、整顿军队，并添练宪兵，以保地方治安。

附：咨行大总统文

参议院为咨行事：窃查近日以来，南京军队抢劫奸淫，日有所闻，人心摇动，大局危险。本院断不忍坐视，今拟办法四条，要求大总统速饬陆军部，查明办理：一、详细调查南京所有军队全数，力筹统一，并取消种种不正当名目，其未经陆军部许可者，不得任意招兵；二、从速扩充宪兵，或即由各军队挑选适合宪兵程度者，充当宪兵，维持军纪；三、宪兵未扩充以前，应派得力军队任巡逻、稽查之职务；四、所有抢劫杀伤及一切妨害治安之案，应即查明，从严惩办（下略）。

一、议决大总统交议法制局职制案。

附：咨行大总统文及议决法制局职制

参议院为咨行事：元月十一日准大总统咨开提出法制局职制草案一件，经本院开会议决，于原案第一条之二项法律命令上，加入"对于"二字，余均赞可（下略）。

法制局职制

第一条 法制局直隶于临时大总统，其职务如下：

一、承大总统之命，草订法律命令案；

二、对于法律命令有应修改及增订者，得具案呈报大总统；

三、考核各部所订法律命令案。

第二条法制局职员如下：

一、局长一人，由总统委任；

二、副局长一人，由总统委任；

三、参事员专职八人，兼职无定员，由议长荐举总统委任；

四、庶务员二人，由局长委任；

五、录事无定员，由局长录用。

第三条局长综理局务、监督各员。

第四条副局长襄理局务、代理局长。

第五条参事员承局长之命，草订及审议法律命令案。

第六条庶务员承局长之命，掌理文书、会计及庶务。

第七条录事奉行上级职员派办事宜。

第八条本法律自元年正月十五日施行。

《日志》第 255 页：

一月十二日湖南参议员刘彦、彭允彝、欧阳振声到院。

《纪事》中的上述记录，《民立报》也有所报道：

《民立报》1912 年 1 月 13 日第二页：

南京电报

〇总统府发表改历事，由参议院议决数事：（一）由政府于阴历十二月前编印历书，颁发各省；（二）新旧二历并存；（三）新历下附星期，旧历下附节气；（四）旧时习惯可存者，择要录存，但吉凶神宿，一律删除。以上各条已开出，交内务部照办。

〇法制院章程，今日在参议院通过，设正副总裁各一员，由总统委任。

1912 年 1 月 13 日

今日内容，《日志》在 1 月 11 日有所涉及，但以《纪事》为准：

《纪事》第 40 页：

> 正月十三日
>
> 湖北参议员时功玖、刘成禺、张伯烈，福建参议员林森（即前江西代表林子超）到院。
>
> 报告：
>
> 一、报告大总统复函请缓颁国旗定式。
>
> 议决事件：
>
> 一、议决国旗定式暂时缓议。
>
> 一、议决本院事务渐繁，加推时功玖、王有兰二君，担任书记。
>
> 一、议决本院预算未制定以前，暂由总统府拨款，以充经费。

《日志》第 256 页：

> 一月十三日，湖北参议员时功玖、刘成禺、张伯烈，福建参议员林森到院。

1912 年 1 月 15 日

今日会议内容，以《纪事》为多：

《纪事》第 41 页：

正月十五日

浙江参议员王正廷（前湖北代表），福建参议员陈承泽，安徽代表常恒芳到院。福建代表潘祖彝，经闽都督派为参议员。

议决事件：

一、议决另行规定参议院议事细则。由议长指定起草员三人如左：

刘成禺　汤漪　王正廷

一、议决参议院办事员未聘定以前，应推定庶务委员、会计委员、验凭委员各三人，经推定各员如左：

庶务委员：王正廷　汤漪　林森

会计委员：马君武　时功玖　欧阳振声

验凭委员：赵士北　王有兰　潘祖彝

一、议决国旗统一案应再提出，惟须先将所有关于此案往来函电，印刷颁给各议员。

《日志》中没有内容的记录：

《日志》第 256 页：

一月十五日浙江参议员王正廷、福建参议员陈承泽、安徽代表常恒芳到院。福建代表潘祖彝，经闽都督派为参议员。

1912 年 1 月 16 日

今日会议内容，仍以《纪事》为多、为准：

《纪事》第 41 ~ 42 页：

　　正月十六日上午九时开议。

　　十三省参议员出席二十人：赵士北、吕志伊、段宇清、林森、汤漪、吴景濂、赵世钰、谷钟秀、周代本、李榘、彭允彝、刘彦、潘祖彝、王有兰、常恒芳、陈承泽、王正廷、刘成禺、时功玖、欧阳振声

　　临时议长赵士北主席。

　　主席宣布大总统交议：黎副总统电商，拟向道胜银行借款案，请讨论公决。

　　讨论结果，主席用举手表决法，全体可决。左列四条：

　　一、议决此项借款为中央政府借款。

　　二、议决借款数目为一百万磅，以磅计不以两计。

　　三、议决指定武昌四局栈，汉口韦尚文、刘人祥之地皮为抵押品，其地皮估价若干，每年出产若干及本息还法，由中央财政部会同鄂军都督，与道胜银行直接商定。但抵押品于抵押期内，所有一切管理监察之权，仍归中华民国。

　　四、议决签约事，由中央财政部会同鄂军都督办理。

　　刘彦提议四条外应另加说明云："此项借款，其用途与数目须经参议院承认"，附议一人以上。

　　主席用举手表决法，全体可决。

　　十二时宣告散会。

《日志》仅涉及了部分内容：

《日志》第256页：

　　一月十六日十三省参议员，出席二十人：赵士北、吕志伊、段宇清、林森、汤漪、吴景濂、赵世钰、谷钟秀、周代本、李肇甫、彭允彝、刘彦、潘祖彝、王有兰、常恒芳、陈承泽、王正廷、刘成禺。赵士北主席。

　　主席宣布大总统交议：黎副总统电商，拟向道胜银行借款案，议决办法：一、此项借款，为中央政府借款；二、借款数目，为一百万镑，以镑计不以两计；三、指定武昌四局栈，汉口韦尚文、刘人祥之地皮，为抵押品；四、签约事由中央财政部会同鄂军办理。

1912年1月17日

今日会议内容，以《纪事》为多、为准：

《纪事》第42~43页：

　　正月十七日上午九时开议

　　十三省参议员出席二十二人（林森请假）：赵士北、马君武、刘成禺、汤漪、段宇清、王正廷、彭允彝、谷钟秀、李肇甫、欧阳振声、周代本、刘彦、吕志伊、潘祖彝、王有兰、常恒芳、陈承泽、景耀月、马步云、时功玖、吴景濂、章勤士。

　　临时议长赵士北主席。

　　主席宣布议员提议行政官不得兼为参议员案，请讨论公决。讨论结果，主席用举手表决法，全体可决。

本案照录原案如左：

并职之事，古来所无。立法、行政，事体各异。虽民国初立，诸制未定，而此义不可不存。否则，不惟制度紊乱，抑且事权、责任日以废弛。今本院参议员中，如马君和景君耀月、吕君志伊，均经委任为行政次官，就职与否，并未由三君正式宣言或就次官或为参议员。三君应于此提议通过后一星期以内，各以己意，向证书委员声明，由证书委员正式报告，以释疑惑。

提议者　汤漪
附议者　刘成禺

刘彦提议国旗统一案请提出讨论，附议一人以上。

主席用举手表决法，多数可决。

王有兰提议请先付审查，附议一人以上。

主席用举手表决法，多数可决。当委任审查员五人如左：马君武、王正廷、谷钟秀、刘成禺、潘祖彝。

彭允彝提议限七日内审查报告，附议一人以上。

主席用举手表决法，全体可决。

主席报告特荐秘书长周应熙，请公认（全体公认）。

庶务委员王正廷报告院内房屋布置大略。

十二时宣告散会。

《日志》第256页：

一月十七日十三省参议员，出席二十二人：赵士北、马君武、刘成禺、汤漪、段宇清、王正廷、彭允彝、谷钟秀、李鏊、欧阳振声、周代本、刘彦、吕志伊、潘祖彝、王有兰、常恒芳、陈承泽、景耀月、马步云、时功玖、吴景濂、章勤士（林森请假）。

汤漪、刘成禺提议，参议员不得兼任行政官吏案，全体可决。

1912 年 1 月 18 日

《纪事》第 43～45 页：

正月十八日上午九时开议

十三省参议员出席十五人（李肇、汤漪、欧阳振声均请假，林森续假）：

潘祖彝、刘彦、吴景濂、王有兰、王正廷、段宇清、陈承泽、赵世钰、刘成禺、谷钟秀、赵士北、彭允彝、周代本、常恒芳、陈陶怡。

临时议长赵士北主席。

主席报告广东来电（为请明定服制以挽利权事）。

王正廷提议明定服制案请提出讨论，附议一人以上。

主席用举手表决法，多数可决。

彭允彝提议请付审查，多数赞同。

主席委任审查员三人如左：

潘祖彝、刘成禺、刘彦。

赵世钰报告山陕危急情形关系全局利害，请讨论设法维持。

讨论结果，公议办法四条如左：

一、由赵君世钰具理由书，交由参议院议决；

二、质问大总统；

三、报告黎副总统；

四、报告和议总代表。

主席提议电催各省参议员迅速到院，俾参议院完全成立，请讨论公决。

讨论结果，公议电催限正月二十八日以前，各省参议员须一律到院，参议院即于是日正式成立。

主席报告南洋亚齐代表谢碧田来书（为要求派参议员事），公议前已请吕君志伊调查各属华侨人数，并每处应派参议员几人，列表交由大会议决。今吕君尚未列表交来，当催其速办，以便议决。

十一时宣告散会。

上述内容，《日志》中仅有一点反映：

《日志》第 256 页：

一月十八日十三省参议员，出席十五人：潘祖彝、吴景濂、刘彦、王有兰、王正廷、段宇清、陈承泽、赵世钰、刘成禺、谷钟秀、赵士北、彭允彝、周代本、常恒芳、陈陶怡（李肇、汤漪、林森、欧阳振声请假）。

主席提议：电催各省参议员迅速到院，俾参议院完全成立。讨论结果，公议电催限一月二十八日以前，各省参议员须一律到院，参议院即于是日正式成立。

关于今日的参议院会议记录，《民立报》留下了唯一的一份记录，可与今日《纪事》相对比，说明两者差别不大：

《民立报》1912 年 1 月 23 日第二页：

参议院之议事录

元月十八日上午九时开会。

十三省共到十五人（李鑿、汤漪、欧阳振声均请假，林森续假），名具于左：

　　潘祖彝、吴景濂、刘彦、王有兰、王正廷、段宇清、陈承泽、赵世钰、刘成禺、谷钟秀、赵士北、彭允彝、周代本、常恒芳、陈陶怡。

赵士北议长主席。

主席宣布广东来电（为请明定服制以挽利权事）。

王正廷提议明定服制案，彭允彝附议。

主席用举手表决法，全体可决提出。

彭允彝请先交审查，俟审查报告后再行讨究。

主席宣布委任审查员三人，名具于左：

　　潘祖彝、刘成禺、刘彦

赵世钰报告山陕危急情形关系全局利害，请讨论设法维持。

讨究结果，公议办法四条见下：

　　第一，由赵君世钰具理由书，交由参议院议决。

　　第二，质问大总统。

　　第三、报告黎副总统。

　　第四、报告和议总代表。

主席提议拟电催各省参议员从速到院，俾参议院完全成立。

王正廷主张宜电催剋期到院。

　　讨究结果，公议电催限元月二十八日以前，各省参议员须一律到院，参议院即于是日正式成立。

　　主席宣布南洋亚齐代表谢碧田来书（为要求派参议员事）。公决前已请吕君志伊将华侨大略数目并侨寓地方列表交由大会议决，今吕君尚未列表交来，当再催其速办，以便议决。

　　十一时议事已毕，主席宣告散会。

1912 年 1 月 19 日

《纪事》第 45～47 页：

　　正月十九日上午九时开议

　　十一省参议员出席十三人（汤漪、欧阳振声均续假，彭允彝、景耀月、马君武均请假）：

　　潘祖彝、陈承泽、段宇清、刘成禺、张伯烈、王正廷、李肇甫、吴景濂、谷钟秀、赵世钰、刘彦、王有兰、赵士北。

　　临时议长赵士北主席。

　　赵世钰报告山陕军情，并说明提议理由书大意。

　　王正廷提议质问政府作战计划如何，请其答复。附议一人以上。讨论结果，公议办法二条如左：

　　　　一、质问政府继续停战十四日事，不特未得参议院同意，且未通告参议院，实为违背临时政府组织大纲。

　　　　二、继续停战事无论已否实行，仍当立行进兵救援山陕。山陕属我民国范围，自由进兵与和议条款，并无违背其各方。北伐军队亦宜即时进行。

　　主席用举手表决法，全体可决。

胡代本提议和战失机，须请总统担负责任，附议一人以上。

讨论结果，公议办法一条如左：

此次停战并未经参议院认可，若停战期内，凡民国军队及土地倘被清军战胜或攻陷，应由大总统负其责任。

主席用举手表决法，全体可决。

张伯烈提议请亟筹统一军队办法，以利进行，附议一人以上。

讨论结果，公议办法一条如左：

停战期内，江、皖所有进行军队，当与武昌援山陕之军同时并进，并问统一江皖军队者，有无其人，即请委任。有统一军队实力者，赳日督兵出发。

主席用举手表决法，全体可决。

公议推定三人，带同质问书，亲赴总统府质问。推定三人如左：

赵士北、王正廷、陈承泽。

十一时半宣告散会

附：咨行大总统文

参议院为咨请事：照得议战议和，关系军国重要，固不宜黩武，以致生民涂炭，亦岂宜老师，甘堕敌人奸计。自议和以来，清军阴施其远交近攻之手段，既攻陷山西，复集兵河南，以为大犯陕西之举；近且闻清军由甘肃进兵，与驻豫清军成夹攻陕西之势，危险万状。陕西果失，则清军即长驱窥我南京。观袁世凯致段祺瑞电，有陕西土匪不在停战之内等语，其阴险狡猾之战略，已见于言外；且唐使所签之约，任意推翻，有何和约之余地。我临时政府趑趄观望，竟冒冒然将议和日期一再继续，殊不可解；亦未闻有统筹全局之计划，甚致继续停战之说，并不通告本院，尤为骇异。兹本院于本日开会，议决办法三条，除推举参议员三员外，抄祈查照办理，并希先行见复施行，此咨。

计开办法三条：

（一）昨开临时政府商订又继续停战十四天，此事关系宣战讲和，不特未得参议院同意，且未通告参议院，实为违反临时政府组织大纲。请临时政府明白答复，并请嗣后须依临时政府组织大纲办理。此次继续停战，未经参议院认可，若停战期内，凡民国军队及土地有被清军攻陷者，应由大总统负其责任。（二）继续停战事，无论已否实行，为大局计，仍当立行进兵援救山陕。盖山陕属我民国范围，为保卫地方治安，防御土匪起见，不得不自由进兵，亦并无违背和议条款各方。北伐军队亦当即时进兵，相机防御。（三）停战期内，江、皖所有进行军队，当与武昌援山陕之兵同时并进，并问统一江皖军队者，有无其人，即请委任有统一军队实力者，刻日督兵出发（下略）。

《纪事》中的内容，在《日志》中也有所反映：

《日志》第256～257页：

　　一月十九日　十一省参议员，出席十三人：潘祖彝、陈承泽、段宇清、刘成禺、张伯烈、王正廷、李䑘、吴景濂、谷钟秀、赵世钰、王有兰、刘彦、赵士北（汤漪、欧阳振声、彭允彝、景耀月、马君武请假）。

赵世钰报告山陕危急情形，关系全局利害，请讨论设法维持。

王正廷提议质问政府作战计划如何，请其答复。

张伯烈提议，请亟筹统一军队办法，以利进行。议决办法：（一）质问政府继续停战十四日事，不特未得参议院同意，且未通知参议院，实为违背临时政府组织大纲；（二）继续停战事，无论已否实行，仍当立即进兵，救援山陕。山陕属我民国范围，自由进兵，与和议条款并无违背；（三）停战期内，江皖所有进行军队，当与武昌援山陕之军，同时并进。

附：咨大总统文

参议院为咨请事：照得议战议和，关系军国重要，固不宜黩武，以致生民涂炭，亦岂宜老师，甘堕敌人奸计。自议和以来，清军阴施其远交近攻之手段，既攻陷山西，复集兵河南，以为大犯陕西之举；近且闻清军由甘肃进兵，与驻豫清军成夹攻陕西之势，危险万状，陕西果失，则清军即长驱窥我南京。观袁世凯致段祺瑞电，有陕西土匪不在停战之内等语，其阴险狡猾之战略，已见于言外；且将唐绍仪所签之约，任意推翻，有何和约之余地。我临时政府越趄观望，竟冒冒然将议和日期一再继续，殊不可解；亦未闻有统筹全局之计划，甚至继续停战之约，并不通告本院，尤为骇异。兹本院于本日开会，议决办法三条，除推举参议员赵士北、王正廷、陈承泽三员面陈外，抄祈查照办理，并希先行见复施行，此咨。

1912年1月20日

《纪事》第47～48页：

正月二十日上午九时开议

十二省参议员出席十五人（王正廷、刘成禺、马君武、景耀月均请假，欧阳振声、彭允彝均续假）：

赵士北、段宇清、王有兰、文群、张伯烈、时功玖、吴景濂、谷钟秀、赵世钰、陈承泽、潘祖彝、刘彦、常恒芳、周代本、陈陶怡。

临时议长赵士北主席。

主席报告贵州代表经云南都督代给委任状，刻已到院，应否与议。

公议请即到会与议。

陈承泽报告晋谒总统质问情形。

主席报告江北蒋都督委任代表来院与议，应否承认。

证书委员报告已电询江苏都督，尚未得复。

公议候江苏都督电复再议。

主席宣布大总统交议财政统一案，请讨论公决。

谷钟秀提议请委任审查员先付审查，附议一人以上。

主席用举手表决法，全体可决。

主席委任审查员七人如左：

潘祖彝、王有兰、张伯烈、陈陶怡、刘彦、王正廷、常恒芳。

潘祖彝提议限元月二十三日以内审查报告，附议一人以上。

主席用举手表决法，全体可决。

主席宣布大总统交议湖南省议会代表刘国勋等请议重立省议会案，请讨论公决。

谷钟秀提议咨复总统，请湘都督与省议会两方实在情形询明答复，以便议决，附议一人以上。

讨论结果，主席用举手表决法，全体可决。

十二时宣告散会。

《日志》中，没有会议内容的记录，应以前者为准：

《日志》第 257～258 页：

一月二十日出席十五人：赵士北、段宇清、王有兰、文群、张伯烈、时功玖、吴景濂、谷钟秀、赵世钰、陈承泽、潘祖彝、刘彦、常恒芳、周代本、陈陶怡。江西参议员文群到院。

1912 年 1 月 21 日

《纪事》第 48 页：

正月二十一日星期休会

1912 年 1 月 22 日

今日会议记录，仍应以《纪事》为多、为准：

《纪事》第 48～50 页：

正月二十二日上午九时开议

十四省参议员出席二十人（吕志伊辞职，杨廷栋、陈陶怡均请假，欧阳振声、刘成禺、彭允彝均续假）：

常恒芳、汤漪、文群、王有兰、刘显治、熊范舆、陈承泽、潘祖彝、刘彦、谷钟秀、张一鹏、段宇清、赵世钰、张伯烈、时功玖、赵士北、周代本、李肇甫、吴景濂、凌文渊。

临时议长赵士北主席。

主席报告事件：

一、吕志伊辞职来书。

二、江苏都督来电（为答复电询江北都督派参议员事）。

公决承认苏都督委任之参议员三人，并据都督来电转复江北都督。

三、报告大总统答复质问和议延期并作战计划来咨。

讨论未终，主席宣布大总统紧急交议和议案，并委员出席陈述意见。

政府委员出席陈述意见。

主席请讨论公决。

讨论至下午一时，未得结果。主席宣告休息，二时续议。

汤漪提议拟订和议条件四条，请付讨论，附议一人以上。

公议请逐条讨论。当逐条讨论，议决如左：

一、清帝退位，所有未光复各领土之统治权，同时归中华民国继续。

二、南京政府即为中华民国唯一之临时中央政府。

讨论未终，主席宣布大总统续交和议条件五条，并委员出席陈述意见。

政府委员出席，陈述意见，宣读条文如左：

一、清帝退位，由袁同时知照驻京各国公使，电知民国政府，现在清帝已经退位，或转饬驻沪领事转达亦可。

二、同时袁须宣布政见，绝对赞成共和主义。

三、文接到外交团或领事团通知清帝退位布告后，即行辞职。

四、由参议院举袁为临时大总统。

五、袁被举为临时大总统后，誓守参议院所定之宪法，乃能接受事权。

主席请讨论公决。

讨论结果，主席用举手表决法，全体可决右列五条（大总统第一次交议和议案，并汤漪提议和议四件，均撤销）。五时半宣告散会。

《日志》中的记录，仅在内容上与前者有所涉及：

《日志》第258页：

一月二十二日出席二十人：常恒芳、汤漪、文群、王有兰、刘显治、熊范舆、张一鹏、段宇清、赵世钰、张伯烈、时功玖、赵士北、陈承泽、潘祖彝、谷钟秀、刘彦、周代本、李鳌、吴景濂、凌文渊。贵州代表刘显治、熊范舆到院。

大总统派秘书长胡汉民到院，紧急交议和议条件五条：（一）清帝退位，由袁世凯同时知照驻京各国公使，电知民国政府；（二）袁世凯须宣布政见，绝对赞成共和主义；（三）大总统接到外交团通知清帝退位布告后，即行辞职；（四）大总统辞职后，由参议院另举袁世凯为临时大总统；（五）袁世凯被举为大总统后，须誓守参议院所定之约法，乃能接受事权。

胡汉民报告完毕，右列五条，经议员全体可决。

会议的内容，还见于次日的《民立报》：

《民立报》1912 年 1 月 23 日第二页：

孙大总统致伍代表暨各报馆电

伍廷芳先生暨各报馆鉴：昨电悉。前电言清帝退位，临时大总统即日辞职，意以袁能与满洲政府断绝一切关系，变为民国国民，故决以即时举袁。嗣就沪来各电观之，袁意不独欲去满政府，并须同时取消民国政府，自在北京另组织一临时政府。此种临时政府，将为君主立宪政府乎？抑民主政府乎？人谁知之。纵彼自号为民主政府，又谁为保证。故文昨电谓须俟各国承认后，始行解职，无非欲巩固民国之基础，并非前后意见有所冲突也。若袁能实行断绝满政府关系，变为民国国民之条件，则文当仍践前言也。至虑北方将士与地方无人维持，不知清帝退位后，北方将士即民国将士，北方秩序即应由民国担任。惟一转移间，不能无一接洽之法，文意拟请袁举一声望素著之人，暂镇北方。若驻使无人交接一节，满祚已易，驻使当然与民国交涉，方为正当，其中断之时甚短固无妨。今确定办法如下：（一）清帝退位，由袁同时知照驻京各国公使，请转知民国政府，现在清帝已经退位，或转饬旅沪领事转达亦可。（二）同时袁须宣布政见，绝对赞同共和主义。（三）文接到外交团或领事团通知清帝退位布告后，即行辞职。（四）由参议院举袁为临时总统。（五）袁被举为临时总统后，誓守参议院所定之宪法，乃能接受事权。按一二两条即为袁断绝满政府关系，变为民国国民之条件，此为最后解决办法。如袁并此而不能行，则是不愿赞同民国，不愿为和平解决也。如此，则所有优待皇室八旗各条件，不能履行，战争复起，天下流血，其罪当有所归。请告袁。孙文，祃。（南京急电）

南京电报

○参议院发议，如虏廷实行退位，当允认袁世凯有被选总统资格。

○今日（廿二）孙总统派秘书长胡汉民至参议院，与各议员会商各事，均已通过。

1912 年 1 月 23 日

今日会议内容以《纪事》为多、为准：

《纪事》第 50～51 页：

正月二十三日上午九时开议

十五省参议员出席二十人（刘成禺、陈陶怡、欧阳振声均续假）：

赵士北、汤漪、王有兰、张一鹏、林森、潘祖彝、陈承泽、段宇清、刘彦、熊范舆、刘显治、谷钟秀、常恒芳、时功玖、赵世钰、周代本、吴景濂、李鬘、凌文渊、王正廷。

临时议长赵士北主席。

主席报告大总统答复质问和议延期并作战计划来咨。

谷钟秀提议咨请政府嗣后停战延期及速援山陕办法二条请付讨论，附议一人以上。

主席请逐条讨论公决，当逐条讨论，议决如左：

一、讲和一事，虽经公认，然所公认者为有期限之讲和。若谓展限，乃由此一事发生，并非另生一事云云。假如一再继续停战，甚至延长一二年之久，皆不经参议院之认可，似无此办法。仍请嗣后务须查照临时政府组织大纲办理。

二、前次咨请进兵并急速援救山陕，实因清军一面讲和，一面仍猛攻秦晋，阴施其狡猾之战略。山陕既为民军，即在民国范围，即为保卫治安防御土匪起见，亦不得不迅速调兵赴援。淮徐之间，事同一律，并于停战条约不背，乃准咨复仅叙用兵方略，并未提及和议期内实行进兵防御之事，颇滋疑惑，仍请查照前咨办理。

主席宣布审查财政统一案报告。

公议请俟印刷分配后，再行讨论。

林森提议请讨论本议议〔院〕开办及常年经费筹备办法。

讨论结果，汤漪提议办法一条如左：

　　参议院开办及常年经费，应由庶务及院费委员，于正式大会前提出预算案，经本院通过后，向中央政府支出，此项即为临时行政经费预算案之一。

　　主席用举手表决法，多数可决。

　　下午一时宣告散会。

附：咨行大总统文

　　参议院为咨请事：元月十九日准大总统咨复，除原文有案不录外，内开：查此时和局未终，停战期满，敌之一方电求速停，不欲遽与决裂，故未及提出。且讲和一事，早经公认，此次展限乃由此一事发生，并非另生一事。似与临时政府组织大纲尚无违反。至议和成否，于数日内解决，现在用兵方略，当以鄂湘为第一军，由汉京铁道前进；宁皖为第二军，向河南前进，与第一军会合于开封、郑州之间。淮阳为第三军，烟台为第四军，向山东前进，会于济南、秦皇岛。合关外之兵为第五军，山陕为第六军，向北京前进。一、二、三、四军既达第一之目的，复与第五、六军会合，共破虏巢等因。按前次咨请进兵，并急速援救山陕，实因清军一面讲和，一面仍猛攻秦晋，阴施其狡猾之战略。山陕既为民军，即在民国范围，即为保卫治安防御土匪起见，亦不得不迅速调兵赴援。淮徐之间，事同一律，并于停战条约不背。乃准咨复仅叙明用兵方略，并未提及和议期内实行进兵防御之事，颇滋疑惑。至讲和一事，虽经公认，然所公认者为有期限之讲和。若谓展限，乃由此一事发生，并非另生一事云云。假如一再继续停战，甚至延长一二年之久，皆不经参议院之认可，似无此办法。兹本院开会议决：仍请查照前咨，急速进兵援救山陕，并请嗣后关于此等事项，须依临时政府组织大纲办理。另抄粘陕甘同乡会来电一通，并希查照办理，此咨大总统。

计抄粘陕甘同乡会来电一通

参议院、陕西代表鉴：袁于停战期内，以汉阳清兵猛攻陕西，秦势危急。请速作紧急提议，要求阻止。寓沪陕甘同乡会，皓。

《日志》中没有关于会议内容的记录：
《日志》第258页：

一月二十三日出席二十人：赵士北、汤漪、王有兰、张一鹏、林森、潘祖彝、陈承泽、段宇清、刘彦、熊范舆、刘显治、谷钟秀、常恒芳、时功玖、赵世钰、周代本、吴景濂、李鐅、凌文渊、王正廷。

1912 年 1 月 24 日
《纪事》第52～53页：

正月二十四日上午九时开议
十四省参议员出席二十一人（王正廷、陈承泽均请假，刘成禺、陈陶怡均续假）：
赵士北、林森、潘祖彝、王有兰、杨廷栋、赵世钰、张伯烈、时功玖、文群、汤漪、刘显治、熊范舆、谷钟秀、刘彦、段宇清、吴景濂、景耀月、常恒芳、凌文渊、彭允彝、周代本。

临时议长赵士北主席。

主席宣告财政总长出席陈述意见。

财政总长出席，陈述统一财政意见。

主席宣告审查财政统一案报告，请讨论公决。

讨论结果，杨廷栋提议对于本案办法一条，附议一人以上。条文如左：

> 推行公债及军用票，由财政部另定办法。至各省财政司正次长如何委任，应候规定各省官制时再议。

主席用举手表决法，多数可决。

下午一时休息，三时续议。

参议员出席人数如前。

临时议长赵士北主席。

主席报告贵州代表前由云南都督代给委任状，委任二人到院，刻该省都督续委二人，应否承认，请公决。

公决承认贵州都督所派二人。

主席宣告财政部提出军需有奖公债章程案，请讨论公决。

凌文渊提议请委任审查员先付审查，多数赞同。

主席委任审查员七人如左：

> 林森、张伯烈、彭允彝、凌文渊、汤漪、杨廷栋、周代本。

五时宣告散会。

《日志》中涉及到《纪事》的一些内容，并就有关事件发表了评议：

《日志》第 258～259 页：

　　一月二十四日出席二十一人：赵士北、林森、潘祖彝、王有兰、杨廷栋、赵世钰、张伯烈、时功玖、文群、汤漪、刘显治、熊范舆、谷钟秀、刘彦、段宇清、吴景濂、景耀月、常恒芳、凌文渊、彭允彝、周代本。

　　主席报告贵州代表熊范舆、刘显治，前由云南都督蔡锷代给委任状，委派二人到院，刻贵州都督杨荩诚续委平刚、文崇高二人，本院应承认熊、刘二君出席，抑承认平、文二君出席，请公决。

　　公决：承认平刚、文崇高二君出席。

　　按：熊范舆、刘显治是贵州宪政党主要分子，此次到院，只出席三次，即被杨荩诚所派代表驱逐，他们二人认为奇耻大辱，所以回到昆明，联合寒念益、任可澄、戴戡等，秘商假途灭虢之计，由唐继尧率兵潜入贵阳，将杨荩诚根本解决。

1912 年 1 月 25 日
今日《纪事》内容较多：
《纪事》第 53～55 页：

　　正月二十五日上午九时开议
　　十四省参议员出席二十四人（杨廷栋、李肇均请假，潘祖彝、王正廷均续假）：

　　　　段宇清、林森、陈承泽、彭允彝、欧阳振声、刘彦、汤漪、王有兰、文群、赵世钰、谷钟秀、常恒芳、刘成禺、张伯烈、时功玖、赵士北、平刚、文崇高、吴景濂、陈毓川、陈陶怡、凌文渊、张懋隆、吴永珊。

本日议事日表如左：

一、报告致熊范舆、刘显治二君函稿。

二、报告江北参事会来电二通。

三、报告烟台来电。

四、起草员提出中华民国临时约法草案。

五、庶务委员提出参议院开办经费预算案。

临时议长赵士北主席。

谷钟秀请宣读大总统补交和议五条件之来咨。

秘书宣读来咨。

公议优待满清皇室条件，未经公认，应请补交追认。

汤漪提议咨复大总统，应声明政府对于应由本院议决事件，无论如何紧急，得要求本院即时开会议决，不得要求追认。附议一人以上。

主席用举手表决法，多数可决。

主席报告事件：

一、致熊范舆、刘显治二君函稿。

二、熊、刘二君来函。

三、江北参事会来电二通。

王有兰提议江北参事会来电，应据临时政府组织大纲第九条，电知江苏都督转咨江北都督。附议一人以上。

主席用举手表决法，多数可决。

四、烟台来电（众无讨论）。

汤漪提议本月十六日前经本院议决之件，应请秘书处会同前任书记编制议事录，补给各参议员以备参考，全体赞同。

张伯烈提议本日议事日表第四、第五两案，关系重要，请分案先付审查第四案，应委任审查员九人，限四日内审查报告；第五案应委任审查员三人，限二日内审查报告。附议一人以上。

主席用举手表决法，全体可决。

主席宣布第四案，委任审查员九人如左：

林森、陈承泽、凌文渊、刘成禺、汤漪、王正廷、张伯烈、杨廷栋、平刚。

主席宣布第五案委任审查员三人如左：

王有兰、陈毓川、文群。十二时宣告散会。

附：咨行大总统文

参议院为咨复事：元月二十三日，准大总统咨开，依于临时政府组织大纲第四条，昨已将和议条件各草案，委由秘书处长胡汉民提出其优待清皇室各件，经得贵院同意，随于昨日午间得北方急电，又电复五条，因事紧急，祇由委员口头报告，亦既得贵院同意，兹更将各条文抄呈，请加追认等因，兹经本院开会议决，除咨开五条，合加追认外，嗣后政府对于应由本院议决事件，无论如何紧急，得要求本院即时开会议决，不得要求追认。其优待清皇室各条，未得正式公文，应请补录咨复。此咨大总统。

《日志》中，涉及到其中的一部分内容：

《日志》第259页：

一月二十五日出席二十一人：段宇清、林森、陈承泽、彭允彝、刘彦、欧阳振声、汤漪、王有兰、文群、赵世钰、谷钟秀、常恒芳、刘成禺、张伯烈、时功玖、赵士北、平刚、文崇高、吴景濂、陈陶怡、凌文渊。

公议：优待满清皇室条件未经公认，应请补交追认。

附：咨行大总统文

参议院为咨复事：一月二十三日，准大总统咨开，依于临时政府组织大纲第四条，昨已将和议条件各草案，委由秘书长胡汉民提出其优待清皇室各件，经得贵院同意，随于昨日午间得北方急电，又电复五条，因事紧急，只由委员口头报告，亦既得贵院同意。兹更将各条文抄呈，请加追认等因，兹经本院开会议决，除咨开五条，合加追认外，嗣后政府对于应由本院议决事件，无论如何紧急，得要求本院即时开会议决，不得要求追认。其优待清皇室各条，未得正式公文，应请补录咨复。此咨大总统。

《纪事》中提到的中华民国临时约法草案的审查情况，也见于《民立报》的记载：

《民立报》1912 年 1 月 29 日：

参议院约法草案，由马君武、景耀月、吕志伊等编定49 条，已公推审查员九人审查。

1912 年 1 月 26 日

今日《纪事》内容为多、为准：

《纪事》第55～58页：

正月二十六日上午九时开议

十四省参议员出席二十五人（张懋隆请假，潘祖彝、王正廷均续假）：

王有兰、文群、汤漪、段宇清、文崇高、平刚、殷汝骊、马步云、陈承泽、林森、吴永珊、周代本、赵士北、李素、刘彦、彭允彝、欧阳振声、谷钟秀、张伯烈、时功玖、刘成禺、陈陶怡、凌文渊、陈毓川、李磐。

本日议事日表如左：

一、报告清江来电二通。

二、报告杭州来电二通。

三、报告武昌密电一通。

临时议长赵士北主席。

主席报告事件：

一、清江来电二通。

公议昨日已议决电知江苏都督转咨江北都督，此电勿庸作复。

二、杭州来电二通。

三、武昌密电一通。

时功玖提议，来电所陈，应俟政府交议后，再行讨论。多数赞同。

主席谘询正式大会定期何日，请公决。

公决仍以正月二十八日为期。

主席宣布议员提议预防奸细严密检查案，请讨论公决。

　　讨论结果，主席用举手表决法，全体可决本案。

　　刘彦提议据临时政府组织大纲第五条，大总统制定官制，须得参议院之同意，兹政府组织将近一月，官制尚未交参议院议决，应咨催政府速定官制，提交院议。附议一人以上。

　　主席用举手表决法，全体可决。

　　张伯烈提议财政部咨称该部章程已呈请大总统转咨本院议决施行，迄今数日未见交议，应咨催大总统迅即提交院议。附议一人以上。

　　主席用举手表决法，全体可决。

　　主席宣告政府委员出席商议要件。

　　政府委员出席，陈述统一军政意见。

　　讨论结果，公议咨复总统办法一条如左：

　　　　正月二十六日政府委员魏宸组报告各件，本会议决应依临时政府组织大纲第三条行之。

　　主席用举手表决法，多数可决。

　　下午二时半，宣告散会。

附：咨行大总统文

　　为咨请事：窃以南京为临时中央政府所在之地，设有奸匪混迹其简〔间〕，酿出危险之事，纵与大局无碍，亦必惹起军民警惶，况与大局终有妨害乎。昨日六合北伐队司令官张承槱入城领枪械，去陆军部不远地，暴徒突以手枪击之，幸误中马车玻璃，人未负伤。又闻花牌楼之军士，以食汤圆中毒死者二十余人。似此情形，是已有奸匪混迹入城。倘不从此严加检查，奸匪源源，挟炸枪毒物而来，其为祸有不可思议者。兹经本院开会议决，咨请大总统转饬卫戍队，妥定检查章程，于入城紧要之处，设检查所严加检查，以防奸匪而遏祸源。即咨希照办理。此咨。

正月二十六日晚五时半，临时会议

十二省参议员出席十四人：

赵士北、文崇高、凌文渊、陈陶怡、段宇清、彭允彝、刘彦、汤漪、林森、刘成禺、赵世钰、李素、吴景濂、谷钟秀。

临时议长赵士北主席。

主席报告江苏省议会来函，续谘询本院房屋大部为浙军占住，现距正式开会期近，应如何令其迁让，又本月二十八日正式大会应若何筹备，统请公决。

公议浙军所占本院房屋，应咨请陆军部转饬迁让。江苏省议会来函知照各节，亦一并叙入。至本月二十八日正式大会，应咨请大总统暨各部行政长次官莅院，其应行筹备一切，请委任二人专任之。

主席委任二人如左：

林森、凌文渊。

六时宣告散会。

《日志》中的记录，仅涉及到一些内容：

《日志》第 259～260 页：

一月二十六日，浙江参议员殷汝骊到院。出席二十三人：王有兰、文群、汤漪、段宇清、文崇高、平刚、殷汝骊、马步云、陈承泽、林森、周代本、赵士北、李素、刘彦、彭允彝、欧阳振声、谷钟秀、张伯烈、时功玖、刘成禺、陈陶怡、凌文渊、李鼇。

主席谘询正式大会，定期何日，请公决。

公决：仍以一月二十八日为期。

主席宣布议员提议预防奸细、严密检查案，全体可决。

附：咨行大总统文

为咨请事：窃以南京为临时中央政府所在之地，设有奸匪混迹其间，酿出危险之事，纵与大局无碍，亦必惹起军民惊惶，况与大局终有妨害乎。昨日六合北伐队司令官张承櫆入城领枪械，去陆军部不远，暴徒突以手枪击之，幸误中马车玻璃，人未负伤。又闻花牌楼之军士，以食汤圆中毒死者二十余人。似此情形，是已有奸匪混迹入城。倘不从此严加检查，奸匪源源挟炸枪毒物而来，其为祸有不可思议者。兹经本院开会决议，咨请大总统转饬卫戍队，妥定检查章程，于入城紧要之处，设检查所严加检查，以防奸细而遏乱源。即希查照办理。此咨。

1912 年 1 月 27 日

今日是该《纪事》的最后一天，相关的记录比较多：

《纪事》第 58～59 页：

正月二十七日上午九时开议

十四省参议员出席二十三人（杨廷栋请假、王正廷续假）：

　　林森、陈承泽、段宇清、文崇高、平刚、李素、马步云、赵士北、汤漪、文群、王有兰、刘彦、凌文渊、陈陶怡、殷汝骊、谷钟秀、吴景濂、彭允彝、赵世钰、周代本、欧阳振声、陈毓川、常恒芳。

临时议长赵士北主席。

林森报告筹备正式大会秩序并一切设置。

彭允彝提议正式大会前有应决定者凡三事：（一）已派代表者（如直隶、奉天）既有发言权，对于未派代表者，应如何处理。（二）未独立省分，只有代表，并无参议员，则代表代理参议员以何时为止。（三）未独立省分，即以代表终为参议员乎，或通知其另派参议员乎。以上三条，请付讨论。

汤漪提议解决办法三条，附议一人以上。条文如左：

　　一、代表代理参议员，以该省参议员到院之日为限。

　　二、已经独立省分之代表代理参议员者，其权利与参议员一律，惟无被选举为长期职员之权。

　　三、未独立省分之代表有发言表决权，而无选举及被选举权。

公议请逐条讨论公决。当逐条讨论，议决如左：

第一条：议决原文。

第二条：（讨论未终）。

主席宣告大总统因停战期满，咨商解决主战抑主展期事，并委员出席陈述意见。

　　政府委员出席陈述意见。

　　讨论结果，全体可决主战。

　　主席宣告政府委员出席答复任命宋教仁为驻日全权代表事。

　　政府委员出席，陈述意见。

　　公议此事俟下次开会再议。

　　下午二时宣告散会。

　　上述内容，在《日志》中，仅有一些反映：

《日志》第260页：

　　一月二十七日出席二十二人：林森、陈承泽、段宇清、平则、文崇高、李素、马步云、赵士北、汤漪、文群、王有兰、刘彦、凌文渊、陈陶怡、殷汝骊、谷钟秀、吴景濂、彭允彝、赵世钰、周代本、欧阳振声、常恒芳。

　　林森报告筹备正式大会秩序并一切设置。

　　主席宣告大总统因停战期满，咨商解决主战抑主展期事，并派秘书长胡汉民到院陈述意见。讨论结果：全体可决主战。

　　总之，通过将吴景濂编《组织临时政府各省代表会纪事》与刘星楠的《辛亥各省代表会日志》，在内容上的逐日对比与考证，并参照《民立报》及《申报》等当时的报纸的相关记载，笔者认为：无论在内容的准确与丰富性方面，还是在资料的真实与权威性方面，比较刘星楠的《辛亥各省代表会日志》，吴景濂编《组织临时政府各省代表会纪事》都是一部史料价值更高、更大的个人忆述性的历史记录。因此，它不但值得我国史学界，也值得法学界进一步重视和利用。

附录

(一)《修正中华民国临时政府组织大纲》

第一章　临时大总统、副总统

第一条　临时大总统、副总统，由各省代表选举之，以得票满投票总数三分之二以上者为当选。代表投票权，每省以一票为限。

第二条　临时大总统有统治全国之权。

第三条　临时大总统有统率海陆军之权。

第四条　临时大总统得参议院之同意，有宣战、媾和、缔结条约之权。

第五条　临时大总统得制定官制、官规，兼任免文武职员。但制定官制暨任免国务各员及外交专使，须参议院之同意。

第六条　临时大总统得参议院之同意，有设立临时中央审判所之权。

第七条　临时副总统于大总统因故去职时，得升任之；但于大总统有故障不能视事时，得受大总统之委任，代行其职权。

第二章　参议院

第八条　参议院以各省都督府所派之参议员组织之。

第九条　参议员每省以三人为限，其派遣方法，由各省都督府自定之。

第十条　参议院开会议时，各参议员有一表决权。

第十一条　参议院之职权如左：

一、议第四条及第六条事件；

二、承诺第五条事件；

三、议决临时政府之预算；

四、检查临时政府之出纳；

五、议决全国统一之税法、币制及发行公债事件；

六、议决暂行法律；

七、议决临时大总统交议事件；

八、答复临时大总统咨询事件。

第十二条　参议院会议时，以到会参议员过半数之所决为准，但关于第四条事件，非有到会参议员三分之二之同意，不得决议。

第十三条　参议院议决事件，由议长具报，经临时大总统盖印，发交行政各部执行之。

第十四条　临时大总统对于参议院议决事件，如不以为然，得于具报后十日内声明理由，交令复议。

参议院对于复议事件，如有到会参议员三分之二以上之同意，仍执前议时，应仍照前条办理。

第十五条　参议院议长由参议员用记名投票法互选之，以得票满投票总数之半者为当选。

第十六条　参议院办事规则，由参议院议订之。

第十七条　参议院未成立以前，暂由各省都督府代表会代行其职权，但表决权每省以一票为限。

第三章　行政各部

第十八条　各部设部长一人，总理本部事务。

第十九条　各部所属职员之编制及其权限，由部长规定，经临时大总统批准施行。

第四章　附则

第二十条　临时政府成立后六个月内，由临时大总统召集国民议会，其召集方法，由参议院议决之。

第二十一条　临时政府组织大纲施行期限，以中华民国宪法成立之日为止。

(二)《大中华民国临时约法草案》

第一章　总纲

第一条　大中华国永定为民主国。

第二条　大中华国领土，无论现在及将来，在区域中者，受同一政府之统治。

第三条　大中华国国权，依宪法；宪法未协定以前，依本法。

第二章　人民权利义务

第四条　大中华国人民，无种族、阶级、宗教之区别，一律
　　　　平等。

第五条　大中华国人民，除法律特定外，有一切言论著作，
　　　　即行集会结社信仰之自由。

第六条　大中华国人民，非依法律，不得侵犯其产业及本身
　　　　之自主权。

第七条　大中华国人民，非依法律，不得侵入其住所及
　　　　家宅。

第八条　大中华国人民，依法律范围内，得居住及移转之
　　　　自由。

第九条　大中华国人民，有书信秘密之自由。

第十条　大中华国人民，非依法律，不受逮捕、监禁、审
　　　　问、处罚。

第十一条　大中华国人民，依法律规定资格，得有本国一切
　　　　　之选举及被选举权。

第十二条　大中华国人民，依法律得请愿于国会及行政各署。

第十三条　大中华国人民，依法律得诉讼于司法各署。

第十四条　大中华国人民，依法律应受教育、服海陆兵役及
　　　　　纳租税。

第三章　临时大总统副总统及国务员

第十五条　临时大总统、副总统，由各省代表选举之，以得

票满投票总数三分之二以上者为当选，但代表投票数，每省以一票为限。

第十六条　临时大总统统治全国，总揽政务，公布法律。

第十七条　临时大总统统率海陆军队。

第十八条　临时大总统制定官制、官规，任免文武职员，但制定官制、任命国务各员及外交专使，须得参议院之同意。

第十九条　临时大总统经参议院之同意，得宣战、媾和及缔结条约。

第二十条　临时大总统依法律得宣布戒严。

第二十一条　临时大总统代表全国，接受外国之公使大使。

第二十二条　临时大总统得提出法律案于参议院。

第二十三条　临时大总统认为非常紧急时，得发布同法律之制令，但发布后，须提出参议院经其议定。

第二十四条　临时副总统于大总统因故去职时，得升任之；大总统有故障不能视事时，得受大总统之委任，代行其职权。

第二十五条　行政各部设部长一人，为国务员，辅佐临时大总统总理各部事务。

第二十六条　国务员得提出法律案于参议院。

第二十七条　国务员于临时大总统公布法律及有关政务之制令时，须付署之。

第二十八条　国务员于政府一切政务，任连带之责，于本部事务各自任其责，临时大总统非认为有大逆罪，不任其责。

第四章　参议院

第二十九条　　大中华国上下议院未成立以前，其立法权以参
　　　　　　　议院行之。

第 三 十 条　　参议院以各省所出参议员组织之。

第三十一条　　参议员每省选出三人，会议时每参议员有一表
　　　　　　　决权。

第三十二条　　参议院之职权如左：

　　　　　　　一、议决第十八条、十九条事件；

　　　　　　　二、议决临时政府之预算；

　　　　　　　三、检查临时政府之出纳；

　　　　　　　四、议决全国统一之税法、币制、度量衡之准
　　　　　　　　　则及发行公债之事件；

　　　　　　　五、议决政府提出之法律案及自行提出法
　　　　　　　　　律案；

　　　　　　　六、接受国民之请愿书；

　　　　　　　七、得以其关于法律及他事件之意见，建议于
　　　　　　　　　政府。

第三十三条　　参议院非有过半数之参议员出席，不得开议。

第三十四条　　参议院会议时，以到会之参议员过半数之所决
　　　　　　　为准，但关于第十九条事件，非有到会参议员
　　　　　　　三分之二之同意，不得决议。

第三十五条　　参议院决议可否同数时，依议长之所决议。

第三十六条　　参议院议决事件，由议长具报，经临时大总统
　　　　　　　盖印，发交行政各部执行之。

第三十七条　临时大总统对于参议院决议事件，如否可时，得
　　　　　　于具报后十日内声明理由，交令复议，但参议院
　　　　　　对于复议事件，如有到会参议员三分之二以上之
　　　　　　同意仍执前议时，仍照第三十六条办理。

第三十八条　参议院议员于院内之发言、意见及表决，对院
　　　　　　外不负责任。

第三十九条　参议院议员除现行犯罪及关于内乱外患之罪名
　　　　　　外，会期中非得院之许可，不得逮捕。

第 四 十 条　参议院议长，由参议员用记名投票法互选之，
　　　　　　以得票满投票总数之半者为当选。

第四十一条　参议院议事规则，由参议员议定之。

第四十二条　国务员及政府委员得于参议院出席及发言。

第五章　司法

第四十三条　大中华国司法权以国民公意，委托裁判所行
　　　　　　之，裁判所构成法，以法律定之。

第四十四条　裁判所裁判民刑诉讼，依法律得设置陪审员及
　　　　　　辩护士。

第四十五条　裁判官及推事检事，依法定资格任用之，在职
　　　　　　中不得减俸或转职，非受刑法宣告及惩戒处
　　　　　　分，不得解职，惩戒规条依法律定之。

第四十六条　裁判所之裁判，非有陪审员认为有害安宁秩序
　　　　　　或风俗者，一律公开。

第四十七条　凡关于海陆军及行政各署之诉讼，别以法律
　　　　　　定之。

第六章　附则

第四十八条　临时政府成立后，六个月以内，由临时大总统
　　　　　　召集庶议院，制定宪法。其召集方法，由参议
　　　　　　院议决之。

第四十九条　本法施行期限，以中华民国宪法成立之日
　　　　　　为止。

起草员　景耀月　马君武　王有兰　吕志伊　张一鹏

后　记

　　研究中华民国的建立及其法制，必须先了解各省都督府代表联合会议事录及各省代表会议代理参议院议事录（简称代理参议院议事录），否则，中华民国建立的情况、中华民国临时约法起草过程及其与中华民国临时政府组织大纲的关系，便不易搞清楚。为此，自1982年开始，我便翻阅全国各大档案馆、图书馆的档案、图书、史料、报纸、杂志，寻找两个会议的议事录，结果只在《民立报》上看到了1912年1月18日代理参议院的议事录，其他日期的皆未觅到。究其原因，约有两端：一是由于当时处于战争状态，时局紧张，未及逐日记录；二是大多数日期的议事录可能已经佚失。可幸的是，找到了《民立报》通讯员刘星楠先生的遗稿《辛亥各省代表会议日志》及吴景濂代表编写的《组织临时政府各省代表会纪事》、《组织临时政府各省代表会代理参议院纪事》。前者比较简陋，后者比较详尽。但作为回忆录，它们必须经过考证才能使用。为此，1995年我便收集好了有关的资料，并粗列了提纲，准备以吴景濂编《组织临时政府各省代表会纪事》一书为主，参酌其他资料，进行考证。但在刚刚准备动笔时，患了沉疴，无奈只得搁置。2001年，吾与北京大学历史系副教授臧运祜博士言及此事，他表示愿意帮助我完成书稿。因此，这部书稿的最终完成，自然也包含了臧运祜博士的努力。此外，该书稿能够付梓，还应当感谢中国社会科学院法学研究所杨一凡先生的帮助。

今年适逢孙中山先生领导的中华民国南京临时政府建立 97 周年。本书的考证，权作是笔者在古稀之年，对于学术界的一块引玉之砖；也是我长年从事中华民国法制史研究的最后奉献。

张国福

2009 年 5 月 15 日

于北京大学

作 者 简 介

　　张国福　男，1930 年 10 月生，河北保定人。1958 年北京大学法律系毕业后留校任教。现为北京大学法学院教授，并担任研究生指导教师。为大学生讲授过《中国法制史》、《中国现代史》，为研究生讲过《中国近代史史料学》和《中国近代法制史专题》等课程。在几十年的教学过程中，努力从事中国法制史，特别是中华民国时期的法律制度的研究，先后出版了《中华民国法制简史》、《民国宪法史》等专著，编纂了《参议院议事录参议院议决案汇编》等资料，与他人合写了两书，还参加中国社会科学院主编的《中国大通史》民国卷的部分章节撰稿。还发表了《辛亥革命时期各省军政府约法初探》、《关于中华民国临时约法制定的问题》、《关于暂行新刑律修订问题》等多篇论文，注重研究教育发展史，曾发表过《北京大学法律系建立及前期概况》、《北京大学法律系前期的教学改革及其优良传统》等文章。在上述论著中，提出了许多独到的见解，一些重要的学术观点为同类著作所采用。

作 者 简 介

　　冯卓慧 女，1937 年 10 月出生，陕西省西安市人。1959 年 7 月毕业于陕西师范大学历史系。1959 年 9 月至 1980 年底任教于甘肃天水市师范、天水市三中，任中文、历史、俄语教师，曾为市级优秀教师。1981 年 2 月调到西北政法大学，任教至今。任中国法制史、外国法制史、罗马法、英美法本科及研究生教学，并从事学术研究。1987 年至 1988 年被教育部公派为访问学者，在苏联列宁格勒大学（今圣彼得堡大学）访问研究一年余。1993 年晋升教授职称。专著有《长安文物与古代法制》、《西周法制史》、《夏商西周法制史》、《罗马私法进化论》等，其中《罗马私法进化论》获陕西省高教人文、社科二等奖；合著有《罗马私法》；主编教材《外国法律制度史教程》；发表论文 70 余篇，曾获司法部和省级优秀论文奖。

作 者 简 介

王沛 男，1977年生，陕西西安人，法学博士。中国社会科学院法学研究所博士后研究人员，华东政法大学法律学院讲师，主要从事先秦、秦汉法律史、出土法律文献的研究及中国法制史、中国法律思想史的教学。在《法制与社会发展》、《法商研究》、《华东政法大学学报》、《中国史研究》（韩）等中外学术期刊上发表论文20余篇，并撰写、参编、勘校著作若干部。近年来致力于金文、简帛法律资料的考释工作，并结合出土文献和传世文献，辨析先秦至秦汉时期法律思想、重要制度的演变轨迹。代表本人观点的论文有《西周时代的族产析分——以琱生诸器及相关器铭为主的研究》、《〈鹖冠子〉与战国时期的“法”观念》、《〈老子〉法哲学中的“常”与“名”》等；代表性著作有《黄老“法”理论渊源考》（将出）。

中国法制史考证续编·第十三册（全十三册）

法律史料考释

主　编／杨一凡
著　者／张国福　冯卓慧　王沛

出　版　人／谢寿光
总　编　辑／邹东涛
出　版　者／社会科学文献出版社
地　　　址／北京市西城区北三环中路甲 29 号院 3 号楼华龙大厦
邮政编码／100029
网　　　址／http：//www. ssap. com. cn
网站支持／（010）59367077
责任部门／人文科学图书事业部　（010）59367215
电子信箱／bianjibu@ ssap. cn
项目经理／宋月华
责任编辑／魏小薇
责任校对／吴小云

总 经 销／社会科学文献出版社发行部
　　　　　（010）59367080　59367097
经　　　销／各地书店
读者服务／市场部（010）59367028
印　　　刷／三河市文通印刷包装有限公司

开　　　本／787mm×1092mm　1/16
印　　　张／25. 25（全十三册共 365 印张）
字　　　数／303 千字（全十三册共 4351 千字）
版　　　次／2009 年 8 月第 1 版
印　　　次／2009 年 8 月第 1 次印刷

书　　　号／ISBN 978-7-5097-0821-7
定　　　价／4600. 00 元（全十三册）

本书如有破损、缺页、装订错误，
请与本社市场部联系更换

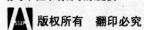 版权所有　翻印必究